工业和信息化部"十四五"规划教材

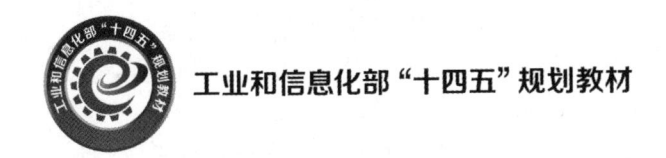

毕业设计（论文）
教学与建设指导

◆ 胡学钢　主编
◆ 王　浩　陈桂林　李培培　副主编
◆ 吴共庆　李建华　罗　珣　编

电子工业出版社
Publishing House of Electronics Industry
北京·BEIJING

内 容 简 介

本书基于本科教学评估和工程教育认证的理念，主要介绍毕业设计（论文）的全流程，内容包括概述、基于工程教育认证理念的毕业设计（论文）教学安排、毕业设计（论文）工作部署与条件准备、毕业设计（论文）课题规范与相关建设、毕业设计（论文）开题、系统设计与质量监控、毕业论文规范与教学安排、毕业答辩与成绩评定、科技成果及其培育、查阅与引用文献资料、提升毕业设计（论文）课题质量相关建设的思考。

本书可作为高等学校工科类专业毕业设计（论文）环节的教学指导书，也可供其他专业参考。

未经许可，不得以任何方式复制或抄袭本书之部分或全部内容。
版权所有，侵权必究。

图书在版编目（CIP）数据

毕业设计（论文）教学与建设指导 / 胡学钢主编. —北京：电子工业出版社，2022.1
ISBN 978-7-121-38136-2

Ⅰ. ①毕… Ⅱ. ①胡… Ⅲ. ①毕业设计－教学管理－教学研究 ②毕业论文－教学管理－教学研究
Ⅳ. ①G642.477

中国版本图书馆 CIP 数据核字（2021）第 260406 号

责任编辑：张　鑫
印　　刷：天津千鹤文化传播有限公司
装　　订：天津千鹤文化传播有限公司
出版发行：电子工业出版社
　　　　　北京市海淀区万寿路 173 信箱　　邮编：100036
开　　本：787×1092　1/16　　印张：16　　字数：342 千字
版　　次：2022 年 1 月第 1 版
印　　次：2022 年 3 月第 2 次印刷
定　　价：59.00 元

凡所购买电子工业出版社图书有缺损问题，请向购买书店调换。若书店售缺，请与本社发行部联系，联系及邮购电话：（010）88254888，88258888。
质量投诉请发邮件至 zlts@phei.com.cn，盗版侵权举报请发邮件至 dbqq@phei.com.cn。
本书咨询联系方式：zhangxinbook@126.com。

序 一

教育部办公厅《关于加强普通高等学校毕业设计(论文)工作的通知》(教高厅〔2004〕14号)指出:"毕业设计(论文)在培养大学生探求真理、强化社会意识、进行科学研究基本训练、提高综合实践能力与素质等方面,具有不可替代的作用,是教育与生产劳动和社会实践相结合的重要体现,是培养大学生的创新能力、实践能力和创业精神的重要实践环节。同时,毕业设计(论文)的质量也是衡量教学水平、学生毕业与学位资格认证的重要依据。"

由此可知,毕业设计(论文)教学工作的质量是本科阶段人才培养质量的重要组成部分,本科教学评估和工程教育认证都将毕业设计(论文)作为重要的考核点。学校、院系、专业、指导教师、学生都应该重视这个环节,只有了解了此环节的重要性,才能对毕业设计(论文)工作有详细的规划。

有办学优良传统的高校、专业大多已经建立了较为完善的管理制度和措施及相应的条件,来确保毕业设计(论文)课程目标的达成。然而,由于种种原因,仍有部分高校、专业、指导教师在毕业设计(论文)课程目标定位、教学规范、条件建设、质量保障等方面存在明显的差距,影响课程目标的达成。

本书主编胡学钢教授一直在一线开展教学和科研工作。作为教育部高等学校计算机类专业教学指导委员会委员,能积极参加相关研究和指导工作;作为安徽省高等学校计算机教育研究会理事长,组织安徽省高校计算机类专业教育教学研究工作,特别是组织了计算机类专业毕业设计(论文)教学规范与实施方案的试点研究和实践工作,因而积累了丰富的研究成果。

从教材内容的组织等方面看,感觉本书有如下几个特点:

(1)教材内容组织突出"相关性""系统性":以实现课程目标为核心,将影响培养质量的相关方面系统地组织起来,包括毕业设计(论文)课程目标定位、教学规范、实施方案、教学管理、质量监控与保障、指导教师指导规范等。由此为相关人员提供了参考。

(2)突出"能力导向"教学过程的合理组织:全书基于工程教育认证标准刻画课程目标;基于教学传统和研究成果,以实现毕业设计(论文)课程目标为核心,通过安排开题、系统设计、毕业论文撰写、毕业答辩等各环节,分别实现对学生特定能力的培养;以组织和规范开题报告、中期检查、课题验收、毕业论文评阅、毕业答辩与成绩评定、指导教师指导与把关、目标达成分析等任务安排为主要工作建议,构建质量保障和持续改进机制。

(3)兼顾刚性要求和个性化要求:对毕业设计(论文)过程中必须满足的刚性要求,有明确的表述;而对可以灵活掌握的个性化要求,也给出了合适的表述。

本书值得高等学校工科类专业相关人员参考。本书不仅可作为高等学校工科类专业毕业设计（论文）环节学生和指导教师的教学用书，也可供高校教学管理者和建设者参考。

国防科技大学计算机学院教授
全国高等学校计算机教育研究会副理事长
中国计算机学会教育专委会副主任

2021 年 12 月

序 二

合肥工业大学创建于 1945 年，立志于培养工业报国之才，秉承"厚德、笃学、从实、尚新"的校训，面向国家重大发展战略和学科前沿发展方向，打造集"立德树人、能力导向、创新创业"三位一体的教育教学体系，创建高端人才培养基地，培养具有国际化视野和创新创业意识的专业领域骨干与领军人才。经过七十多年的办学积淀，形成了"工程基础厚、工作作风实、创新能力强"的人才培养质量与特色。

多年来，我校一直将毕业设计（论文）作为本科阶段最重要的收官性教学环节，采取多种方式确保教学目标的实现和教学质量的不断提高，包括：以能力导向的目标定位及其可衡量机制建设；教学质量保障和监控机制建设；毕业设计（论文）教学规范与实施细则等。

本书主编胡学钢教授长期在一线从事教学、科研工作，是国家级精品课程、国家级一流专业负责人，对专业领域人才培养有独到的理解；先后作为专业负责人、学院分管教学副院长及学校教务部门负责人从事教学管理工作，积累了丰富的教学管理经验；连续 3 届作为教育部高等学校计算机类专业教学指导委员会委员，还拥有工程教育认证专家的工作经历，积极参加专业教育教学研究工作，对计算机专业教育教学领域的发展有深入的理解。

从教材的核心主题、关注的问题选项到内容组织，本书体现了如下几个特点：

（1）以培养目标为核心的教学相关方面的系统组织：围绕毕业设计（论文）教学环节密切相关的各方面组织内容，包括毕业设计（论文）目标定位、教学规范与实施方案、教学管理与质量监控、条件建设、指导教师职责等。

（2）凸显"以学生为中心、能力导向、持续改进"的工程教育认证理念：全书以学生得到工程研发与科学研究的系统而初步的训练为核心，以毕业设计（论文）课程目标为导向，以开题、系统设计、毕业论文撰写、毕业答辩等各环节分别实现对学生特定能力的培养，以开题报告、中期检查、课题验收、毕业论文评阅、毕业答辩与成绩评定、指导教师指导与把关、目标达成分析等工作支持质量保障和持续改进机制建设。

（3）便于教学实施的内容安排：全书按照一个完整教学周期组织各章节内容，因而便于教学过程的渐进式安排，包括基于工程教育认证标准的培养方案制定、教学全流程安排及条件建设、课题组织、开题、系统设计、毕业论文撰写、毕业答辩与成绩评定、科技成果培育、文献资料查阅与分析等，最后对专业系统提升毕业设计（论文）课题质量提出了必要的建议。

因此，本书不仅适合作为高等院校工科类专业毕业设计（论文）环节的教材，也适合各单位教学管理者与建设者参考。

合肥工业大学 校长

梁樑

2021 年 12 月

前 言

毕业设计（论文）是本科阶段最重要的综合型、设计型的实践教学环节。通过毕业设计（论文）环节的训练，使学生得到工程研发和科学研究的初步锻炼，可以培养学生严谨的科学态度、正确的设计思想、敢于创新的精神和良好的工作作风；培养学生独立思考、独立检索中外文献资料、综合分析、理论计算、工程设计、实验研究、模型抽象、数据及文字处理等方面的能力，并掌握当前研究、设计的工具和环境；培养学生掌握基本技能及综合运用基础理论、专业知识解决复杂工程问题的能力。由此可知，毕业设计（论文）成为学生走向社会及继续学习的不可取代的重要环节。

毕业设计（论文）教学环节的主要形式是，学生在指导教师的指导下，对给定的设计型课题，按照工程项目研发的规范，运用项目开发的相关技术，完成课题的设计任务，并在此基础上撰写毕业论文，以参加毕业答辩的形式表达设计成果，取得学分。由此可知，毕业设计（论文）教学环节能锻炼学生对专业知识和能力的系统运用与掌握，能反映教师的科研条件和教学水平，能体现学校的教学条件和管理水平。因此，毕业设计（论文）是影响教学质量的关键环节，也是本科教学评估和工程教育认证的重要考核点。

然而，由于缺乏相关的毕业设计（论文）教学指导书籍，各学校、专业对培养目标与能力要求的定位也存在较大差异，进而在所需条件建设、教学过程管理与质量监控等方面的差异较大，使最终的教学质量存在诸多不确定性。

鉴于此，为了进一步明确毕业设计（论文）的教学目标、教学过程安排、相关环节质量体系与教学规范、质量监控体系建设，以使相关机构与人员能明确责任、要求和约束，积极主动开展工作，确保人才培养质量，我们在多年学校教学管理和教学实践的基础上，结合教育部高等学校计算机类专业教学指导委员会等开展教学研究的成果，编写了本书，希望能够对高校毕业设计（论文）的教学和管理提供借鉴与参考，包括对学生的指导、给教师的参考及给教学管理部门的建议。

本书基于工程教育认证"以学生为中心、能力导向、持续改进"的理念，主要面向高校工科类专业院系教学管理负责人、专业教师和学生，系统介绍毕业设计（论文）教学环节的相关内容及教学规范化建设方案，具体内容包括以下几方面。

（1）深入讨论培养目标及其阶段性任务分解：在讨论培养目标的定位及指导思想的基础上，进一步讨论了教学环节的阶段性安排，包括开题、系统设计、质量监控、毕业论文撰写、毕业答辩等各阶段对培养目标的具体落实，教学规范及其对培养目标的支撑。

（2）教学实施及其质量要求：院系、专业对毕业设计（论文）教学实施及相应的质量要求，包括课题征集与审定、指导教师、开题、中期检查、课题验收、毕业论文评阅、毕业答辩与成绩评定等方面的质量要求。

（3）质量监控机制建设：为了促进学校的工程教育认证工作，从微观角度探讨毕业设计（论文）的培养目标达成分析及持续改进方法，讨论各重要环节的质量监控指标及质量监控机制建设，以便为相关单位提供建议。

本书附录部分给出了典型的课题申请表、开题报告、任务书模板等，供读者参考。

希望本书能够对高校毕业设计（论文）的教学管理者、指导教师、学生等提供借鉴和参考。对高校教学管理者和指导教师来说，本书所讨论的培养目标、阶段划分、各项工作规范或要点、基于OBE理念的质量监控机制建设、毕业答辩与成绩评定、培养目标达成分析与持续改进、管理平台建设方案、基于新工科理念的毕业设计（论文）课题资源库建设方案等，具有一定参考价值。

另外，对指导教师来说，本书中对各环节的培养目标、教学管理规范等的描述与可能存在的问题及其分析，有助于全过程的管理和人才培养质量的进一步提高。对学生来说，本书中的内容应能让学生理解整个毕业设计（论文）中所涉及的各相关环节的重要性、培养目标与规范，从而能促进其自觉学习和实践，进而有助于学校全面提高教学质量。

本书以学校完整一届毕业设计（论文）教学工作开展过程中的主要环节的次序为主要脉络，内容包括概述、基于工程教育认证理念的毕业设计（论文）教学安排、毕业设计（论文）工作部署与条件准备、毕业设计（论文）课题规范与相关建设、毕业设计（论文）开题、系统设计与质量监控、毕业论文规范与教学安排、毕业答辩与成绩评定、科技成果及其培育、查阅与引用文献资料、提升毕业设计（论文）课题质量相关建设的思考。

参加本书编写的作者及其工作如下：

合肥工业大学 胡学钢教授负责总体策划，并编写主要内容；

合肥工业大学 王浩教授协助总体策划，并承担第2章的主体工作；

合肥工业大学 李建华和罗珣参与第3章部分工作、附录部分材料的组织，以及部分书稿的校稿；

合肥工业大学 李培培负责第9章的编写，参与第6章部分内容编写，以及部分书稿的校稿；

合肥工业大学 吴共庆负责第10章的编写；

滁州学院 陈桂林教授负责第11章部分内容的编写。

编写本书过程中，参考了合肥工业大学《毕业设计实施细则》、计算机学院《毕业设计教学规范与实施方案》的部分内容，在此表示感谢！

编写本书过程中，还参考了教育部高等学校计算机科学与技术专业教学指导委员会（2006—2010）课题组的研究成果《计算机科学与技术专业实践教学体系与规范》，并得到课题组专家王志英、蒋宗礼、岳丽华等的指导，在此一并表示感谢！

由于作者水平所限，书中难免存在不当之处，请专家、读者提出宝贵意见和建议。

作 者

2021年9月

目 录

第1章 概述 ... 1
1.1 毕业设计（论文）的教育作用 ... 1
1.2 工科类专业本科毕业生应具备的基本素养及其培养 ... 3
1.2.1 工程研发能力与素养是工科类专业本科毕业生生存和发展的基本要素 ... 3
1.2.2 科学研究能力与素养关系到个人和社会的健康发展 ... 6
1.2.3 工科类专业本科毕业生的毕业要求 ... 9
1.3 毕业设计（论文）的课程目标和指导思想 ... 10
1.3.1 毕业设计（论文）的课程目标与形式 ... 11
1.3.2 毕业设计（论文）的指导思想 ... 12
1.3.3 学生的毕业设计（论文）是一个完整项目的实施过程 ... 14
1.3.4 毕业设计（论文）是本科阶段不可替代的教学环节 ... 15
1.4 本书的定位与内容安排 ... 16
1.4.1 当前毕业设计（论文）教学中存在的典型问题 ... 16
1.4.2 本书的定位与内容安排 ... 18
1.5 本章小结 ... 21
1.6 思考与实践 ... 22

第2章 基于工程教育认证理念的毕业设计（论文）教学安排 ... 23
2.1 概述 ... 23
2.2 工程教育认证简介 ... 24
2.2.1 工程教育认证的基本概念 ... 24
2.2.2 工程教育认证标准 ... 25
2.2.3 工程教育认证的核心理念 ... 26
2.2.4 专业培养目标及其支撑和实现 ... 27
2.2.5 持续改进机制的实现 ... 31
2.3 培养方案中毕业设计（论文）的教学安排 ... 31
2.3.1 毕业设计（论文）的学分数与时间安排 ... 31
2.3.2 毕业设计（论文）的任务形式 ... 32
2.4 工程教育认证对毕业设计（论文）内涵的要求 ... 33
2.5 毕业设计（论文）的课程目标与所支撑的毕业要求 ... 35
2.5.1 毕业设计（论文）课程目标与毕业要求调研案例 ... 35
2.5.2 不同专业毕业设计（论文）所支撑的毕业要求 ... 37

2.6 毕业设计（论文）教学环节的持续改进机制建设 ·········· 38
　　2.6.1 毕业设计（论文）教学环节持续改进机制建设的主要内容 ·········· 38
　　2.6.2 针对毕业设计（论文）教学检查项目安排的建议 ·········· 40
　　2.6.3 毕业设计（论文）检查环节安排和建议 ·········· 41
2.7 本章小结 ·········· 43
2.8 思考与实践 ·········· 44

第3章 毕业设计（论文）工作部署与条件准备 ·········· 45
3.1 概述 ·········· 45
3.2 毕业设计（论文）总体工作安排与基本要求 ·········· 47
　　3.2.1 毕业设计（论文）阶段划分与具体要求 ·········· 48
　　3.2.2 条件准备与课题安排的基本要求 ·········· 48
　　3.2.3 实施与完成课题 ·········· 51
　　3.2.4 毕业论文撰写和评阅 ·········· 52
　　3.2.5 毕业答辩和成绩评定 ·········· 52
　　3.2.6 总结与持续改进 ·········· 53
3.3 指导教师队伍建设 ·········· 53
　　3.3.1 指导教师的基本要求和教学规范 ·········· 54
　　3.3.2 专业指导教师队伍建设 ·········· 56
3.4 项目研发环境建设 ·········· 57
　　3.4.1 项目研发环境与基本要求 ·········· 57
　　3.4.2 实践环境建设基本规范 ·········· 59
　　3.4.3 校外实践基地建设规范 ·········· 61
3.5 毕业设计（论文）管理系统 ·········· 61
3.6 本章小结 ·········· 62
3.7 思考与实践 ·········· 63

第4章 毕业设计（论文）课题规范与相关建设 ·········· 64
4.1 课题资源建设和管理工作概述 ·········· 64
4.2 课题征集与管理 ·········· 65
　　4.2.1 课题征集 ·········· 65
　　4.2.2 课题资源的管理与分析 ·········· 67
　　4.2.3 课题发布与安排 ·········· 67
4.3 课题的基本要求 ·········· 69
4.4 课题的申请与评审 ·········· 71
　　4.4.1 指导教师的课题立项申请 ·········· 71
　　4.4.2 校外企事业单位的课题立项申请 ·········· 74
　　4.4.3 学生创新型与创业型课题立项申请 ·········· 75

		4.4.4 课题内容的具体要求	75
		4.4.5 课题的评审	76
4.5	课题资源建设和质量保障机制		76
	4.5.1	建立稳定的课题遴选机制并严格执行	76
	4.5.2	拓展课题资源的探索	78
	4.5.3	课题资源建设的持续改进机制	79
4.6	本章小结		79
4.7	思考与实践		80

第5章 毕业设计（论文）开题 ... 81

5.1	开题阶段工作概述		81
	5.1.1	学生在开题阶段的主要任务	82
	5.1.2	开题阶段的教学管理工作	83
	5.1.3	开题阶段的质量要求	84
	5.1.4	开题阶段的其他要求和建议	84
5.2	课题调研		86
	5.2.1	课题调研的基本概念	86
	5.2.2	课题调研的基本任务	86
	5.2.3	开题报告的基本要求	87
5.3	课题方案		89
	5.3.1	课题方案的主要内容	89
	5.3.2	课题方案的特征和基本要求	89
5.4	课题工作计划		90
	5.4.1	课题工作计划的主要内容和基本要求	90
	5.4.2	制订课题工作计划的维度	91
5.5	开题报告与开题质量监控		92
5.6	本章小结		93
5.7	思考与实践		94

第6章 系统设计与质量监控 ... 95

6.1	系统设计阶段工作概述		95
	6.1.1	系统设计阶段教学目标	95
	6.1.2	基础建设与工作方案	96
6.2	系统设计过程具体工作		97
	6.2.1	进一步细化工作计划	97
	6.2.2	在熟练掌握开发与运行平台知识的基础上推进系统设计	99
	6.2.3	基于实验论证的关键问题解决方案设计与创新	99
	6.2.4	毕业设计（论文）成果文档建设	100

  6.2.5 创新性成果的内涵与培育 ································· 102
 6.3 系统设计阶段的质量保障与监控机制 ······························ 103
  6.3.1 课题组建设 ··· 103
  6.3.2 院系和专业的质量保障与监控机制 ···························· 104
 6.4 本章小结 ·· 105
 6.5 思考与实践 ·· 106

第7章 毕业论文规范与教学安排 ··································· 107
 7.1 概述 ··· 107
 7.2 毕业论文的定位与内容 ······································ 108
  7.2.1 学位论文的相关概念 ··································· 108
  7.2.2 毕业论文的定位与内容 ································· 109
 7.3 毕业论文的主题表述 ······································· 109
  7.3.1 以正文（Context）系统阐述并支撑主题 ······················ 110
  7.3.2 以题名（Title,Topic）、题目或标题精准表达主题 ················ 110
  7.3.3 以摘要（Abstract）概述设计与主题 ························· 110
 7.4 毕业论文的组成 ·· 111
  7.4.1 毕业论文的总体组成 ··································· 111
  7.4.2 毕业论文正文的组成框架 ································ 112
 7.5 毕业论文相关规范 ·· 112
  7.5.1 毕业论文规范涉及范围 ································· 112
  7.5.2 毕业论文总体参考格式 ································· 113
  7.5.3 目录参考格式 ······································· 113
  7.5.4 正文参考格式 ······································· 114
  7.5.5 图表参考格式 ······································· 115
  7.5.6 公式、定义、定理、命题、算法参考格式 ······················ 117
  7.5.7 参考文献参考格式 ···································· 117
 7.6 毕业论文质量监控 ·· 118
  7.6.1 毕业论文的评阅 ····································· 118
  7.6.2 专业毕业论文的质量分析 ································ 119
 7.7 本章小结 ··· 120
 7.8 思考与实践 ··· 121

第8章 毕业答辩与成绩评定 ······································ 122
 8.1 概述 ·· 122
 8.2 毕业答辩工作安排 ·· 123
  8.2.1 成立院系或专业毕业答辩委员会 ··························· 123
  8.2.2 学生毕业答辩分组 ···································· 124

  8.2.3 答辩组评委及其工作要求 ·············· 124
  8.2.4 学生汇报的提纲和要点 ·············· 124
  8.2.5 发布通知 ·············· 125
 8.3 学生毕业答辩准备 ·············· 126
  8.3.1 深刻理解毕业答辩的重要性 ·············· 126
  8.3.2 认真准备书面汇报材料 ·············· 126
  8.3.3 结合口头汇报进一步组织内容 ·············· 127
  8.3.4 在汇报时间有限情况下组织内容 ·············· 128
 8.4 毕业答辩 ·············· 129
  8.4.1 答辩组的组织和过程管理 ·············· 129
  8.4.2 学生在答辩现场的表现 ·············· 130
 8.5 毕业设计（论文）成绩评定 ·············· 131
  8.5.1 毕业设计（论文）成绩评定的指标与机制 ·············· 131
  8.5.2 毕业设计（论文）成绩评语的"三段式"结构 ·············· 135
 8.6 本章小结 ·············· 136
 8.7 思考与实践 ·············· 137

第9章 科技成果及其培育 ·············· 138
 9.1 科技创新与科技成果 ·············· 138
 9.2 常见科技成果的类型 ·············· 139
  9.2.1 学术论文 ·············· 139
  9.2.2 开源软件 ·············· 140
  9.2.3 软件著作权 ·············· 141
  9.2.4 专利 ·············· 141
 9.3 科技成果的培育 ·············· 142
 9.4 科技成果的申报 ·············· 143
  9.4.1 学术论文的撰写 ·············· 143
  9.4.2 软件著作权的申报流程与案例 ·············· 144
  9.4.3 专利的申报流程与案例 ·············· 145
 9.5 本章小结 ·············· 152
 9.6 思考与实践 ·············· 153

第10章 查阅与引用文献资料 ·············· 154
 10.1 查阅文献资料的作用与意义 ·············· 154
 10.2 文献资料的类型 ·············· 155
 10.3 常用的文献标准格式与引用参考文献 ·············· 155
  10.3.1 常用的文献标准格式 ·············· 155
  10.3.2 参考文献格式的书写顺序和序号 ·············· 156

10.4 查阅文献资料的途径与工具·········157
10.4.1 通过图书馆查找·········157
10.4.2 通过互联网查找·········157
10.5 查阅文献资料的方法·········158
10.5.1 掌握基本检索方法·········158
10.5.2 直接法·········159
10.5.3 追溯法·········159
10.5.4 综合法·········159
10.5.5 运筹法·········159
10.6 文献资料的整理·········160
10.6.1 文献资料的初步整理加工·········160
10.6.2 文献资料的进一步整理加工·········161
10.7 计算机科学与技术领域外文电子信息资源举要·········162
10.7.1 常用英文电子期刊数据库·········162
10.7.2 电子图书示例·········164
10.7.3 文摘索引数据库·········164
10.7.4 计算机科学与技术领域主要免费网络资源数据库·········168
10.8 查阅文献资料实例·········170
10.8.1 中国知网 CNKI 文献检索·········170
10.8.2 ACM 全文数据库的检索·········185
10.8.3 使用免费网络资源数据库 ResearchIndex 进行检索·········186
10.8.4 使用搜索引擎 Google 进行检索·········188
10.8.5 从作者主页下载文献资料·········189
10.9 本章小结·········189
10.10 思考与实践·········189

第 11 章 提升毕业设计（论文）课题质量相关建设的思考·········190
11.1 概述·········190
11.1.1 开展毕业设计（论文）课题资源建设·········191
11.1.2 提升毕业设计（论文）课题质量的主要途径概述·········193
11.1.3 完善毕业设计（论文）课题资源建设·········193
11.2 以教学研究的常态化引领毕业设计（论文）课题资源建设·········194
11.2.1 教育部专业教学指导委员会·········195
11.2.2 高水平社团与教学研究专题研讨·········195
11.2.3 深入开展教学研究支撑课题资源建设·········196
11.2.4 以教学研究平台主导研究与建设·········197
11.3 以深化教师教学与科学研究构筑 毕业设计（论文）主导力量·········197

  11.3.1 校内指导教师队伍的主导力量作用 ················· 197
  11.3.2 高校教师发展的基本建议 ······················· 198
 11.4 基于校内优势构筑毕业设计（论文）特色课题平台与资源 ········· 201
 11.5 综合社会力量构筑毕业设计（论文）课题资源库 ············· 201
 11.6 基于产学合作的校内实践见习 基地建设（以滁州学院为例） ······ 202
  11.6.1 基于产教融合的毕业设计（论文）工作实例 ············ 202
  11.6.2 基于科教融合的毕业设计（论文）工作实例 ············ 204
 11.7 本章小结 ··································· 205

附录 A 课题申请表 ·································· 208

附录 B 任务书、开题报告和过程记录表 ······················ 213

附录 C 毕业论文参考架构 ····························· 217

附录 D 年度工作安排时间节点参考 ························ 230

附录 E 毕业设计（论文）成绩评定参考标准 ···················· 231

附录 F 毕业设计（论文）教学指导委员会参考章程 ················ 233

附录 G 毕业设计（论文）成绩评定书框架 ····················· 235

附录 H 课题汇总参考表 ······························ 237

附录 I 国内核心期刊的遴选体系 ························· 238

参考文献 ······································· 240

第1章 概　　述

【本章导读】

本章首先介绍毕业设计（论文）教学环节在专业人才培养中的教育作用，以及工科类专业本科毕业生应具备的基本素养及其培养；然后介绍毕业设计（论文）的课程目标和指导思想；最后介绍本书的定位与内容安排。

专业：应理解毕业设计（论文）是对专业人才培养质量和机制的"大考"，做好相关准备，以保障"大考"能合格，并不断提升人才培养质量。

指导教师：应理解该环节对学生、专业的重要性，积极开展科研工作，以提升专业领域研究能力和课题水平；积极开展教学研究和建设工作，以提升人才培养水平。

学生读者：应理解毕业设计（论文）关系到自己未来就业与发展，做好学业发展的思想准备、课题方向的选择等必要的准备，有条件的还可以结合自己的专业方向意愿联系指导教师。同时，也应了解这是"毕业大考"，需要引起重视。

1.1　毕业设计（论文）的教育作用

1. 概述

毕业设计（论文）是工科类专业本科阶段最重要的综合型、设计型的实践教学环节，旨在培养学生综合运用所学知识解决实际问题的能力，并为其进入工作岗位及后续深造提供必要的工程训练和学术启蒙。

毕业设计（论文）涉及学生对专业知识和能力的系统运用与掌握，能反映教师的科研和教学水平，体现学校的教学条件和管理水平等。

因此，毕业设计（论文）成为影响教学质量的关键环节，也是本科教学评估和工程教育认证的重要考核点。

2. 教育部关于毕业设计（论文）的指导文件

2004年4月，教育部办公厅《关于加强普通高等学校毕业设计（论文）工作的通知》（教高厅〔2004〕14号）指出："毕业设计（论文）是实现培养目标的重要教学环节。毕业设计（论文）在培养大学生探求真理、强化社会意识、进行科学研究基本训练、提高综合实践能力与素质等方面，具有不可替代的作用，是教育与生产劳动和社会实践相结合的重要体现，是培养大学生的创新能力、实践能力和创业精神的重要实践环节。同时，毕业设计（论文）的质量也是衡量教学水平、学生毕业与学位资格认证的重要依据。各省级教育行政部门（主管部门）和各类普通高等学校都要充分认识这项工作的必要性和重要性，制定切实有效措施，认真处理好与就业工作等的关系，从时间安排、组织实施等方面切实加强和改进毕业设计（论文）环节的管理，决不能降低要求，更不能放任自流。"

中国工程教育认证标准中对毕业设计（论文）的要求是，工程实践与毕业设计（论文）至少占总学分的 20%。设置完善的实践教学体系，并与企业合作，开展实习、实训，培养学生的实践能力和创新能力。毕业设计（论文）选题要结合本专业的工程实际问题，培养学生的工程意识、协作精神以及综合应用所学知识解决实际问题的能力。对毕业设计（论文）的指导和考核有企业或行业专家参与。

3．毕业设计（论文）教学规范的研究与实践

针对当前高校在毕业设计（论文）教学过程中所暴露出的问题，研究毕业设计（论文）的教学规范成为迫切又重要的课题。为此，许多高校、研究团队开展了相关的研究和实践，相关研究成果对毕业设计（论文）教学工作的规范化建设和培养质量的提高起到了积极的指导作用。

教育部高等学校计算机科学与技术教学指导委员会（2006—2010）于 2008 年成立了计算机科学与技术专业实践教学体系与规范课题组。该课题组针对计算机科学与技术专业包括毕业设计（论文）在内的实践教学体系开展了为期一年的研究工作，并出版了《高等学校计算机科学与技术专业实践教学体系与规范》，对各实践教学环节给出了教学规范。

4．教育部对毕业设计（论文）教学质量评测的指导

教育部颁布了《本科毕业论文（设计）抽检办法（试行）》的通知（教督〔2020〕5号），其中指出（限于篇幅，仅列出部分内容）：

为贯彻落实《深化新时代教育评价改革总体方案》和《关于深化新时代教育督导体制机制改革的意见》，加强和改进教育督导评估监测，保证本科人才培养基本质量，特制定《本科毕业论文（设计）抽检办法（试行）》。

本科毕业论文抽检工作应遵循独立、客观、科学、公正原则，任何单位和个人都不得以任何方式干扰抽检工作的正常进行。

本科毕业论文抽检每年进行一次，抽检对象为上一学年度授予学士学位的论文，抽检比例原则上应不低于2%。

本科毕业论文抽检应重点对选题意义、写作安排、逻辑构建、专业能力以及学术规范等进行考察。

省级教育行政部门利用抽检信息平台对抽检论文进行学术不端行为检测，检测结果供专家评审参考。

对连续 2 年均有"存在问题毕业论文",且比例较高或篇数较多的高校,省级教育行政部门应在本省域内予以通报,减少其招生计划,并进行质量约谈,提出限期整改要求。高校应对有关部门、学院和个人的人才培养责任落实情况进行调查,依据有关规定予以追责。

对连续 3 年抽检存在问题较多的本科专业,经整改仍无法达到要求者,视为不能保证培养质量,省级教育行政部门应依据有关规定责令其暂停招生,或由省级学位委员会撤销其学士学位授权点。

对涉嫌存在抄袭、剽窃、伪造、篡改、买卖、代写等学术不端行为的毕业论文,高校应按照相关程序进行调查核实,对查实的应依法撤销已授予学位,并注销学位证书。

抽检结果将作为本科教育教学评估、一流本科专业建设、本科专业认证以及专业建设经费投入等教育资源配置的重要参考依据。

由此可知,提高毕业设计(论文)质量已经受到广泛的关注。提高毕业设计(论文)质量是一个系统性工程,关系到各个方面的工作,因而需要系统地推进研究和建设。

1.2　工科类专业本科毕业生应具备的基本素养及其培养

大多数工科类专业本科毕业生在就业时可能会选择进入有研发型业务的企事业单位,从事工程项目的研发工作。还有为数不少的毕业生将选择继续深造,攻读硕士和博士学位,以科学研究为其主要从业方向。大量事实说明,有志向是一回事,能否胜任则是另一回事!许多毕业生在面向自己选择的岗位时,需要花费大量的时间和精力才能适应。因此,在本科阶段就对学生的工程研发和科学研究的能力与素养进行针对性的培养,会让学生更好、更快地胜任将来的岗位。

工程研发和科学研究的能力与素养关系到本科毕业生未来生存和发展的重要基础。即使将来不一定从事工程研发或科学研究工作,工程研发和科学研究的能力与素养也是许多其他类型工作所需要的。

如何理解工程研发和科学研究的能力与素养?如何练就?在大学期间参加一些竞赛获得好的成绩是否表明已经具备了工程研发和科学研究的能力与素养?这些能力与素养的培养和毕业设计(论文)有什么关系?

下面简要介绍一些基本概念,使学生了解工程研发和科学研究的特点、能力与素养及其与毕业设计(论文)的关系,从而能积极地开展毕业设计(论文)工作,不断学习相关知识,培养研发能力,提高综合素养。

1.2.1　工程研发能力与素养是工科类专业本科毕业生生存和发展的基本要素

研发型项目俗称"横向课题",一般由委托方提出较明确的开发需求,经委托方和受托方协商确定后，以开发合同的形式确定开发的相关事宜，包括：具体的开发需求，如功能性和非功能性需求、成果形式，以及相应的指标和参数；所有权归属；研发费用；研发进度安排、验收方式和提交时间；系统维护方式与要求；违约处理等。

1．工程研发型项目的主要特点

通俗地说，研发**工程项目的核心要求**在于对给定的功能需求，按预定的进度安排、在预定的成本内研发出能实现预期功能需求的系统。

然而，在实际工作中，环境和外部条件的变化、委托方对系统功能需求的变化及开发者可能的优化等因素，可能导致待研发项目的功能需求变更，对此需要研发单位有所准备，并做出相应的应对预案。进一步来说，工程研发型项目具有以下特点。

需求描述的精准性：由委托方提供并经双方协商所确定的研发需求作为后续工作的依据，即验收、测试、系统维护等都以此为依据。

项目研发要求的规范性：包括对开发成本、提交时间、文档资料、提交后的持续维护等的规范性要求。

项目验收的确定性：预定功能必须符合要求；合同所确定的时间、预算必须严格执行。

涉及领域的综合性：项目大多会涉及特定的应用领域，与本专业领域可能有一定的偏离。

2．工程研发型项目研发的特点

一般而言，工程项目的研发是一个复杂的过程，通常有较多人员参与，需要合理的过程模型、管理规范。对项目要做好任务分解、人员安排、分工协作及具体实施过程安排等，以保证项目的质量、工期。

以软件系统研发为例，工作计划安排一般涉及 6 个阶段：制订计划、需求分析和定义、软件设计、程序编写、软件测试、运行和维护。因此，工程项目研发具有以下特点。

研发队伍的团队化：大多会涉及不同方面的任务，需要多人参与并构成课题研发团队，分工负责需求调研、课题方案设计、系统设计、模块或子系统设计、测试、维护等。

研发过程的规范化：为了在规定时间与预算内完成项目，需要有科学合理的项目研发计划，包括任务分解、实施计划与验收、成本预算与控制等。

过程管理与交流的平台化：研发过程中，需要频繁与委托方或者用户方及研发团队成员进行必要的交流，因此需要采用合适的研发和交流平台以提高效率，同时加强过程和数据管理等。

3．工程研发型项目所需要的基本能力与素养

在毕业前经历系统的工程项目研发实践和初步训练，是确保学生能"进得了期望的岗位，学得会先进的技术，进得了满意的单位，做得好有挑战任务，理得清未来前程，耐得住务实发展"的必备条件。

对参与项目的人员来说，至少需要掌握以下几方面的能力。

（1）**人品、诚信和职业操守**：这是每一个用人单位都会特别关注的，没有谁会培养人品靠不住的员工，诚信和职业操守有缺陷的员工很难让人放心，也不会被重用。因此，每一位入职的员工，不能在这方面留下不良记录，以免成为人生污点。

（2）**专业技术能力与素养**：能胜任本专业领域内相关的技术任务，能完成让人放心的"作品"，能保证相关资料完备、规范。例如，对计算机专业毕业生来说，计算机思维能力、算法能力、实现能力、系统能力就是其专业核心竞争力。

（3）**理论联系实际的能力**：能有意识将所承担的工作与相关特定的学科基础及其应用能力相结合，以促进学科基础理论和应用领域融会贯通。例如，了解专业学科知识与实际应用领域的关系；基于计算机科学和数学基础来构造模型、分析算法；借助工程科学制定规范，明确样例，评估成本；结合管理科学实现进度、资源、质量、成本等的管理。

本科毕业生之所以有发展的"后劲"，一个非常重要的因素是具备融会贯通学科基础理论与实际应用领域的能力。

（4）**工程意识与团队素养**：从单兵作战到融入团队完成工程项目，需要在认识上有深刻的理解，在方法上不断学习和完善，在团队内不断增进了解和磨合，在文化上不断融合、传承和创新。

（5）**深入应用领域的能力**：面向实际应用领域系统的研发，要想让研发的系统有竞争力，新概念、新技术的运用固然很重要，但更重要的是能有效解决应用领域内的实际问题。为此，需要学习并深刻理解应用领域的专业知识以获取潜在用户需求，并能高效设计与实现目标系统，这非常重要！

从一个研发型企业的产品研发角度来看，需要靠"有竞争力的产品"来支持企业的生存和发展，通俗地说，就是要靠这类产品来"养活"企业，并为未来的发展提供支持。企业选择"有竞争力的产品"，需要对市场信息的获取与分析、潜在客户分析、产品形式分析等进行调研，以降低投资风险，提升效益。而这些都是要依靠对应用领域的深刻理解及研发能力来支持和实现的。

（6）**研究和创新的意识与能力**：为了让研发的系统更有竞争力，需要通过深入研究以展示系统的性能、功能优势并构建其"灵魂"。研究能力可以简单概括为提出问题和发现问题的能力，研究和解决问题的能力，发现、凝练和发

表成果的能力。围绕所研发系统和相关问题的研究及相应新技术的运用，是企业提升竞争力的关键。

（7）学习与发展能力：有良好的人生与职业发展规划，并能与时俱进、不断完善；适应专业领域发展的学习能力；有效查阅文献和学习新技术与动态的能力；向他人学习的能力；学习和深刻理解应用领域的能力；学习社会、行业优秀文化的能力等。

（8）项目组织、课题研究与成果管理能力：对团队负责人、项目组长来说，需要具备良好的团队组织和管理能力，以带领团队圆满完成预定的任务并为后续发展做好规划。团队组织和管理涉及项目的研究与实施，项目组成员的能力结构和分工安排，进度安排和管理，经费预算和合理使用，平台搭建，资源建设，成果发现、凝练和发表，后续项目的规划等。

（9）资源建设：从事工程项目研发需要有丰富的资源作为条件来支持，包括：在专业领域能给予高水平指导的专家资源、后备人才资源、新技术资源；对相关行业应用选题能给予指导的专家、选题资源；软硬件系统资源，测试数据资源，必要的成果资源，相关新技术和成果的积累；与主攻方向相关的研究和交流机会，人脉与平台资源等。

（10）实践经历：实践出真知！能力是练出来的，而不是教出来的！对工程研发型项目，专业基础知识、能力和素养是重要的，但所有这些都需要在实践中不断检验、丰富和完善，才能使学生真正成为工程领域的高端人才。

综上所述，学生从事工程项目研发所需要的是综合性的能力和素养，不仅需要有坚实的学科基础理论，还需要有完整项目的全程实践，才能从感性认识深化到理性认识，才能将所学的理论知识和实际应用相结合。而良好的社会责任感是推动专业能力发展永远的动力！

在本科阶段，如何落实工程实践能力的初步培养？毕业设计（论文）正是承担了这种完整项目训练的重要教学环节。从过程来看，相关的教学安排包括：开题阶段、实施阶段、课题验收阶段、毕业答辩阶段等。在这个过程中，各高校都要注重培养项目研发所需要的能力。

1.2.2 科学研究能力与素养关系到个人和社会的健康发展

当前，不少本科毕业生毕业后将以科学研究为其主要从业方向，因此，在毕业前经历科学研究工作的较为系统的实践和初步训练，是助力学生"选优势平台，进特色团队，拜明白导师，练从业基础，谋人生发展"的必备条件。

1. 科学研究型项目的特点

科学研究一般都有相关的课题来支持和引导，大多是结合特定学科领域的发展及社会和实际应用领域的需要所开展的创新性与探索性研究，以追求高水平创新性成果为主要目标。也就是说，这类研究型课题的核心要求在于创新，即发现和研究新问题，提出新方法、新思路，凝练新成果，研发新系统等。

研究成果可以是：针对特定问题的新的求解方案，高级别学术期刊和学术会议的学术论文，有望产生重大社会价值的专利成果，能产生积极作用的应用系统、开源系统，对学术研究有指导作用的专著等。

虽然许多这类成果暂时还看不到成效或不能发挥作用，甚至连预期成果都可能出不了，但我们还是应鼓励这种创新研究，即"鼓励创新，宽容失败"。

2．科学研究型项目的执行和管理

为确保科学研究型项目能达到预期的目标，需要遵循相关规律。虽然各研究团队和研究人员的研究方法不尽相同，但都应具有某些共性。例如，对参与课题的团队和人员来说，可以简要地从"事先准备""过程中的措施""事后总结"三方面来讨论课题的安排与管理。

（1）**事先准备**：结合课题任务及预期成果的要求，通过查阅文献资料和分析进一步聚焦主攻点，并进行必要的任务分解、人员和进度安排，对拟选择的创新点做出较充分的实验方案、技术方案、平台选择和测试数据的准备等。

（2）**过程中的措施**：按照预定的研究方案进行实验和测试，并针对实验结果做出合理的分析，特别是对意料之外的结果要能投入足够的精力来分析，以验证所期望的结论，或者对结论进行深化、否定或部分否定等，从而深化研究过程和目标。

（3）**事后总结**：要珍惜每一个研究成果！对每一个研究成果，根据其创新点和贡献点，及时选择合适的形式来凝练，如论文撰写或者系统研发等。整个课题结束时，按要求写出课题结题报告。更进一步说，还要为后续课题的谋划提供支持。

3．科学研究型项目所需要的基本能力与素养

成功地进行科研课题的研究，除具备必要的专业基础和研究实践外，对参与课题的人员来说，还应具备以下几方面的能力。

（1）**人品、诚信和职业操守**：在人品、诚信和职业操守方面有不良记录者，在重要岗位上很容易被拒，因而在发展道路上会面临很多障碍。因此，要时刻注意自己的言行举止和工作态度，以免留下不良记录，影响自己的职业发展。

（2）**专业技术能力与素养**：能胜任本专业领域内相关的技术任务，包括能准确理解课题任务，有效完成课题实验与分析，保证相关工作资料完备、规范等。例如，对计算机专业毕业生来说，计算思维能力、算法能力、实现能力、系统能力就是其专业核心竞争力。

（3）**研究领域全局的洞悉能力**：为了使自己在研究领域具有持续竞争力，

必须对研究课题的领域有较为系统的梳理和掌握。例如，通过文献资料查阅与梳理等，形成研究领域的"综述"，如概念引入，各类研究方法归类与代表性成果及其性能分析，代表性应用案例或潜在应用，当前的难点、挑战和发展趋势等；在此基础上，明确所要研究的具体任务的"位次"，以便为长远发展提供方向指导。

（4）理论联系实际的能力：能有意识将所承担的研究领域与相关的专业学科基础及其应用领域相结合，以便做到学科基础理论和研究领域的融会贯通、相互促进。例如，基于计算机科学和数学基础来构造模型、分析算法；借助工程科学制定规范，明确样例，评估成本；结合管理科学实现进度、资源、质量、成本等的管理。

（5）团队合作能力：理解团队是科研发展的核心要素之一，能够学习、理解团队的文化并自觉融入和发挥作用；理解课题研究的总体安排、任务分解、人员分工、进度控制等，并自觉遵守；将积极主动研究、产出高水平研究成果、为团队做贡献作为自己的自觉意识，是获得研究团队认可也是促进自身发展的最好途径。

（6）研究能力：这是从事科学研究工作必须具备的能力，可以概括为三类能力，即提出问题和发现问题的能力、研究和解决问题的能力、科研成果的凝练和发表能力。

提出问题和发现问题的能力：能够从专业领域的发展、社会领域的发展、行业的发展动态等，探索并提出新的研究问题和课题。

研究和解决问题的能力：理解和掌握具体问题的研究方法，包括针对该问题的调研分析、实验方案设计、实验平台选择、测试数据准备、实验结果分析、新的问题出处，以及潜在成果的发现和培育等。

科研成果的凝练和发表能力：理解并掌握可能的科研成果，如专利、学术论文、应用系统、专著等；培养在研究过程各环节发现成果的意识与能力；学习并掌握凝练成果、有效发表成果的能力。

（7）项目组织、课题研究与成果管理能力：对团队负责人、项目组长来说，需要具备良好的组织能力，以带领团队圆满完成预定的任务，包括课题的研究与实施，成员的分工安排，进度安排和管理，经费预算和合理使用，平台搭建，资源建设，成果发现、凝练和发表，后续研究课题的规划等。

（8）学习与发展能力：有良好的人生与职业发展规划，并能与时俱进、不断完善；适应专业领域发展的学习能力；有效查阅文献和学习新技术与动态的能力；向他人学习的能力；学习和深刻理解应用领域的能力；学习社会、行业优秀文化的能力等。

（9）资源建设：从事科学研究需要有丰富的资源，包括：科研实验数据、测试数据资源，必要的成果资源，相关新技术和成果的积累；与研究方向相关的研究和交流机会，人脉平台资源等。

（10）**实践经历**：实践是创新的基础。研究和创新能力不是一蹴而就的，需要在实践中不断发展、检验、增强和完善，并在实践中不断提升。只有参加和融入高水平平台，学生才能朝着高水平研究人才的方向发展。

综上所述，学生从事科研课题的研究所需要的是综合性的能力和素养，不仅需要有坚实的专业学科理论的支持，还需要有完整项目的全程实践，才能深化对课题研究的认识，将所学的理论知识和实际应用结合起来。

1.2.3 工科类专业本科毕业生的毕业要求

工科类专业本科毕业生应该满足一定的毕业要求，各高校都有自己的毕业要求。中国计算机学会《工程教育认证通用标准解读及使用指南（2018版）》给出了12条毕业要求。

1. 《工程教育认证通用标准解读及使用指南（2018版）》的毕业要求

专业必须有**明确、公开、可衡量**的毕业要求，毕业要求应能**支撑**培养目标的达成。专业制定的毕业要求应**完全覆盖**以下内容：

（1）**工程知识**：能够将数学、自然科学、工程基础和专业知识用于解决**复杂工程问题**。

（2）**问题分析**：能够应用数学、自然科学和工程科学的基本原理，识别、表达并通过文献研究分析**复杂工程问题**，以获得有效结论。

（3）**设计/开发解决方案**：能够设计针对**复杂工程问题**的解决方案，设计满足特定需求的系统、单元（部件）或工艺流程，并能够在设计环节中体现创新意识，考虑社会、健康、安全、法律、文化以及环境等因素。

（4）**研究**：能够基于科学原理并采用科学方法对**复杂工程问题**进行研究，包括设计实验、分析与解释数据、通过信息综合得到合理有效的结论。

（5）**使用现代工具**：能够针对**复杂工程问题**，开发、选择与使用恰当的技术、资源、现代工程工具和信息技术工具，包括对**复杂工程问题**的预测与模拟，并能够理解其局限性。

（6）**工程与社会**：能够基于工程相关背景知识进行合理分析，评价专业工程实践和**复杂工程问题**解决方案对社会、健康、安全、法律以及文化的影响，并理解应承担的责任。

（7）**环境和可持续发展**：能够理解和评价针对**复杂工程问题**的工程实践对环境、社会可持续发展的影响。

（8）**职业规范**：具有人文社会科学素养、社会责任感，能够在工程实践中理解并遵守工程职业道德和规范，履行责任。

(9) **个人和团队**：能够在多学科背景下的团队中承担个体、团队成员以及负责人的角色。

(10) **沟通**：能够就**复杂工程问题**与业界同行及社会公众进行有效沟通和交流，包括撰写报告和设计文稿、陈述发言、清晰表达或回应指令，并具备一定的国际视野，能够在跨文化背景下进行沟通和交流。

(11) **项目管理**：理解并掌握工程管理原理与经济决策方法，并能在多学科环境中应用。

(12) **终身学习**：具有自主学习和终身学习的意识，有不断学习和适应发展的能力。

以上 12 条指出了工科类专业人才所需要的知识、能力和素养的维度，以及应达到的深度，即针对"复杂工程问题"能力的要求。

2. "复杂工程问题"能力的要求

毕业要求的描述中涉及"复杂工程问题"达 7 次之多，表明毕业要求必须面向"复杂工程问题"。什么是"复杂工程问题"？理解复杂工程问题对本科人才培养有什么指导意义？下面简要介绍。

复杂工程问题指的是"复杂的工程问题"，必须具备下述特征（1），同时具备下述特征（2）～（7）的部分或全部：

(1) 必须运用深入的工程原理，经过分析才可能得到解决；

(2) 涉及多方面技术、工程和其他因素，并可能相互有一定冲突；

(3) 需要通过建立合适的抽象模型才能解决，在建模过程中需要体现创造性；

(4) 不是仅靠常用方法就可以完全解决；

(5) 问题中涉及的因素可能没有完全包含在专业工程实践的标准和规范中；

(6) 问题相关各方的利益不完全一致；

(7) 具有较高的综合性，包含多个相互关联的子问题。

综上所述，"复杂工程问题"必须运用深入的工程原理，经过分析才可能得到解决，并且还可能涉及多方面技术运用和非技术性方面的要求等。

有哪些教学环节能支撑上述毕业要求，并体现"复杂工程问题"？虽然毕业要求 12 条中的每一条都可能需要多门课程来支撑，但大多课程由于先修课程积累的局限性及有限的课时，难以真正体现出"复杂工程问题"的水平。因此，为期至少 3 个月的毕业设计（论文）自然就成为必须完成上述能力培养的"兜底"的教学环节。

1.3 毕业设计（论文）的课程目标和指导思想

总体上说，毕业设计（论文）的形式、定位和指导思想如下所述。

形式：完成设计，撰写论文。

定位：学生本科阶段"大考"，毕业论文作为"本科考卷"；专业大考。

指导思想：完成设计，能力培养，进入专业领域。

1.3.1 毕业设计（论文）的课程目标与形式

1．毕业设计（论文）的主要课程目标

毕业设计（论文）的主要课程目标与所在专业的人才培养目标和毕业要求是一致的，旨在促进和**培养学生如下能力与素养**。

（1）培养学生严谨的科学态度、正确的设计思想、敢于创新的精神和良好的工作作风。

（2）培养学生独立思考及工作的能力，包括独立检索资料、阅读文献资料、综合分析、理论计算、工程设计、实验研究、模型抽象、数据及文字处理等方面的能力，并掌握当前研究、设计的工具和环境。通过毕业设计（论文）的教学过程，使学生获得工程设计和科学研究的初步锻炼。

（3）培养学生掌握一定的基本技能，以及综合运用基础理论、基本知识、技能解决具有一定复杂程度的实际问题的能力。

综上所述，毕业设计（论文）成为影响教学质量的关键环节，也成为本科教学评估和工程教育认证的重要考核点。

2．毕业设计（论文）的教学内容

在毕业设计（论文）环节，学生在指导教师的指导下，对选定的课题，在课题调研、资料（包括外文资料）搜集和学习、问题解决方案设计、软硬件平台选择、具体实现、课题文档资料撰写等环节进行全方位的训练，并在此基础上撰写毕业论文，以便从更高层次加深对专业的认识，从而为将来面向更复杂的课题奠定基础。

通过这个环节的实践可以引导学生熟悉专业领域的相关工作，深化对所学专业理论知识的理解，培养和锻炼应用能力。此外，项目化的管理可以为培养学生的专业能力、提高素质提供良好的环境，使学生理解工程项目中不同角色的职责，掌握和他人的交往能力。最后，项目资料的整理和毕业论文的撰写使学生深层次理解课题乃至相关领域的问题，掌握相关的规范，为进一步的发展打好基础。

3．当前高校毕业设计（论文）的主要形式

不同高校或同一高校的不同专业可能会因为培养目标定位及培养计划的差异而有自己的安排形式，不同形式可以用该教学环节的名称即"毕业设计（论文）"组成部分的组合来对应，形式有"毕业设计""毕业论文""毕业设计+毕业论文""毕业设计或毕业论文"。

（1）毕业设计：完成指定功能的系统或装置的设计，并给出设计报告。

（2）毕业论文：在实验研究或理论研究的基础上，针对特定问题的研究成果所形成的论文（如理科类专业）；或者在调查分析的基础上，针对特定问题开展社会调研与研究所取得成果的论文（如文科类、财经类专业）。

（3）毕业设计+毕业论文：完成特定功能的系统设计，在此基础上**撰写毕业论文**，依据设计任务，在结合相关资料的基础上，阐述设计思想、方案、平台选择、实验方案与研究、系统设计、详细设计、系统实现与测试、系统性能分析等。

（4）毕业设计或毕业论文：在实施时可以灵活选择毕业设计或毕业论文。如果教师的科研条件不够完善、学校的教学管理机制不够完善、学生的自觉性达不到要求，则建议慎重选择此种方式。

无论采用上述哪种形式，在此过程中，都需要查阅指定数量的文献资料，并阅读和翻译外文文献资料，以及进行相关的调研、实验和方案设计。在此基础上按照规范和要求开展工作，以完成预定设计或研究目标，提交任务文档或资料，通过毕业答辩，最终完成整个教学环节。

4．本书重点讨论的毕业设计（论文）的基本教学形式

合肥工业大学计算机类、电子信息类专业历来重视毕业设计（论文）教学环节，一直采用"**毕业设计+毕业论文**"的形式。主要任务包括：

（1）完成特定系统的设计和实现，并提交课题资料；

（2）按照学校的毕业设计（论文）工作的传统，完成一篇与毕业设计（论文）相关的**外文文献资料的翻译文章**，翻译文章的篇幅不少于 5000 个汉字；

（3）在此基础上**撰写毕业论文**，依据设计任务，在结合相关资料的基础上，阐述设计思想、方案、平台选择、实验方案与研究、系统设计、详细设计、系统实现与测试、系统性能分析等；

（4）通过**毕业答辩**，介绍自己的设计任务及完成质量，为答辩委员会（组）的成绩评定提供依据。

各专业答辩委员会依据各答辩组的成绩评定及指导教师的建议成绩等，综合给出该专业全体学生的最终成绩。

如不特别说明，本书后面部分均以这种形式为主来讨论。

1.3.2 毕业设计（论文）的指导思想

1．强调对确定的设计任务和目标的实现

毕业设计（论文）阶段一般以实现预定功能的工程和技术性任务为主，同时要求在此过程中培养学生的创新意识和能力，鼓励新思想、新发现。

相比之下，有以下几类选题不宜作为毕业设计（论文）课题。

（1）针对特定问题的综述型选题：针对给定问题写出综述。虽然整理综述是

必需的能力，但停留在综述上是不行的，因为没有针对设计任务、设计目标的实现过程，所以在工程性、技术性训练上明显不足。

（2）研究型选题：研究型选题主要基于较系统的基础理论和专业知识，在此基础上针对给定的选题开展探索性研究，具体研究成果可能事先难以确定。事实表明，现在的许多学生可能不太适合。其原因一方面是许多学生的研究能力的局限导致难以有达到毕业设计（论文）水平的成果，进而直接影响了学生的学业；另一方面是工程、技术能力还没有得到必要的训练就开始研究型选题，时机上也不宜。对于已经具备了研究基础和技术能力的学生，这是可以的，但也要有相应的核心技术、系统实现方面的基本要求。

（3）操作型选题：以按部就班的过程操作为主，设计型任务少，最终撰写的设计资料将会空洞无词。

2．结合给定课题的求解实现相关能力的培养

锻炼学生综合运用所学知识解决实际问题的**能力**，同时要考虑经济、环境、伦理等制约因素，并在此过程中加强12个方面的培养：选题、调研、熟悉问题、中外文献资料查阅、需求分析、制订课题计划、概要设计、详细设计、具体实现和调试、撰写文档、问题与方案的文字和口头表述、毕业论文撰写。

可以将整个毕业设计（论文）教学环节粗略划分为开题、课题实施、毕业论文撰写、毕业答辩等阶段，在每个阶段完成相关的具体任务，实现相应能力的培养。

开题阶段主要培养：选题、调研、熟悉问题、中外文献资料查阅、需求分析、制订课题计划、问题与方案的文字和口头表述等。

课题实施阶段主要培养：概要设计、详细设计、具体实现和调试、撰写文档、问题与方案的文字和口头表述等。

毕业论文撰写阶段，顾名思义，主要是在课题的设计和实现基础上完成毕业论文的撰写，要符合学校的要求和规范。

毕业答辩阶段，按照学校和专业的安排，参加答辩，完成学业。

另外，每个阶段及每项能力的培养都有其特定的具体要求，后续几章将分别介绍。

3．以进入特定领域为导向

通过毕业设计（论文）阶段引导学生熟悉特定的应用或研究领域。

毕业生走向社会后，会进入社会各行各业，对在校所学专业知识有应用的需求，因此，掌握进入特定领域的能力是立足于社会的重要基础。

同时，随着科技的不断发展，新的研究领域、方向不断涌现，如人工智能、大数据、物联网、车联网、智慧城市等，因此，毕业生进入新的研究领域并能选择好主攻点，是适应未来科技发展的必备能力。

1.3.3 学生的毕业设计（论文）是一个完整项目的实施过程

1．本科毕业设计（论文）的项目式安排是核心

合肥工业大学计算机与信息学院有悠久的办学传统和鲜明的工科特色，非常明确地定位本科毕业设计（论文）的主要培养目标是毕业设计（论文）培养学生面向社会、面向未来的从事工程技术活动或科学研究工作的能力和素养。

按照本科专业标准的指导意见、工程教育认证的标准及教育部的相关文件精神，整个毕业设计（论文）工作需要较长一段时间。例如，合肥工业大学计算机与信息学院各专业一直安排至少13周即3个月的集中时间内完成，但在具体执行时还会提前进行，因而时间更长。对所安排的设计课题，学生除要完成指定课题的研究和设计这个核心任务外，还要参照和遵循工程研发型项目、科学研究型项目的方式和规律，开展并完成必要的与工程研发、科学研究等密切相关的业务，如课题调研、平台与技术选型、课题方案调研与论证、测试与课题验收、项目资料归档等。

毕业设计（论文）的课题可以是侧重于系统研发的工程型项目，也可以是以研究型项目为核心的系统研发课题，不论是哪种形式，完整的系统研发都是必不可少的基本要求。

因此，对学生来说，整个毕业设计（论文）就是一个完整的工程或科研型项目的实施过程，包含一个项目开发或科学研究的各个阶段的任务。

以工程研发型项目为例，应包含项目研发的6个阶段：制订计划、需求分析和定义、系统设计、具体实现、测试、运行和维护。其中除"维护"的时间有局限外，其他各阶段基本上都会涉及。

2．毕业设计（论文）教学环节是实现人才培养跨越的重要环节

相对于前面所安排的侧重于专业基础知识和应用能力培养的各教学环节来说，以工程研发和科研能力培养为核心、以具有真实需求的课题为载体、以完整课题研发的全流程为主要形式的毕业设计（论文）自然就成为不可替代的教学环节。

如果学生能准确而系统地理解项目特点及其对毕业设计（论文）的指导作用，就能自觉而主动地投入精力，并借助毕业设计（论文）的锻炼，不断学习相关知识，培养研发能力，提高综合素养。

根据毕业设计（论文）的核心任务及前面所安排的教学环节可知，毕业设计（论文）教学环节实现了一个大的跨越。理解这个跨越及关注可能面临的问题，并采取合理的教学安排和措施，就可以在教学过程中做到有的放矢。

（1）课题内容方面的跨越。

课内大作业、课程设计、专业方向综合等环节安排的小项目，所涉及的主题和相关知识主要在课程范围内,且大多以技术为主,培养和锻炼的是专业素养。而毕业设计(论文)则要扩展到专业领域相关范围的社会需求问题,所涉及的技术可能来自行业而不一定是课程所学,需要遵循工程领域相关规范(开发项目的规范要求)或科学研究领域相关规范等才能有效实现。

(2)教学方式上的变化。

和前面大多数课程以教学班级为授课对象的教学模式不同的是,毕业设计(论文)采用将学生分散到老师的课题组,由指导教师全程负责指导、检查的方式,再加上课题领域、内容等的差异,因此其培养更能体现针对性和个性化。

(3)知识和能力的大综合。

由于毕业设计(论文)以解决具有真实需求的问题为目标,可能会出现许多意想不到的问题,这就需要多领域的知识、技术和能力的综合运用,因此,对激发学生的知识、能力的潜力有极大的促进作用。

另外,结合工程教育认证标准的毕业要求及对解决复杂工程问题能力的培养的要求,可以进一步明确能力培养的要求,并且可衡量。

(4)视野上的大开放。

与原来局限于课程为主的学习和应用相比,面向社会需求的课题,需要在关注多方面新动态的基础上综合权衡才能有更合理的规划。

例如,为了确定课题的创新点,需要查阅充分的相关文献并做出综合分析;

为了使所研发系统的性能更有优势,需要在对新出现的相关技术做较全面的搜索、实验分析等工作的基础上,做出相应的权衡和选择;

为了使研究或开发能适应专业领域科技的发展、应用领域的实际需要,可以考虑将可用资源和平台作为系统的重要组成部分。

1.3.4 毕业设计(论文)是本科阶段不可替代的教学环节

1. 毕业设计(论文)是本科教育中不可替代的教学环节

虽然在高校各专业现有的实践教学体系中,大多包含实验、课程设计、实习、实训、创新创业等,但由于每个教学环节只针对局部的培养目标、知识的应用和能力的培养,以及课程内容涵盖面有限、时间有限、专业学习的积累不足等,导致各高校对全体学生的培养目标存在差距,其还不能完全支撑专业培养目标的实现。

而毕业设计(论文)由于有专业知识的积累、专门性的教学安排和足够的时间保证,以及总体目标定位于工程研发、科学研究的完整的初步训练,因此能支撑毕业要求的基本条件。

2. 毕业设计(论文)作为应届毕业生"毕业大考"的定位

对大多数高校来说,毕业设计(论文)可以看成学生的"毕业大考"。

学生首先完成给定的研究或设计任务，按规范提交课题资料，在此基础上撰写毕业论文，对相关工作进行总结，并在技术和理论水平方面进行提升；通过汇报和答辩来介绍与展示自己的设计，以表明该生已经满足本科毕业的要求，以及达到了学士学位的水平。从这个角度来说，毕业论文可以视为毕业设计（论文）阶段可存档的考核和评价依据。

3. 毕业设计（论文）作为专业质量"年度大考"的定位

毕业设计（论文）可以看成专业质量的"年度大考"。考核指标如下。

专业定位：方向、领域及水平等。

师资队伍建设与教学水平：课题领域和水平、科研与学科支持、教学投入指导与规范指导、持续改进机制等。

教学管理水平：管理体系的合理性、规范性、透明性、信息化建设等。

学生整体质量：优良率、学风与水平等。

毕业设计（论文）是专业认证的重要评价项目，指标包括：近三年的总体情况；不同等级毕业设计（论文）的抽查；毕业设计（论文）的质量、水平和规范性；指导教师的指导和评价；成绩评定的规范性；质量保障与持续改进机制。

1.4 本书的定位与内容安排

毕业设计（论文）教学环节能直接反映教师的教学态度、科研基础和教学水平，学校的教学条件和管理水平等方面。因此，认真做好选题、强化各环节过程管理，是保证毕业设计（论文）质量的有效措施，也是完整实现培养目标的关键，对全面提高本科教学质量与本科毕业生的业务素质具有重要的意义。

然而，当前在毕业设计（论文）的教学中存在许多影响教学质量的问题，下面先对相关问题做简要分析，再给出本书的定位与内容安排。

1.4.1 当前毕业设计（论文）教学中存在的典型问题

在高校扩招前，在校学生数量少，即使许多高校对毕业设计（论文）没有非常明确的教学规范，但由于学校的传统与文化、教师的敬业、学生的自觉、大多采用师傅带徒弟模式等因素，也使毕业设计（论文）得以顺利进行。

例如，具有优势学科基础支撑的专业，以培养研究型人才为主要培养目标，将参与和完成科研项目中的子课题作为毕业设计（论文）课题，以科研项目中的具体要求作为对毕业设计（论文）课题各方面的具体要求，因此，采用这种方式不仅能很好地支撑毕业设计（论文）教学环节，而且对学生实际科研能力的培养具有非常好的优势。

随着高校招生规模的迅速增长及新增大量本科院校、专业，采用传统模式开展毕业设计（论文）教学暴露出许多问题，涉及学校和专业对毕业设计（论文）教学目标的定位、培养模式、条件建设、教学管理制度与质量监控机制、教师在培养过程中的指导等。下面列举一些典型问题。

1．学校、专业认识方面的典型问题

一些学校、专业限于认识的不足或条件的制约，存在如下不足：

对毕业设计（论文）的**课程目标定位**及其所涉及的**各项任务**的作用不清楚；

对毕业设计过程中需要的**能力培养**不清楚；

教学管理措施、条件建设不到位；

由于对课程目标等定位不清楚，导致以学生到企业实习来**代替**毕业设计（论文），或者以竞赛获奖**代替**毕业设计（论文）等。

2．毕业设计（论文）课题方面的典型问题

由于部分教师专业领域研究不足或限于认识和态度，致使毕业设计（论文）课题出现以下几种情况。

"假题假做""打哪指哪"：无预定目标和要求，使学生对运用知识、能力及工程方式求解问题的训练严重不足。

内容陈旧：课题内容陈旧，新工具、新技术用不上，学生锻炼不够。

分量不足：本应至少花费 3 个月时间才能完成的设计任务，可能仅用几周就完成了。

脱离实际、**"假大空"**、**低水平重复**课题满天飞，如"图书资料管理系统""学籍管理系统设计""二手车交易系统""餐馆订餐系统"等。

3．部分高校对毕业设计（论文）环节管理水平明显不足

常规管理欠缺：缺乏有效的课程目标定位、过程安排与管理规范，随意性大。

针对性管理欠缺：在课题资料、毕业论文、课题要求等方面缺乏规范。

质量保障机制不健全：缺乏合理、可行的质量保障机制，完全依赖师生的自觉性和基础；不能及时发现问题，对发现的问题不能有效改进。

4．学生在理解和态度方面的问题

一些学生没有认识到毕业设计（论文）对自己未来发展的重要作用，导致：

选课题时，倾向于选择"熟悉""容易做""要求不严格"的课题；

选导师时，更愿意找"好说话""怕麻烦"的指导教师；

做课题时，"不出工""不出力"，得过且过，如不按时完成任务，不按规定提交资料，对遇到的问题不用心研究和实践；对需要的新技术、新平台不钻研，文献查阅"蜻蜓点水"，外文资料翻译使用翻译系统等。

5．当前存在问题的概括

研究表明，影响毕业设计（论文）教学质量的因素可以概括为**认知**、**规范**、**课题**、**师资**、**实施**、**文化**几方面。

（1）**认知**：对课程目标、相应的毕业要求及学生发展的重要性能认识到位，从而有助于"态度坚定，工作到位，指导到位，质量到位"。

（2）**规范**：毕业设计（论文）的教学"标准"，涉及规范与实施方案。

对课程目标、具体能力定位合理、要求明确、表述严谨且可操作，对重要环节的评价指标明确可衡量。实施方案是指教学的全程与阶段性安排需要明确和可操作，以确保设计任务不被缩水，过程检查能及时发现问题。

（3）**课题**：作为毕业设计（论文）教学环节的载体，应符合相关要求。

适应专业领域的发展，有效支撑能力培养，合理运用新技术、新平台和资源，支持工程研发、科学研究的初步训练。

（4）**师资**：毕业设计（论文）教学的主导者的敬业态度、认知、专业基础研究、工程实践、技术支持等。

（5）**实施**：对毕业设计（论文）教学环节的具体执行，应确保既定目标的有效达成，包括：过程安排，条件建设，管理与检查机制，通知、公告，公平合理的人员安排、资源分配等。

（6）**文化**：学校、院系、全体师生、管理人员等共同的理解和氛围。

涉及规范的教学管理制度、清晰的管理机构和质量监控机制，以及学校、院系、全体师生等的共同理解、自觉遵守与执行情况。

由此可知，推进毕业设计（论文）教学质量的有效提升是一个系统性工程，需要对毕业设计（论文）各方面有清晰的认识，并在各个环节加强管理和规范化建设，才能在实施中收到良好的教学效果。

1.4.2 本书的定位与内容安排

从推进毕业设计（论文）教学质量的有效提升是一个系统性工程的角度出发，本书的定位与内容安排如下。

1．主要内容

总体来说，作为毕业设计（论文）教学指导和参考教材，本书主要内容包括：学生的毕业设计（论文）教学指导、指导教师相关的教学准备与规范、学校与专业相关建设的建议。

（1）**学生**：毕业设计（论文）全流程锻炼与能力培养，如选题、开题、中期检查、课题验收、毕业论文撰写、毕业答辩、成绩评定等。

（2）**指导教师**：完整指导一届毕业设计（论文）工作的重要环节，如课题准备、课题条件建设、任务书、开题检查、中期检查、课题验收、毕业论文评阅、参加毕业答辩、成绩评定、持续改进等。

（3）学校与专业：完整并有效实施一届毕业设计（论文）工作的相关方面，如管理规范、工作安排、管理机制、质量监控机制、条件建设、重要环节的质量监控（开题检查、中期检查、课题验收、毕业论文评阅、参加毕业答辩、成绩评定）、持续改进机制等。

2．内容侧重点

本书以提升毕业设计（论文）教学质量为根本目标，以阐明教学目标、教学规范为核心，以构建教学管理和质量监控机制、质量文化为支持，内容侧重点如下。

（1）**毕业设计（论文）规范。**

包含课程目标及具体培养目标，如知识、能力、技术、平台等要求和标准。

（2）**毕业设计实施方案。**

为了有效实现课程目标，应该（建议）采用的措施和安排，以及可能涉及的更具体和明确的要求，如时间安排与要求、相关指标等。大多情况下，可采用表格形式来表示相关规范。

（3）**质量保障与监控机制建设方案。**

为了确保课程目标的实现，需要采取的质量保障与监控机制建设建议方案，包括：

目标与评价指标：培养目标的标准与评价指标；重要环节的标准与评价指标。

重要质量监控环节的安排建议：课题准备、审题、开题、设计与中期检查、课题验收、毕业论文评阅、毕业答辩与成绩评定、持续改进等。

质量监控机制建设：相关的制度、文件建设要点；质量监控机制，质量监控的实施，结合人才培养的目标定位的持续改进等。

基于 OBE（Outcomes-based Education，基于学习产出的教育）理念的毕业设计（论文）质量监控体系研究：结合课程目标、相关能力及在各教学检查环节收集的检查数据，构建阶段性和最终质量评价模型，为后续阶段的教学研究提供借鉴和参考。

（4）**条件建设。**

包括毕业设计（论文）所需要的基本条件、相关实验条件、校外基地等的建设。

基本条件包括指导教师、设计与实验场地、文献资料、毕业设计（论文）管理系统等。

常规实验条件建设包括实验环境等。

特定专题实验条件建设如大数据、人工智能、控制系统等。

创新基地建设及其对毕业设计（论文）的教学支持。

校外实践基地建设规范的基本要求包括课题环境、指导力量、人身安全等。

（5）科技成果建设。

相关科技成果的培育、申报、发布、转换、保护，如专利、软件著作权、开源代码、学术论文等。

（6）文献资源与检索技术。

文献资料的载体及其查阅和分析。

3．读者定位及其目标的进一步设计

（1）面向学生的教学目标。

理解教学目标：让学生理解毕业设计（论文）的课程目标，以及各环节的价值、教学规范，理解毕业设计（论文）的培养质量关系到未来的从业发展，以便能自觉投入。

熟悉教学规范：为学生做好毕业设计（论文）提供规范和实施方案指导，为所需的能力培养提供资源。

专业素养培养指导：为学生提供毕业后若干后续发展方向所需的知识、能力、素养等的指导。例如，工程研发、学术研究、特定的成果展示途径（专利申请、学术论文发表等），文字和口头表达能力。

（2）面向指导教师的目标。

理解教学目标与规范，并运用于实际教学指导：理解教学目标、各项能力培养及相关问题，以便事先做好相关准备，在实施过程中能进行有效指导；结合教学研究发现问题并形成合理的持续改进方案。

教学研究和建设参考：例如，结合毕业设计（论文）的培养目标及对学生未来主要发展方向、专业基础、个性化特点等的调研，针对毕业设计（论文）教学过程中的相关情况，为有意向开展教学研究者提供参考。

（3）面向专业的目标。

专业毕业设计（论文）的主要课程目标与相关建设参考：明确毕业设计（论文）的主要课程目标定位、基本教学条件及教学管理规范、质量监控机制建设。

专业开展教学研究的参考：为专业开展工程教育认证、实践教学基地建设及整体发展和不断完善提供必要的参考。

（4）面向学校的目标。

学校各专业毕业设计（论文）的主要课程目标与相关建设参考：理解相关专业的毕业设计（论文）的教学定位、条件建设和管理模式，从而能更有针对性、更有效地推进工作，完善管理规范，全面提升质量。

4．内容安排

按照学校完整一届毕业设计（论文）教学开展过程中的主要工作环节次序的脉络，构成本书各章内容如下。

第 1 章 概述：介绍毕业设计（论文）的重要性、培养目标、定位、本书内容安排等。

第 2 章 基于工程教育认证理念的毕业设计（论文）教学安排：毕业设计（论文）在专业培养方案中的教学安排要点与规范，以及毕业设计（论文）的课程目标与持续改进机制建设，为质量监控与分析提供基础模型。

第 3 章 毕业设计（论文）工作部署与条件准备：宏观介绍毕业设计（论文）教学安排架构、基本教学规范、必要的条件准备等。

第 4 章 毕业设计（论文）课题规范与相关建设：详细讨论毕业设计（论文）课题的重要性及基本要求、确保课题符合要求的相关措施与机制、课题资源建设与质量保障机制等。

第 5 章 毕业设计（论文）开题：讨论开题阶段的任务与教育教学价值，概述课题调研工作安排与要求、课题方案的主要内容、课题工作计划的内容与要求、开题报告与开题质量监控等。

第 6 章 系统设计与质量监控：介绍系统设计阶段的教学目标与工作方案，确保学生任务完成的基本要求、质量监控，创新性成果的培育等。

第 7 章 毕业论文规范与教学安排：概述毕业论文阶段的主要任务与培养重点，毕业论文的主题表述、组成与规范。

第 8 章 毕业答辩与成绩评定：概述毕业答辩工作安排，讨论具体任务分解、毕业设计（论文）成绩评定等。

第 9 章 科技成果及其培育：主要介绍科技创新与科技成果、常见科技成果的类型、科技成果的培育与申报。

第 10 章 查阅与引用文献资料：主要介绍查阅文献资料的作用与意义、文献资料的类型、常用的文献标准格式与引用参考文献、查阅文献资料的途径与工具、查阅文献资料的方法、文献资料的整理、计算机科学与技术领域外文电子信息资源举要，最后给出了查阅文献资料实例。

第 11 章 提升毕业设计（论文）课题质量相关建设的思考：重点讨论提升毕业设计（论文）课题整体质量的几点思考，包括以教学研究的常态化引领毕业设计（论文）课题资源建设、以深化教师教学与科学研究构筑毕业设计（论文）主导力量、基于校内优势构筑毕业设计（论文）特色课题平台与资源等。

1.5 本章小结

毕业设计（论文）是本科教学计划中重要的一个综合性、创造性、理论联系实际的教学环节。学生通过对选定课题的设计和全流程的锻炼，得到科学研究和工程研发的完整而初步的训练，进而完成本科阶段学习的收官工作，为毕业后的就业和深造夯实基础。因此，毕业设计（论文）的教学质量直接关系着人才培养质量，应受到各方面的重视。

然而，毕业设计（论文）的教学质量取决于学校、专业、教师和学生的重视程度及相关的条件建设等。当前影响毕业设计（论文）教学质量的因素可以概括为"**认知、规范、课题、师资、实施、文化**"几方面，因此，需要我们进行系统性的研究和建设。

1.6　思考与实践

1．试分析毕业设计（论文）在本科生素质能力培养方面的意义与作用。
2．试选择某一专业具体分析本科毕业设计（论文）的形式及其要求。

第 2 章 基于工程教育认证理念的毕业设计(论文)教学安排

【本章导读】

由于各专业培养目标的差异,使得许多专业对毕业设计(论文)的课程目标难以合理准确地表达,因此也无法对相应课程目标及其达成情况进行有效分析。本章以工程教育认证的标准和理念为指导,讨论毕业设计(论文)在专业人才培养方案中的教学安排、课程目标及达成情况评估与评价结果的利用机制建设的相关内容。

学校教务部门:参照专业认证标准和理念制定毕业设计(论文)课程目标及指导意见,提出质量监控和持续改进的指导性方案与要求。

院系、专业:依据工程教育认证标准和理念,针对所确定的专业毕业要求,参照学校或院系的指导意见,在专业人才培养方案中对毕业设计(论文)教学环节做出合理的安排,并制定毕业设计(论文)课程目标和毕业要求,以及相应的质量监控和持续改进机制。

指导教师:理解专业毕业设计(论文)的课程目标,不断完善课题选择、相关能力培养方案、教学规范等,为专业毕业设计(论文)教学的持续改进提供支持。

学生读者:理解毕业设计(论文)的课程目标及其与专业毕业要求的关系,从而自觉地投入,并对照具体目标来严格要求自己。

2.1 概 述

专业人才培养方案是关于人才培养的总体要求,是组织开展教学活动、安排教学任务的规范性文件,是实施人才培养和开展质量评价的依据。

如前所述,毕业设计(论文)是本科教育的一个重要教学环节,是对学生的实践能力、科研能力、论文写作能力及答辩表述能力的综合训练过程,是理论结合实际、培养和锻炼学生解决复杂工程问题能力的重要环节。

从高校教学安排的形式来说,毕业设计(论文)是教育教学过程中实现培养目标的最后一个综合性教学实践环节，也是对专业的教学计划和目标的设计、教学过程管理和人才培养目标的全面检验。

为了全面提高整个毕业设计（论文）的教学质量，教育部《关于加快建设高水平本科教育，全面提高人才培养能力的意见》（教高〔2018〕2号）明确要求：加强对毕业设计（论文）选题、开题、答辩等环节的全过程管理，对形式、内容、难度进行严格监控，提高毕业设计（论文）质量。

因此，对许多高校或专业来说，下面是一些典型问题：

- 如何进一步明确定位毕业设计（论文）的课程目标？
- 如何确定毕业设计（论文）工作的具体任务形式？
- 如何从整体上做出毕业设计（论文）工作的阶段性安排，以便于具体教学工作的实施？
- 从宏观角度来说，毕业设计（论文）涉及哪些方面的能力与素养的培养，这些方面的培养在教学计划的制订和安排中涉及哪些具体事项？
- 如何评价课程目标的达成情况？
- 如何构建目标导向的课程目标达成分析机制？

为了描述专业培养目标及课程教学目标，并为后续课程目标的达成分析提供支持，本章将以工程教育认证理念为指导框架，先介绍工程教育认证的相关概念和要点、专业培养方案中毕业设计（论文）的教学安排；在此基础上，讨论毕业设计（论文）的课程目标和专业所确定的培养目标在宏观层面和微观层面的定位，以及参照工程教育认证标准的课程目标的准确表述；最后探索毕业设计（论文）质量监控机制建设的相关要点。

2.2　工程教育认证简介

2.2.1　工程教育认证的基本概念

1．相关概念

（1）工程教育认证（Accreditation）：国际通行的工程教育质量保证制度，是实现工程教育国际互认和工程师资格国际互认的重要基础。在我国，工程教育认证是由专门职业或行业协会、学会（联合会）会同该领域的教育工作者和相关行业企业专家一起进行的针对高等教育本科工程类专业开展的一种合格性评价。

（2）评估（Assessment）：确定、收集和准备所需资料和数据的过程，以便对毕业要求和培养目标是否达成进行评价。

（3）评价（Evaluation）：对所收集到的资料和证据进行解释的过程。通过评价过程判定毕业要求和培养目标达成度，并提出相应的改进措施。

2．开展工程教育认证的基本要求

工程教育认证是按一定标准（合格工程师所受专业教育基本要求）针对高等教育本科工程类专业开展的一种合格性评价，基本要求如下。

标准性：标准是认证的依据；标准是统一的，是对合格工程师所受专业教育的基本要求。不认可标准可不申请认证。

合格性：评定是否达到标准，并不是水平评价和横向比较；个别或少数优秀学生不能代表专业的全体毕业生的教育质量。

周期性：认证服务于持续改进，认证结论具有有效期。因此，认证是周期性进行的质量评价活动。

自愿性：认证申请院校基于自愿而非强制，认证机构出于维护行业自身发展利益而非提供营利性服务。

2.2.2 工程教育认证标准

1．认证标准简介

认证标准包括**通用标准**和**补充标准**。

（1）通用标准。

包括 7 大项、36 个小项。

① **学生**：生源、学生指导、跟踪与评估、转专业。
② **培养目标**：要求、内容、修订机制。
③ **毕业要求**：明确、公开、可衡量；支撑培养目标的达成，**完全覆盖**标准的 12 条要求，即工程知识、问题分析、设计/开发解决方案、研究、使用现代工具、工程与社会、环境和可持续发展、职业规范、个人和团队、沟通、项目管理、终身学习。
④ **持续改进**：内部监测、外部评价、反馈和改进。
⑤ **课程体系**：数学与自然科学类、工程及专业类、实践教学类、人文社会科学类。
⑥ **师资队伍**：数量与结构、能力与水平、投入、学生指导、责任。
⑦ **支撑条件**：教室及实验室、图书资料、教学经费、教师发展、实践活动支持条件、管理服务。

（2）补充标准。

包含具体专业的课程体系、师资队伍、支持条件。

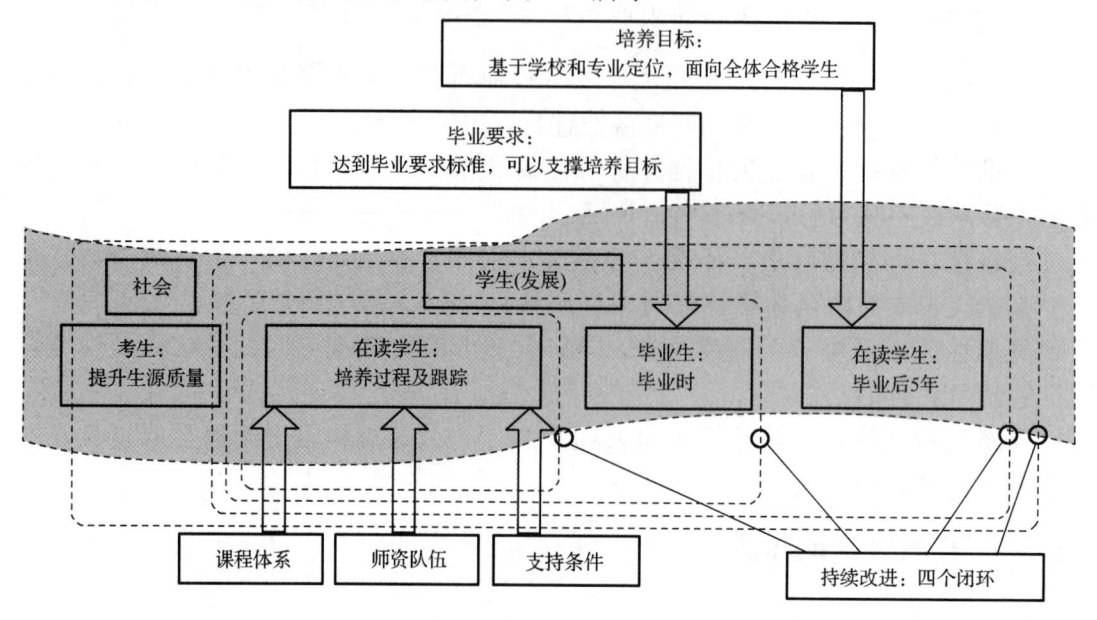

2. 通用标准内在逻辑

通用标准内在逻辑关系示意图如图 2-1 所示。

图 2-1　通用标准内在逻辑关系示意图

2.2.3　工程教育认证的核心理念

1. 工程教育认证的三个核心理念

以学生为中心：针对全体学生（最低质量标准）。

成果导向（基于产出、目标导向等）：如 Outcome-Based Education（OBE），关注学生掌握了什么知识，具备了什么能力。

持续改进：围绕目标达成情况建立的几个闭环，注重证据。

（1）以学生为中心的要点。

① 以学生为中心，不仅体现在"学生"一个标准项上，也体现在其他标准项上。

② 以学生为中心，评价的是学生是否获取了相应的素质与能力。

③ 以学生为中心，必须面向"全体"学生，即培养过程要面向全体在校学生，毕业要求应该是针对全体合格毕业生的。

（2）成果导向的要点

① 工程教育认证的根本目的是促进或提升"学生学到了什么"，而不是"教师教了什么"。

② 此处的"成果"是面向全体合格毕业生的培养目标和毕业要求，集中体现了学校和专业能使学生走向工程职业岗位具备的素质和能力。

（3）持续改进的要点

① 工程教育认证制度本身的第一个重要特点就是持续改进的质量文化。

② 认证标准并非要求专业目前必须达到某个较高的水平，但要求专业必须：

- 对专业在标准要求的各个方面存在的问题有明确认识和信息获取途径；
- 有明确可行的改进机制和措施；
- 能跟踪改进后的效果，并收集信息用于下一步的继续改进。

③ 工程教育认证标准中的每一项都贯穿了持续改进的理念：应具有的制度性文件、机制、措施，保证以学生为中心、以成果为导向的教学、教育、培养过程和结果得到跟踪、评价与改进。

2．工程教育认证的核心理念是相互联系的整体

以学生为中心是宗旨，学生的发展和成长是工程教育及其认证的目的，体现在能否用"成果导向"的要求来引领，用"持续改进"的机制来保证。

成果导向是要求，服务于以学生为中心的宗旨，转化为对学生是否达成培养目标和毕业要求的评价，评价结果促进院校和专业提升教育质量，使得以学生为中心的宗旨得以真正实现。

持续改进是机制，以学生为中心的宗旨要求院校和专业适应外部需求与学生特点的变化而持续改进，成果导向的要求也依赖持续改进机制能够制度化、周期性地反馈评价目标的达成状况，从而调整和完善成果导向的描述（培养目标和毕业要求），并使资源和条件满足教育教学的需求。

2.2.4 专业培养目标及其支撑和实现

高校每个专业由于其条件和发展目标定位的差异，导致专业定位的个性化成为常态。这样一来，自然就提出如下相关问题：

- 专业如何举证表明培养方案能够支撑培养目标的实现？
- 由于专业及领域之间存在的差异可能较大，能否采用一种统一架构来表述培养目标及课程体系对其的支撑，从而适用于更多专业？
- 如何针对专业举证的培养方案的表述来评价培养目标是否达成？

在工程教育认证标准指导下，针对上述问题我们建立了一个统一的表示架构，并为专家对专业培养目标的达成分析提供了支持。

1．专业培养目标的组成

虽然各专业培养目标之间的差异可能较大，但一般都需要涉及以下几方面的目标。**特别说明**：由于专业定位的差异，难以统一化表述，再加上各专业培养目标的表述及内涵整合也存在差异，因此，为避免误导，仅列举部分相关要点作为参考架构。

(1) **专业素养**：运用工程知识和专业技术，解决**计算机领域**的复杂工程技术问题，承担计算机应用系统的设计、研发、维护和管理工作。

(2) **综合能力**：包括计算思维、系统思维和创新思维能力，学生在毕业后能在**计算机工程相关领域**担任**系统设计师**、**高级程序员**、**网络工程师**等岗位。

(3) **综合素养**：包括社会责任感和人文精神，学生能够在工程实践中重视社会、环境要求，遵守法律法规，恪守工程职业道德规范。

(4) **团队协作**：包括协作履职能力和创新能力，学生能够承担团队角色并能够在多学科团队和跨文化环境下工作。

(5) **持续发展**：学生能够主动适应职业需求和社会变化，自觉开展学习培训，持续提升专业能力，胜任其他领域与计算机工程相关的工作。

(6) **培养预期**：毕业后 5 年左右从业的**专业领域**、**职业特征**和所具备的**职业能力**。例如，学生在毕业 5 年左右能够发展为合格的软件工程师、网络工程师、项目经理等。

2．基于毕业要求支撑的培养目标

(1) 专业毕业要求。

每个专业都要制定相应的毕业要求，专业毕业要求能支撑培养目标的达成，完全覆盖通用标准中的毕业要求。

另外，还需要面向**复杂工程问题**。

(2) 毕业要求对培养目标支撑的表示。

这种支撑关系可能会出现的情况是，一个毕业要求可能会支撑多个培养目标，一个培养目标需要多个毕业要求来支撑。因此，采用支撑矩阵会更简洁。

例如，表 2-1 所示为专业毕业要求支撑培养目标实现的关系矩阵表示例，其中有 4 个培养目标。

表 2-1　专业毕业要求支撑培养目标实现的关系矩阵表示例

毕业要求 \ 培养目标	培养目标 1	培养目标 2	培养目标 3	培养目标 4
毕业要求 1：工程知识		√		
毕业要求 2：问题分析		√		
毕业要求 3：设计/开发解决方案		√		
毕业要求 4：研究		√		
毕业要求 5：使用现代工具		√		
毕业要求 6：工程与社会	√			√
毕业要求 7：环境和可持续发展	√			√
毕业要求 8：职业规范	√		√	

续表

毕业要求 \ 培养目标	培养目标1	培养目标2	培养目标3	培养目标4
毕业要求9：个人和团队			√	
毕业要求10：沟通			√	
毕业要求11：项目管理			√	
毕业要求12：终身学习				√

3．课程体系对毕业要求的支撑

（1）毕业要求需要由课程体系来支撑。

按认证标准的说法，毕业要求通过一系列教学环节（课程）来实现。由此形成了毕业要求与课程的支持关系矩阵。其中，一个毕业要求可能由多门课程来支撑，一门课程可以支撑多个毕业要求。建议：除毕业设计（论文）外，一般不超过5项。

为了表明课程体系对毕业要求支撑的程度，许多专业采用权重（0~1）或强弱（L、M、H）的方式来表达。

然而，12条毕业要求中，有些只需要几门课程就可以支撑，有些需要更多的课程来支撑。这样可能导致对毕业要求与课程之间关系的描述差异性太大而难以准确表达，因此会影响毕业要求达成分析。

（2）以毕业要求指标点来提高课程支撑的权重。

为此，许多专业采用毕业要求指标点的方法，进一步细化毕业要求到指标点，以提高课程支撑的权重，更好地衡量课程的支撑程度。同时，指标点是专业内涵的体现。例如，表2-2是某校软件工程专业对毕业要求3的分解与支撑课程示例。

特别说明：专业的定位、基础和条件的差异，必然使得毕业要求的指标点存在差异，因而不宜教条。

（3）课程对毕业要求及指标点支撑的具体落实。

要特别注意，课程对毕业要求或指标点的支撑不是靠笼统的一门课程的，因为对一门课程的知识体系、能力和素质部分，不同专业、不同教师可能会有不同的教学目标定位和理解，所以难以支撑、衡量所列毕业要求或指标点。

为此，需要进一步明确每门课程的具体教学目标（可能会有多个），以该课程教学目标的实现来支撑特定的毕业要求（未必是一对一）。这样的好处是，由一门课程对毕业要求（或指标点）的支撑细化到由该课程的教学目标来支撑毕业要求，从而可进一步做到"**明确**"且"**可衡量**"。

例如，表2-3是某专业毕业设计（论文）的课程目标分解。

特别说明：专业培养目标定位的差异等必然会使得课程目标的定位与表述存

在差异。此处所列内容只是说明课程目标分解及其与课程所支撑毕业要求的进一步细化，而非将其作为某种标准。

表 2-2 某校软件工程专业对毕业要求 3 的分解与支撑课程示例

毕业要求（一级指标）	指标点分解（二级指标）	支撑课程
3．设计/开发解决方案：能够针对复杂软件工程问题，设计有效的解决方案，形成满足特定需求的组件、可复用软件模块或软件系统，并能够在开发环节中体现创新意识，考虑社会、健康、安全、法律、文化以及环境等因素	3.1 掌握软件工程设计和开发全周期的方法和技术，并能够用于组件、可复用软件模块或软件系统的分析、设计和实现	Java 程序设计
		软件工程概论
		面向对象软件建模
		软件设计模式
		软件设计与规范
	3.2 能够针对具体的复杂软件工程问题，对软件系统的功能模块进行详细设计与实现，以形成满足特定需求的组件、可复用软件模块或软件系统	数据结构 I 实验
		计算机网络原理 I 实验
		数据库原理 A 课程设计
		C#程序设计
		ASP.Net 程序设计
		JavaEE 平台开发
	3.3 在复杂软件系统的设计开发环节中，体现创新意识，考虑安全、隐私、环境、法律、文化以及环境等影响因素	操作系统原理 I 课程设计
		C++程序设计实训
		Java 程序设计实训
		面向对象软件建模课程设计
		软件设计与规范课程设计
		软件工程综合实训 III
		软件工程毕业设计

表 2-3 某专业毕业设计（论文）的课程目标分解

课程目标(Course Objectives，CO)	支撑的毕业要求 (Graduation Requires，GR)
(CO1) 综合考虑性价比及技术指标之间的冲突，给出可实施的具有工程应用价值的优化技术路线和开发方案，并能体现创新意识，考虑社会、健康、安全、法律、文化以及环境等因素。 **(CO2)** 能针对课题需要，设计相应的硬件、软件或软硬件一体的系统，并进行调试、实验，得到初步结果。 **(CO3)** 对调试、实验中产生的结果或现象进行分析、对比，验证方法的有效性或先进性，并能对原方案进行完善或者改进。 **(CO4)** 了解课题相关的国内外研究现状。 **(CO5)** 能阅读、翻译课题相关的外文文献。 **(CO6)** 撰写规范的毕业论文和演示文稿，阐述、表达清楚，回答问题正确。 **(CO7)** 能通过多种途径获得文献资料，自学新的理论知识和技术方法，解决毕业设计（论文）中的复杂问题	**(GR3)** 设计/开发解决方案：能够设计针对电子信息领域复杂工程问题的解决方案，设计满足特定需求的系统、电路、软件或算法，并能够在设计环节中体现创新意识，考虑社会、健康、安全、法律、文化以及环境等因素。 **(GR4) 研究**：能够基于科学原理并采用科学方法对电子信息领域复杂工程问题进行研究，包括设计实验、分析与解释数据、通过信息综合得到合理有效的结论。 **(GR7) 环境和可持续发展**：能够理解和评价电子信息产品的研发、生产制造及技术进步对环境、社会可持续发展的影响。 **(GR10) 沟通**：能够就复杂工程问题与业界同行及社会公众进行有效沟通和交流，包括撰写报告和设计文稿、陈述发言、清晰表达或回应指令。同时具备一定的国际视野，能够在跨文化背景下进行沟通和交流。 **(GR12) 终身学习**：具有自主学习和终身学习的意识，有不断学习和适应发展的能力

（4）专业认证中支撑培养目标的"主线"。

由上可知，专业培养目标需要由专业的**毕业要求**来支撑，每个毕业要求由多门课程来支撑，每门课程中以课程目标来细化和支撑毕业要求，每门课程也可能支撑多个毕业要求。

由此构建了课程体系、毕业要求到培养目标的"主线"，以此表明专业的总培养目标是如何通过一系列的教学环节来支撑的。

2.2.5 持续改进机制的实现

如何评价专业培养目标的达成？如前所述，持续改进机制体现了专业认证的质量文化。具体来说，需要构建若干基于 OBE 理念的质量监控机制，并将其用于教学质量监控。相关质量监控机制包括：课程目标达成分析、毕业要求达成分析、培养目标达成分析、培养目标合理性评价、针对学生学习过程的形成性评价等。

以课程目标达成分析为例，需要对每个课程目标安排若干考核，由此可获得该课程目标的达成情况。同时，由课程目标可以推导出所支撑毕业要求的支持度；由各门课程的达成情况可以推导出相应毕业要求的达成度，再进一步推导出培养目标的达成情况。

特别说明：培养目标达成分析、毕业要求达成分析、课程目标达成分析的最终目的，不是"已经达成"，而是"持续改进"。也就是说，通过分析找到问题所在，从而在后续教学的设计、建设中能有的放矢，更加精准地加以改进。

2.3 培养方案中毕业设计（论文）的教学安排

在明确了毕业设计（论文）培养目标的情况下，如何进一步细化相关的任务？如何在专业培养方案中定位？下面讨论相关问题。

2.3.1 毕业设计（论文）的学分数与时间安排

毕业设计（论文）教学环节需要安排多少学分是合适的？对此，可以参考工程教育认证标准中的相关表述。

1. 对毕业设计（论文）教学安排的相关要求

（1）工程教育认证通用标准中的相关表述

在工程教育认证标准中 5.3 部分的描述如下：

工程实践与毕业设计（论文）（至少占总学分的 20%）。设置完善的实践教学体系，并与企业合作，开展实习、实训，培养学生的实践能力和创新能力。毕业设计（论文）选题要结合本专业的工程实际问题，培养学生的工程意识、协作精神以及综合应用所学知识解决实际问题的能力。对毕业设计（论文）的指导和考核有企业或行业专家参与。

其中没有明确毕业设计（论文）的学分比例，而是强调与工程实践合在一起，因此，毕业设计（论文）的教学安排可以在整个培养方案中综合体现。

（2）工程教育认证标准的计算机类专业补充标准中的相关要求

毕业设计（论文）至少占总学分的 8%或不少于 14 周；选题需有明确的应用背景，一般要求有系统实现。

特别说明，工程教育认证标准的多个专业类补充标准中都没有关于计算机类专业的明确学分数，因此，计算机类专业补充标准可以作为一个参照。

2．普遍的时间安排方式

根据作者了解到的学校和专业的多年教学安排及对更多高校的调研，大概的学分参照或时间安排如下。

（1）可以集中安排的时间。

指全力进入毕业设计（论文）工作的时间，至少要 3 个月，即 13 周（如果参照计算机类专业补充标准，可能为 14 周），时间非常紧。因此，需要安排在第八学期的几乎整个学期，即从开学（2 月底 3 月初）到毕业答辩（5 月底 6 月初）。

（2）学分计算。

如果将一周时间的集中实践教学算成 1 学分，则整个毕业设计（论文）大致有 13 或 14 学分。如果考虑到总学分安排，可以适当调整。

（3）相关建议。

许多专业在第七学期安排的课程不多，可能只安排了少量选修课及不多的专业综合实习、实训类课程。在此建议，对于没有计划考研的学生来说，可以联系有科研课题的老师提前进入毕业设计（论文）阶段；也可以由专业统一安排不考研的学生提前进入毕业设计（论文）阶段。

因此，对更多学校、专业来说，毕业设计（论文）工作至少要提前到第七学期的 11 月开始，而且对正准备考研的学生来说，也来得及。

2.3.2 毕业设计（论文）的任务形式

在第 1 章中，我们明确了计算机类专业毕业设计（论文）的任务形式为"毕业设计+毕业论文"。除此以外，还可能会有其他一些增加的项目。

1．"毕业设计+毕业论文"的基本任务

"毕业设计+毕业论文"的基本任务是，完成特定功能的系统设计，在此基础上**撰写毕业论文**，依据设计任务，在结合相关资料的基础上，阐述设计思想、课题方案、平台选择、实验方案与研究、系统设计、详细设计、系统实现与测试、系统性能分析等。

许多学校、专业根据办学基础和培养目标，在"毕业设计+毕业论文"的基础上增加了其他安排，即"毕业设计+毕业论文+X"。

2．"毕业设计+毕业论文+外文翻译"的安排

合肥工业大学的毕业设计（论文）教学环节一直采用这种模式，具体要求如下。

对指导教师指定的与本设计课题相关的外文文献资料，要求学生在开题阶段将其翻译成中文资料，所翻译的中文字数不少于5000个。

在开题检查阶段要安排对翻译质量的检查。毕业答辩后，要将外文文献资料的复印件和翻译稿装订在一起，作为成绩评定的一项依据。

采用这种方式，更突出强调了对外文文献资料的要求，以免被淹没在其他安排中而被弱化。

3．"毕业设计+毕业论文+毕业实习"的安排

部分学校和专业可能会采用毕业实习的方式，要求学生在企业实习的同时进行毕业设计（论文）工作。如果实习期间企业所安排的工作和毕业设计的任务是一致的，则可借助企业的真实课题领域需求、开发环境、项目管理、面向真实场景的特定的关键技术应用及企业文化氛围等。这样不仅有助于课题的有序开展和质量的保障，还可以有效提升学生进入未来工作岗位的适应性和发展动能。

然而，如果实习工作和毕业设计任务没有关联，则需要慎重，因为对学生来说，用于毕业设计（论文）的时间可能会被大大缩水。

另外，学生到企业做毕业设计，需要明确采用"双导师"制，即学校和企业需要分别安排一位指导教师，并明确具体任务要求。例如，一般来说，企业导师更侧重于课题领域、需求，课题涉及技术、资源、成果形式及其指标等的指导和规范，以及可能的保密要求等，并给出毕业设计（论文）成绩建议；校内指导教师一般侧重于按照学校的教学安排控制进度，课题资料规范、毕业论文指导与把关，指导毕业答辩，与企业导师协商成绩建议，以及其他相关工作。

2.4 工程教育认证对毕业设计（论文）内涵的要求

如前所述，按照工程教育认证标准的要求，每个专业都要制定相应的毕业要求，并且毕业要求满足：**明确、公开、可衡量；支撑培养目标**的达成，**完全覆盖**标准的12条毕业要求。其中特别强调要解决的是**复杂工程问题**。因此，如何体现专业满足标准的12条毕业要求及复杂工程问题能力培养的要求成为专业培养质量的关键要求。

1. 专业认证对复杂工程问题能力培养的实现的基本要求

从认证标准的毕业要求可知，复杂工程问题能力培养是必须满足的。关键是如何落实。作者在专业认证相关材料的审阅中发现，还存在相当多的问题。为此，参照认证工作的基本要求和经验提出如下建议。

（1）实现复杂工程问题能力培养至少需要完全支撑的教学环节。

在培养方案中，至少在毕业设计（论文）及不少于两个综合性课程设计教学环节，要满足复杂工程问题能力的培养要求。也就是说，在选定教学环节的设计任务，至少应满足"必须运用深入的工程原理，经过分析才可能得到解决"。

其中，综合性课程设计可以根据专业基础情况有所选择或侧重。例如，偏硬件方向的特定功能的小型综合性系统设计、偏软件方向的特定功能的小型综合性系统设计、偏网络方向的特定功能的小型综合性系统设计、偏物联网方向的特定功能的小型综合性系统设计等。

（2）实现复杂工程问题能力培养需要系统性教学环节的支撑。

虽然需要毕业设计（论文）及若干综合性课程设计等教学环节来支撑，但不意味着其他课程对复杂工程问题能力培养无关紧要。

事实上，专业培养方案所列公共基础类课程、专业基础类课程、专业类课程与实践类课程，都会对复杂工程问题能力培养有一定的支撑，只不过可能显得是"局部"的，即仅在某一方面有所体现。

2. 毕业设计（论文）对毕业要求方面的选择

由于毕业设计（论文）是本科阶段最后的综合性、设计型教学环节，承担着对学生的科学研究和工程实践的初步而完整的训练，因此对专业认证中的毕业要求的支持可能较多。然而，由于各专业基础和培养目标定位的差异，使各专业对毕业要求项目有一定的差异，因此很难给出统一的"标准"。

直接支持的毕业要求：有些毕业要求表现为直接支持，即在以往的教学环节中没有得到培养安排，因而必须在毕业设计（论文）环节来培养安排。

间接支持的毕业要求：这类毕业要求在以往的教学环节已经有明确的培养安排，因而可以表现为间接支持。

3. 毕业设计（论文）对复杂工程问题能力培养的要求

如前所述，毕业设计（论文）教学环节要完全满足复杂工程问题能力的培养要求。除此以外，还需要满足哪些要求？事实上，由于专业基础和培养目标定位的差异，特别是指导教师整体科研水平和环境的差异，使对复杂工程问题能力培养要求确保全部满足的难度加大，因此不能一概而论。

2.5 毕业设计（论文）的课程目标与所支撑的毕业要求

在工程教育认证标准中，对工程实践类课程和毕业设计（论文）有如下要求：**课程大纲**能否体现工程实践类课程和毕业设计（论文）在**课程支撑矩阵**中的作用，教学过程和课程**考核**是否针对**课程目标**进行设计，是否有明确合理的**评分标准**用于评价学生的学习成果和表现，其中"及格标准"是否体现课程目标基本达成的底线。

下面讨论毕业设计（论文）的课程目标与所支撑的毕业要求。由于专业培养目标定位等的差异，很难给出"标准"，因此下面结合部分专业毕业设计（论文）的调研案例进行介绍，仅供参考。

2.5.1 毕业设计（论文）课程目标与毕业要求调研案例

1. 案例一

（1）课程目标（见表2-4）。

表 2-4 案例一的课程目标

课程目标	具 体 内 容
课程目标1	能够掌握文献检索和分析的能力，能够通过认真思考寻求并正确表达计算机科学与技术领域复杂工程问题的解决方法
课程目标2	针对某一计算机科学与技术领域复杂工程问题，能够根据实际需求，确定系统或者模块的整体解决方案，并完成系统或者模块的设计、实现、测试和部署
课程目标3	能够针对不同的工程需求，客观评价相应工具或技术的优势、特点和缺陷，正确选择工具，并能够评价软硬件系统的合理性
课程目标4	能够根据环境和社会可持续发展原则对软硬件设计、系统开发与使用过程中产生的环境和社会影响进行评价
课程目标5	能够就计算机科学与技术领域复杂工程问题的设计方案、研究方法、技术路线等问题与业界同行进行有效沟通和交流，能够按规范撰写报告、设计文稿，逻辑清晰地表达和准确回应指令
课程目标6	具有外语应用能力，能够在跨文化背景下进行有效沟通和交流

（2）课程目标与毕业要求指标点对应关系（见表2-5）。

表 2-5 课程目标与毕业要求指标点对应关系

毕业要求 指标点	毕业要求 具体内容	课程目标
毕业要求 2-3	针对复杂工程问题，能够检索文献资料，并分析其所需的相关计算机技术、资源和工具，且文献检索数量达到15篇，其中英文文献数量达到3篇	课程目标1
毕业要求 3-2	能够针对复杂计算机工程问题设计解决方案，对方案进行测试和评价，并用可视化报告或软硬件等形式呈现设计成果	课程目标2
毕业要求 5-2	能选择、使用、开发相关的计算机技术、资源和工具，或选用相应的理论或模拟方法，用于复杂工程问题的解决，并能够准确描述其优势、特点和缺陷	课程目标3

续表

观测点	毕业要求 具体内容	课程目标
毕业要求 7-2	能够评价计算机工程实践，并判断其对环境可持续发展的影响	课程目标 4
毕业要求 10-1	能够将计算机专业知识应用到撰写报告和设计文稿中，论文内容符合撰写规范，字数多于 1.5 万字，理论与分析正确，论述条理清晰，逻辑通顺，结论严谨；摘要、结论确切体现主要内容及成果；能够就相关问题陈述发言，清晰表达或回应指令	课程目标 5
毕业要求 10-3	能够在跨文化背景下进行沟通和交流，具备一定国际视野，且译文翻译准确，内容贴近课题，字数达到 5000 字以上	课程目标 6

2．案例二

（1）课程目标（见表 2-6）。

表 2-6　案例二的课程目标

课程目标	具体内容
课程目标 1	通过检索和综合分析国内外与该课题紧密相关的中英文文献，得到课题相关解决方案及其可行性的结论，撰写开题报告
课程目标 2	掌握软件工程开发周期及流程和计算机软硬件相关开发技术。应用计算机软硬件和工具解决计算机系统工程分析、计算、设计中遇到的问题，形成分析和设计报告，并在其中体现创新意识
课程目标 3	选用合适的编程及测试工具，针对设计文档中的要求通过编程和测试完成系统的开发工作，理解工作量的大小
课程目标 4	在系统方案选择、设计、开发和实施过程中要充分考虑设计的系统对社会、健康、安全、法律及文化的影响，并理解应承担的责任
课程目标 5	能够站在环境保护和可持续发展的角度思考计算机系统工程实践的可持续性，评价产品周期中可能对人类、环境造成的损害和隐患，认识到可以通过科技创新加以改善
课程目标 6	理解团队合作精神，在计算机系统开发项目组中能够通过报告、讨论等形式与其他成员有效沟通，合作共事
课程目标 7	使用文档编辑工具，结合设计方案和开发完毕的系统，撰写论文，能够使用图表等多种方式展示自己的毕业设计。了解拓展知识和能力的途径，具有自主学习和适应社会可持续发展的能力
课程目标 8	以答辩的形式准确表达自己的设计观点，通过回答问题表明对所著论文的认识程度和对专业知识掌握的广度和深度，锻炼当场论证论题的能力，为进一步深造奠定基础

（2）课程目标与毕业要求指标点对应关系（见表 2-7）。

表 2-7　课程目标与毕业要求指标点对应关系

指标点	毕业要求 具体内容	课程目标
毕业要求 2-4	能运用基本原理，借助文献研究，分析计算机领域复杂工程问题的影响因素，获得有效结论	课程目标 1
毕业要求 3-3	能够进行计算机软硬件系统的整体设计，提供完整的解决方案，并体现创新意识	课程目标 2
毕业要求 5-2	能够开发、选择、使用恰当的平台和工具，用于计算机领域复杂工程问题的仿真模拟和解决方案分析、设计及实现	课程目标 3

续表

毕业要求		课程目标
指 标 点	具 体 内 容	
毕业要求 6-3	能够客观评价计算机工程实践和问题解决方案的实施对社会、健康、安全、法律及文化的影响,并理解应承担的责任	课程目标 4
毕业要求 7-2	能够评价计算机领域复杂工程问题的工程实践对环境与可持续发展产生的影响	课程目标 5
毕业要求 9-2	能够独立完成团队分配的任务,共享信息,倾听意见,具有协作精神和技能	课程目标 6
毕业要求 10-1	能够就计算机领域专业问题,以口头、书面、图表等方式准确表达自己的观点,回应质疑,理解与业界同行和社会公众交流的差异性	课程目标 7
毕业要求 12-2	掌握自主学习和终身学习的方法与技能,能针对个人或职业发展的需要主动学习,适应发展	课程目标 8

2.5.2 不同专业毕业设计(论文)所支撑的毕业要求

从前面两个案例的对比可以看到,课程目标和毕业要求都可能有差异。

事实上,对培养目标的描述,不仅体现在定位上,也体现在描述上。例如,前面两个案例的课程目标和毕业要求指标点一一对应。然而,如果课程目标的表述更宏观,则可能使每个目标要与多个毕业要求指标点来对应。

然而,不同专业的毕业设计(论文)所支撑的毕业要求情况如何?表 2-8 所示为 10 个专业培养方案中的毕业设计(论文)所支撑的毕业要求对比。

表 2-8 10 个专业培养方案中的毕业设计(论文)所支撑的毕业要求对比

专业序号 毕业要求	1	2	3	4	5	6	7	8	9	10	合计
毕业要求 1							■				1
毕业要求 2	■	■		■			■				4
毕业要求 3	■	■	■	■	■	■	■	■	■	■	10
毕业要求 4						■		■		■	3
毕业要求 5	■	■				■	■	■	■	■	7
毕业要求 6						■		■		■	3
毕业要求 7	■	■				■		■	■	■	6
毕业要求 8						■		■			2
毕业要求 9		■					■				2
毕业要求 10	■	■		■	■	■		■	■	■	9
毕业要求 11				■	■	■	■		■	■	7
毕业要求 12		■	■				■		■	■	5
汇总	5	8	5	6	4	7	7	7	5	5	

虽然不同专业的培养目标及毕业设计（论文）课程目标存在差异，但对毕业要求的支撑还是有规律的。

2.6 毕业设计（论文）教学环节的持续改进机制建设

持续改进是工程教育认证的三个核心理念之一。

工程教育认证标准中的每一项都贯穿了持续改进的理念：应具有的制度性文件、机制、措施，保证以学生为中心、以目标为导向的教学、教育、培养过程和结果得到跟踪、评价与改进。

持续改进要求专业对在标准要求各方面存在的问题有明确认识和信息获取途径，有明确可行的改进机制和措施，能跟踪改进后的效果，并收集信息用于下一步的继续改进。

基于上述要点，本节将讨论毕业设计（论文）教学环节持续改进机制建设的相关内容，以有效支持教学质量的不断提升，这也是专业建设的重要组成部分。同时，参照经教学实践已经证实行之有效的教学检查方案给出毕业设计（论文）阶段的检查和评估方案，以便为后续的评价和持续改进机制建设提供支持。

2.6.1 毕业设计（论文）教学环节持续改进机制建设的主要内容

下面先讨论持续改进机制建设的要素，然后讨论毕业设计（论文）持续改进机制建设的主要内容和架构，为后续的讨论提供支持。

1．持续改进机制建设的要素

持续改进机制建设的要素可以概括为以下几方面。

（1）制度性文件。

至少是由学校或院系制定的制度性文件，对持续改进机制建设的相关方面（机制、措施、教学跟踪、评价和改进等）给予明确的表述和工作要求。

（2）机制。

对具体开展持续改进相关工作的执行机构、人员、工作流程等的明确要求，以及如何开展工作的要求等。

（3）措施。

可以理解为具体的实施办法、评估方案，而这对特定的教学环节来说，需要涉及评价模型的制定。

（4）教学跟踪和评价。

相关执行机构按计划开展教学跟踪与评价，以获得有效结论。

（5）改进。

基于教学跟踪和评价情况，不仅需要对课程目标、毕业要求、专业培养目标等的达成情况做出分析，还需要对影响课程目标、毕业要求、专业培养目标达成情况的问题做出分析，从而为后续相应的改进提出更精准的意见和建议，以此实现持续改进。

2. 毕业设计（论文）教学环节持续改进机制建设的主要内容和架构

结合上述质量持续改进机制建设要素的讨论，可以给出毕业设计（论文）教学环节持续改进机制建设的主要内容和架构。

（1）制度性文件。

按照作者的经验及相关调研，学校和院系可以分别制定制度性文件，如《××××毕业设计（论文）实施细则》《××××毕业设计（论文）教学规范与实施方案》等，下面以《教学规范》来简称。其中，除要对教学环节做出合理的安排外，还需要对质量监控机制与持续改进机制建设的相关方面（措施、教学跟踪、评价和改进等）给予明确的表述和工作要求，以便执行时有据可依。

（2）机制建设。

需要在《教学规范》中明确要求质量监控相关工作的执行机构、人员、工作流程，以及如何开展工作等。例如，对每位指导教师，需要明确工作要求与规范，从而能发挥第一责任人的效果。除此以外，对专业的工作机制与规范及论文评阅人等角色，都应该有明确的规范。

机制建设中，特别重要的是，需要设立类似**毕业设计（论文）教学指导委员会**的工作机构，一些学校、院系也称之为教学督导组、教学委员会等。不管称谓是什么，最主要的都要有描述清晰的工作条例或章程作为工作依据。下面以教学指导委员会来简称。

（3）措施。

针对毕业设计（论文）开展质量监控的相关措施，应基于目标导向的评价模型及相关教学检查安排等。例如，对指导教师的教学指导与检查要求，课题评价与把关、开题检查、中期检查、课题验收、毕业答辩等检查环节的安排与相应指标的采集等。

（4）教学跟踪和评价。

教学指导委员会、专业、指导教师、论文评阅人等要按预定计划和规范开展教学跟踪与评价，以获得有效结论。

（5）改进。

基于教学跟踪和评价情况，分析本届毕业设计（论文）工作的达成情况，同时也要分析影响毕业设计（论文）课程目标达成的问题及原因，从而提出后续改进方案，以此实现持续改进。

2.6.2 针对毕业设计（论文）教学检查项目安排的建议

从前面讨论可知，各专业对毕业设计（论文）所支撑的毕业要求可能会存在差异，因此，为了做好毕业要求达成分析，需要采集合理的数据。采集哪些数据？在什么时间段采集什么数据更合理？与传统的毕业设计（论文）的检查项目有没有联系？下面展开必要的讨论。

1．教学检查和数据采集需要注意的基本原则

为了有效开展课程目标达成分析、毕业要求达成分析，以及不断提高教学质量，需要有如下基本原则。

（1）针对毕业要求和课程目标的教学检查与数据采集的完备性。

针对所支撑的毕业要求和课程目标，都能有明确的教学检查和数据采集方案，以获得有效证据。

例如，对案例一第一条毕业要求（毕业要求 2-3）描述的"针对复杂工程问题，能够检索文献资料，并分析其所需的相关计算机技术、资源和工具，且文献检索数量达到 15 篇，英文文献数量达到 3 篇"，就需要针对所列每一项内容，制定明确的检查要求，以获得有效的证据。

检索文献资料：数量不少于 15 篇，其中英文文献数量不少于 3 篇；

涵盖内容：相关计算机技术、资源和工具等。

（2）关注与毕业设计（论文）教学相关方面的检查。

毕业设计（论文）教学环节涉及许多方面，每个方面的建设质量都可能会影响毕业设计（论文）课程目标达成的成败，因而同样需要关注，并安排检查。

例如，指导教师的敬业、指导水平，课题质量，实验平台与条件，课题团队建设，校外合作单位工作的规范性、学生安全保障、课题环境与条件建设等。

（3）教学检查和数据采集的可行性。

相关工作要具有可操作性、可持续性，并可形成常态化。要做到这一点，不仅需要广大师生和相关单位与合作机构能理解并自觉执行，还应减少"折腾"。

（4）教学检查和数据采集工作机制的稳定性。

形成稳健工作机制并易于操作，可促使教学管理机制日趋成熟。这不仅需要学校或专业以制度性文件的方式发布毕业设计（论文）相关教学规范，其中要给出明确的工作要求和检查环节、指标列表，构建专门工作机构（如教学指导委员会等），还需要通过面向师生及相关单位和合作机构的宣传来获得理解与认同，从而促使工作机制形成稳定的态势。

2．教学检查和数据采集需要落实的具体工作

（1）采集数据列表。

针对每一条毕业要求，列出所需要检查的数据及具体的指标要求，由此构建完整的采集数据表。

（2）相关采集数据的工作安排列表。

确定每项数据在什么阶段由谁以何种方式来检查更合理。

（3）工作检查机制与工作落实。

专业应根据所需要检查项目做出合理的安排，包括检查人员、时间、项目指标等。

（4）做好教学检查基础上的分析和持续改进机制建设。

教学检查不仅是为了确保当前教学工作的正常进行，还要为后续的发展提供支持。因此，通过合理分析发现存在的问题，可以为后续的不断完善提供支持，是开展教学检查的重要目标。

2.6.3 毕业设计（论文）检查环节安排和建议

学校和专业如何开展对毕业设计（论文）教学工作的检查及相应数据的采集，以便能有效地掌握毕业设计（论文）的教学进展、存在的问题，并通过质量分析机制为后续持续发展提供支持？对此，下面结合教学管理实践提出几点建议。

1．在合理分解的基础上突出重点来开展检查

将整个毕业设计（论文）工作划分为多个阶段，每个阶段突出重点工作，从而使教学检查及相应的数据采集更有针对性，减少盲目性。第 3 章将介绍 5 个阶段的安排，即"准备与课题安排""课题实施与完成""毕业论文撰写和评阅""毕业答辩与成绩评定""总结与持续改进"。阶段划分及教学检查安排建议如表 2-9 所示。

2．以提前发布检查安排通知促进教学质量提升

事实上，教学检查不是目的而是手段。因此，学校和专业应事先制定明确的教学检查的安排通知和具体指标要求，以便学生、指导教师及相关部门在开展工作的同时，能时刻注意相关要求。

（1）在相关教学规范中明确规定以全面引导质量建设

例如，学校、院系可以在本单位的《教学规范》中明确给出相关安排与具体要求。

（2）重要环节检查前提前发布通知有效落实检查

在每个重要环节检查前，可以通过发布通知对检查的细节做出进一步的安排。例如，开题检查的安排、中期检查的安排、课题验收安排、毕业答辩安排等。

表 2-9 毕业设计（论文）阶段划分及教学检查安排建议

阶段与时间安排	主要任务安排与建议	教学检查安排建议
1．准备与课题安排： 第七学期11月～ 第二年1月上旬 （一定要在寒假前）	**学校**：发布毕业设计（论文）教学规范、实施方案。 **院系、专业**：部署、开展的工作有院系和专业的基本条件建设、质量监控机制建设、课题征集、学生选题安排	**学校**：各单位毕业设计（论文）教学规范、条件准备情况及存在的问题，各单位落实工作情况等。 **专业**：课题资源建设情况，学生对课题的选择情况，实验条件建设，实践教学基地准备情况。 **指导教师**：学生"到位"检查等
2．课题实施与完成： 第七学期12月～ 第八学期5月中旬	学生的主要任务如下。 (1) 开题：不少于1个月； (2) 设计：不少于2个月； (3) 验收和文档资料提交	**学校、院系、专业**：重点检查安排如下。 (1) 3月上旬：开题检查，学生提交开题报告、外文资料翻译； (2) 4月中旬：中期检查，学生进度情况，专业工作情况； (3) 5月中旬：课题验收，学生提交课题资料。 **专业**：实验条件、实践基地支持情况。 **学校、院系**：检查各专业工作进展。 **指导教师**：每周对学生指导、检查
3．毕业论文撰写和评阅： 5月中旬～ 6月上旬	学生撰写毕业论文	**指导教师**：指导、检查、提交《指导教师评阅意见表》。 **评阅人**：提交《毕业论文评阅意见》
4．毕业答辩与成绩评定： 5月中旬～ 6月上旬	**院系、专业**：组织毕业答辩事宜如下。 (1) 成立专业答辩委员会，安排答辩组； (2) 通知、组织学生毕业答辩； (3) 成绩评定，提交毕业论文最终版； (4) 毕业设计（论文）材料审核、归档	**院系**：检查各专业答辩与毕业设计（论文）教学质量。 **专业**：每个学生的教学质量、指导教师的指导情况、课题的合理性等；文档资料的规范性等。 **学校**：各单位的规范性等
5．总结与持续改进： 6月中下旬	各答辩组、专业答辩委员会、教学指导委员会等提交工作总结、改进意见和建议	**学校、院系**：各专业、单位持续改进方案的合理性

3．明确指导教师责任以全面促进质量提升

学校和专业应该对指导教师有合理的要求和相应的措施。通过明确指导教师的责任，特别是与教师的教学质量评价及必要的评选相联系，促进教师的投入；通过必要的业务培训，提升其指导能力和水平；根据所指导学生的质量情况做出合理的教学质量评价。

对教师的教学质量评价，不是以指导出多少个获评优秀的学生为标准，而是参照对每个学生都进行积极合理的指导，以及由教师指导带来的学生进步和严格达标的情况。

例如，对基础好的学生，能引导该生积极钻研，保质保量完成设计任务，各方面都出色，从而达到优秀的标准。这种情况就体现了指导教师对基础好的学生的指导的贡献。反之，如果基础好的学生没有取得好的成绩，除非有证据表明该生真不愿意学习，否则就可能是指导教师存在指导不力、引导或管理不够的问题。

再如，对基础不好的学生，首先要真心关心和爱护，特别是在保护其自尊心的前提下加强沟通，进一步了解他存在的问题，并与之协商制定出合理的课题设计方案，使其最终完成毕业设计（论文）任务，达到毕业要求。如此也体现出指导教师的贡献。反之，动辄以学生基础不好为理由，对学生毕业设计（论文）任务采用事不关己的心态，过程中不用心指导，最后不好好把关，甚至导致学生不能完成学业，这种情况就是指导教师的失职！

虽然每位教师都希望带出"好"学生，但学生总会有基础、能力等方面的差异；虽然有些学生可能基础稍弱，但人格应受到尊重！尽量使每个学生完成学业是每位教师的天职！

4．严格参照所发布的检查要求来推进检查

（1）构建检查机制。

学校可以设立类似教学指导委员会的工作机构，并制定相应的工作条例，以规范其行为。

教学指导委员会应对重要工作环节做出合理安排，在对各单位工作要求的基础上做出进一步的学校层面的安排。例如，安排学校层面的毕业答辩，采用抽查方式选择答辩学生，并给出相关学生成绩评定方案，以及由此形成对各院系教学管理评价的参考指标项等。

（2）明确相关方面的检查要求。

在每个检查环节，都需要制定合理的检查要求，包括检查的项目及其指标要求，检查信息的记录、汇总，检查人员安排等。

（3）对检查中发现的突出问题应及时报告和研究。

如果在检查中发现影响教学的突出问题，应及时报告相关部门，促使相关部门及时研究和解决，从而为确保教学的正常进行和教学质量的提升提供支持。

2.7 本章小结

国际通行的工程教育质量保证制度，是实现工程教育国际互认和工程师资格国际互认的重要基础。工程教育认证是按一定标准（合格工程师所受专业教育基本要求）针对高等教育本科工程类专业开展的一种合格性评价，目前已经受到广泛的关注，并应用于对专业建设的指导。

工程教育认证标准包括通用标准和补充标准。其中，通用标准包括 7 大项、36 个小项，对每一项标准都给出了含义与解释。工程教育认证突出三个核心理念，即以学生为中心、成果导向和持续改进。

毕业设计（论文）作为工科类专业重要的教学环节，不仅有其共性的课程目标和要求，各学校各专业也可以结合自己的办学基础和目标定位确定其特有的课程目标和要求。工程教育认证提供了准确而清晰地表达课程目标和所支撑毕业要求指标点的方式，从而为课程教学目标的达成和分析提供了标准，也为持续改进机制提供了支持。

在具体实施毕业设计（论文）的教学过程中，各专业应基于课程目标达成分析机制及教育教学规律，建立合适的评估模型和教学检查机制，不仅要确保当前教学任务的顺利进行和教学质量的不断提升，还要通过课程目标达成分析为持续改进提供支持。

另外，指导教师对毕业设计（论文）过程的指导和检查也是十分重要的，因为指导教师可以更细致地了解学生在各阶段的成效和质量，可以更精准地进行指导和把关。因此，指导教师的水平和投入是直接关系学生综合能力和素养培养的关键因素。

学校、专业一般都会制定合理的教学过程检查机制，例如，组织开题答辩、中期检查、课题验收及毕业答辩等。在此基础上，通过开展课程目标达成分析来支持后续的持续改进，从而不断提升教学质量。

2.8　思考与实践

1．从工程教育认证的角度，谈谈你对毕业设计（论文）内涵的理解。
2．探讨如何做好毕业设计（论文）教学环节的持续改进工作。

第 3 章 毕业设计（论文）工作部署与条件准备

【本章导读】

本章主要介绍学校、院系、专业为有效开展一轮毕业设计（论文）教学工作而做的准备工作，包括毕业设计（论文）教学规范及完整推进一届毕业设计（论文）的实施方案、必要的教学准备和条件建设工作方案。另外，还涉及教学管理与质量监控机制，以及指导教师队伍、实验场所、实践基地、毕业设计管理系统建议等。

学校教务部门：侧重于学校层面的教学规范和总体工作部署的实施方案的制定、教学管理与质量监控机制建设，如毕业设计（论文）经费管理等管理制度；在针对学校教学实体单位和相关单位的教学规范与实施方案、质量监控机制及相关条件的检查、协调的基础上，完善相关条件建设工作计划。

院系、专业：在学校制定的毕业设计（论文）教学规范及实施方案的前提下，制定本院系各专业的教学规范、实施方案、质量监控机制等，并向有关师生发布。

指导教师：在理解学校、院系相关规范及工作安排的基础上，对毕业设计（论文）工作提前做好计划。

学生读者：理解毕业设计（论文）教学环节涉及的内容多，了解学习重点与时间安排，做好心理准备和工作计划。

3.1 概 述

1. 毕业设计（论文）的教学准备

由于毕业设计（论文）的教学质量直接关系人才培养质量，教学实施过程牵涉太多方面，涉及的人员多，教学条件高，时间跨度大，涉及的具体培养目标多且有较多的质量要求，因此必须有明确的教学规范、质量标准及合理的教学条件，才能有效支撑教学工作的正常进行。毕业设计（论文）的教学准备可以体现出学校的管理水平、专业的学科水平及其对本科教学的支撑情况。

2．教学准备涉及的具体内容

（1）教学规范：为了明确教学目标与能力培养，学校、院系及专业要制定教学目标与规范、具体目标分解要求、验收标准。

有办学经验的高校，一般都会从学校、专业等角度制定相应的规范，这些规范有较成型的版本，并能通过实践和研究不断加以完善。

（2）实施方案：为了统筹和有序开展学校毕业设计（论文）教学工作，学校、院系及专业要制订总体教学计划。

一般来说，学校侧重于指导性工作计划、刚性的时间节点和指导性的过程安排；院系、专业一般会根据教学研究和实践，并结合当年的实际情况，制订更具体的工作计划，报送学校备案，并向师生发布，以便相关人员做好工作安排。

（3）教学管理与质量监控机制：为了顺利有效地推进教学安排、发布相关信息、及时交流和沟通，需要构建合理的教学管理机制；为了检查相关人员的工作状态与成效，发现影响教学质量的问题和隐患，确保预定目标的实现，以及为持续改进提供有力依据，需要构建合理的质量监控机制。

一般学校都会有面向全校的质量监控机制，各专业（院系）可以结合自身条件建立各自的质量监控机制，承担更细致、具体的工作，并与学校质量监控机制保持联动。

（4）相关条件建设：毕业设计（论文）教学所需要条件的准备。

例如，指导教师队伍、实验环境和场所、教学经费保障与管理制度、必要的文献资料等基本条件，涉及特殊需求的实验环境建设、校外基地建设等；为了解决过程管理的复杂性并有效推进教学管理信息化和智能化而需要的毕业设计（论文）管理系统建设等。

3．教学准备的基本原则

基本原则是，确保教学任务有序开展，必要条件必须满足，保证课程目标的实现与教学质量的提高；有利于构建持续改进机制，营造有持续发展力的学校文化、专业建设机制等环境。

管理机制方面的要求是，全校管理的系统化和协调；明确的目标和指标，可操作的过程、宽松的氛围和可发挥的空间，机制保障的条件，可追溯的依据等。

本书中的表述一般侧重于基本原则，而不是"标准"。各学校、专业应根据自己的定位，结合相关标准的要求，提出自己的实施方案。

4．毕业设计（论文）工作的主要教学内容

总体形式上，毕业设计（论文）工作涉及多个教学安排，包括：开题及开题答辩、课题设计、中期检查、撰写毕业论文和毕业答辩。部分高校的毕业设计（论

文）还包括外文文献资料的翻译。此外，为了控制毕业论文的质量，近几年一些高校均增加了学术不端检测的环节。

在毕业设计（论文）工作过程中，学生、指导教师和院系的主要工作内容如下。

对学生而言，需要根据所选择课题的任务书的要求，按照工程项目的管理方法，将整个课题的相关工作分解为子任务。每一项任务对应某方面的工作，以锻炼相应的能力。通常来说，学生在整个过程中依次需要进行：调研和理解课题资料、准备开题报告、开题答辩、系统设计与实现、中期答辩、撰写毕业论文、毕业答辩等。

对指导教师而言，需要精心准备课题、发布任务书、过程指导、验收与提交课程资料、毕业论文评阅、参加毕业答辩等。其中，对学生的过程指导直接影响整个毕业设计（论文）工作的质量，指导教师每周都要和学生就相关的问题进行交流。

对于院系而言，需要做好课题的组织和审查、整个毕业设计（论文）工作的教学和过程管理及质量监控等。

上述各阶段的工作细节在后续各章会有介绍，下面以合肥工业大学计算机专业的毕业设计（论文）教学安排为例来介绍。

在开题阶段，学生需要根据任务书做课题调研，设计和制定方案，拟订工作计划，还要进行文献阅读、实验设计，制定后续进度安排等。这个阶段的工作是后续阶段各项工作的基础，安排的时间应不少于 4 周。开题主要锻炼和培养学生的问题调研能力、文献阅读和理解能力，以及与专业相关的分析和设计等能力。最终通过开题答辩来评估学生完成的情况，并及时给学生反馈问题。

在课题设计阶段，学生需要按照开题报告中确定的方案进行系统设计和实验，整理课题资料。由于前期制定的方案可能存在不足与不确定性，在本阶段还需要对前期的计划和设计方案进行修正。这个阶段是整个毕业设计（论文）工作的核心部分，至少需要6～8周的时间。这个阶段主要锻炼学生解决复杂工程问题及交流沟通等能力。

在毕业论文撰写和答辩阶段，学生需要总结整个毕业设计（论文）工作，汇总前面阶段的各项工作和成果，以论文的方式展现出来并通过答辩来说明整体工作的情况。论文的撰写不一定要在系统设计完成之后再启动，可以穿插在毕业设计（论文）工作的整个过程中。论文撰写是培养本科生撰写报告和论文能力的非常重要的环节，建议该阶段安排的时间为2～4周。

3.2 毕业设计（论文）总体工作安排与基本要求

为确保课程目标的达成，及时发现过程中出现的问题，可依照工程项目管理的方式和规律，将整个毕业设计（论文）工作作为一个工程项目来进行，也就是将整个工作过程划分为若干阶段，每个阶段对学生的毕业设计（论文）的具体任务提出明确的要求，相应地对指导教师或院系、专业等也给出了建议。

3.2.1 毕业设计（论文）阶段划分与具体要求

下面介绍完整一届毕业设计（论文）的阶段划分、各阶段的任务定位和要求。

从毕业设计（论文）教学的总体工作安排角度说，完整的毕业设计（论文）过程可以划分为"准备与课题安排""课题实施与完成""毕业论文撰写和评阅""毕业答辩和成绩评定""总结与持续改进"5个阶段，各阶段主要任务及时间安排如表3-1所示。

表3-1　毕业设计（论文）教学各阶段主要任务及时间安排

阶段与时间安排	主要任务安排与建议
1. 准备与课题安排： 第七学期11月～ 第二年1月上旬 （一定要在寒假前）	学校发布毕业设计（论文）教学规范、实施方案。 院系、专业部署、开展如下工作： （1）学院和专业的基本条件建设； （2）质量监控机制建设； （3）课题征集； （4）学生选题安排
2. 课题实施与完成： 第七学期12月～ 第八学期5月中旬	学生的主要任务如下： （1）开题：不少于1个月； （2）设计：不少于2个月； （3）验收和文档资料提交。 学校、院系、专业重点检查安排如下（主要集中在第八学期）： （1）3月上旬：开题检查，学生提交开题报告、外文资料翻译； （2）4月中旬：中期检查； （3）5月中旬：课题验收，学生提交课题资料
3. 毕业论文撰写和评阅： 5月中旬～ 6月上旬	学生撰写毕业论文； 指导教师提交《指导教师评阅意见表》； 评阅人提交《毕业论文评阅意见》
4. 毕业答辩与成绩评定： 5月中旬～ 6月上旬	院系、专业组织毕业答辩相关事宜如下： （1）成立专业答辩委员会，安排答辩组； （2）通知、组织学生毕业答辩； （3）成绩评定，提交毕业论文最终版； （4）毕业设计（论文）材料审核、归档
5. 总结与持续改进： 6月中下旬	各答辩组、专业答辩委员会、教学指导委员会等提交工作总结、改进意见和建议

3.2.2 条件准备与课题安排的基本要求

院系、专业为推进毕业设计（论文）工作而开展的条件建设和课题准备与安排涉及多个方面，包括：指导教师队伍、实验环境、管理机制、校外实践基地建设规范、毕业设计（论文）管理系统和质量监控机制建设等。

1．院系和专业的基本条件建设

（1）指导教师队伍。

有足够数量的符合专业方向需要且满足要求的指导教师，每位指导教师所指导的学生数量符合相关标准的要求。

（2）实验环境。

实验室、实验设备和系统，能支持全体学生开展毕业设计（论文）工作，涉及**常规实验条件建设**（实验环境）；**特定专题实验条件建设**，如大数据技术、人工智能、特定的应用系统开发等专门实验环境；对系统测试条件和数据功能的支持；对电路、芯片产品化的支持；一些特殊的研究或实验基地，可能会有**特殊的研发管理环境和要求**，如上下班时间、按计划提交阶段性成果、系统保密性要求的管理等；**创新基地建设**及其对毕业设计的教学支持。

（3）管理机制。

清晰、规范的制度性文件，简洁、顺畅而有效的管理机制，以及必要的信息化平台等。

（4）校外实践基地建设规范。

校外实践基地的基本要求是能认同学校对教学的要求，符合学校的教学需要，还需要具备课题环境、指导力量、安全性和必要的生活条件。

（5）毕业设计（论文）管理系统。

为了提高教学管理的规范性、信息化、智能化，建议采用毕业设计（论文）管理系统。目前有许多可供选择的系统。

2．质量监控机制建设

为了确保课程目标的达成和持续改进，院系、专业必须建立质量监控机制，及时有效地检测毕业设计（论文）重要环节，及时发现和解决问题，保障目标的达成。

质量监控机制的建设，首先需要有合理的制度性文件来支持，并明确有所采取的质量监控机制建设方案来保障。

目标与评价指标：培养目标的标准与评价指标；重要环节的标准与评价指标。

重要质量监控环节的安排建议：准备、审题、开题、设计与中期检查、课题验收、毕业论文评阅、毕业答辩与成绩评定、持续改进等。

质量监控机制与机构建设：质量监控机制的实施，结合人才培养目标定位的持续改进等。

基于 OBE 理念的毕业设计（论文）质量监控体系：结合教学目标，收集各教学检查环节的数据，构建阶段性和最终质量评价模型，为后续的教学研究提供借鉴和参考。

3．课题征集

后续将专门介绍课题的标准及相关内容，下面仅简要介绍。

课题规范的完善和宣传：结合实际情况，进一步明确课题规范，并面向所有命题教师、参与指导毕业设计（论文）的企事业单位等宣传课题规范。

课题征集的统筹布置：根据学生数量、指导教师规模、科研条件等，制定指导教师命题的选题方向、规模等相关要求，并发布通知，以征集足够数量、符合要求的毕业设计（论文）课题供学生选择。

审题：为确保质量，必须组织对课题的审定，对每个**课题**进行**审定**来确保课题的质量。在审定后，如果出现课题数量不足的情况，还需要采取必要的措施来增补课题。

4．学生动员

学生是毕业设计（论文）教学环节的主体。采取必要的学生动员措施，使全体学生了解毕业设计（论文）的课程目标及要求，激发学生的求知欲与自觉性，促进课程目标的达成。

对学生的要求如下。

（1）在毕业设计（论文）期间，严格遵守纪律，在指导教师指定的地点完成毕业设计（论文）任务。刻苦钻研，勇于创新，尊敬老师，团结合作，虚心接受教师及有关工程技术人员的指导。因事、因病离岗，应事先向指导教师请假，否则作为旷课处理。院系随机抽查三次不到者，评分降低一级；累计旷课时间达到或超过全程1/3者，取消答辩资格，按"不及格"处理。

（2）独立完成毕业设计（论文）任务，不得弄虚作假，严禁抄袭他人的毕业设计（论文）和成果或请人代替完成，违反者按作弊处理。保质保量地完成《毕业设计（论文）任务书》所规定的任务。

（3）主动并定期（每周1~2次）向指导教师汇报毕业设计（论文）的进展情况，主动接受指导教师的检查和指导。

（4）保持良好的工作环境，定期打扫卫生。注意安全用电，离开工作现场时必须及时关闭水、电、门、窗及气源。厉行节约，爱护仪器设备，严格遵守操作规程及实验室有关规章制度。在校外进行毕业论文（设计）工作的学生要遵守所在单位的规章制度。

（5）完成毕业设计（论文）任务后，应按有关规定将毕业设计（论文）资料整理好，交给指导教师评阅。答辩后负责将本人的毕业设计（论文）所有资料整理好并交给指导教师，由指导教师交给教研室或院系存档。

5．学生选题安排

采取合理方式安排学生的课题，兼顾学生的学习兴趣和可选的课题范围。一般需要考虑如下几点。

制定必要的选题规则：理性选择，减少盲目性，增强透明性，提高公平性。

选题指导：介绍毕业设计（论文）工作的培养目标及其与未来发展的关系，引导理性选题。

透明操作：根据学生的选题志愿，按照规则进行安排，并及时发布。对没有选到课题的学生，学院、专业要进行统筹安排。

3.2.3　实施与完成课题

学生接受设计任务后，至少要保证有 3 个月以上的时间全身心开展毕业设计（论文）工作，并按照要求完成任务。

按照工程项目的规律，将整个工作时间划分为开题阶段、设计阶段、验收与文档资料提交 3 个阶段。

后续将专门讨论有关课题的标准及相关内容，下面仅简要介绍。

1．开题阶段

针对指导教师所给的**任务书**，以指导教师指定的文献为基础，根据课题的需要至少查阅 10 篇相关**文献**，进一步明确**设计任务**和**基本思路**，在可能的多个问题解决方案中**选择**符合给定条件的**解决方案**，**选择**合适的**技术**和**平台**，并制订**实验方案**、**设计方案**及整个设计的**工作计划**。

所有这些内容要以**开题报告**的方式整理出来，并由指导教师**确认**、**写出评价意见**后提交，作为后续工作的依据。院系将按计划对开题报告进行检查。

2．设计阶段

按照开题报告给出的工作计划，依次完成各项设计任务，并做好文档和资料的整理。

这个过程至少要持续 2 个月时间，期间指导教师每周对每个同学至少要有不少于 2 次的指导，及时了解学生的工作进展、发现存在的问题等，以保证其顺利完成毕业设计任务。

在此过程中，用心观察和思考的同学还可能发现设计任务中的新问题，提出新的思路和方法，经积极钻研和实验研究可能会得到新的成果。例如，通过撰写学术论文、申请专利等得到创新活动和科学研究的初步训练。

3．验收和文档资料提交

由院系、专业组织课题验收，学生通过后可获得毕业答辩资格，之后将设计文档等材料提交给指导教师。

3.2.4 毕业论文撰写和评阅

后续将专门讨论毕业论文的标准及相关内容，下面仅概述。

1．毕业论文撰写

在完成设计任务的基础上，**撰写毕业论文**，依据设计任务，在结合相关资料的基础上，阐述设计思想、课题方案、平台选择、实验方案与设计、系统设计、详细设计、系统实现与测试、系统性能分析等。

毕业论文有详细的规范要求，因此，严格的毕业论文规范可促使学生按规范要求准确表达设计思想，以形成可见资料，以便于教学检查。

毕业论文的组织能力是未来工作和深造所必需的能力之一。指导教师要特别注意对学生撰写毕业论文的指导，不仅要在内容的体系设计及各组成部分的内容方面加以指导，培养学生良好的表达能力；还要注意对毕业论文规范性的指导，培养学生良好的材料组织习惯和规范意识。

2．毕业论文评阅

毕业论文完成后，需要由**指导教师**及专业所安排的**评阅人**对毕业论文进行评判，给出**评阅意见**，以此作为成绩评定的重要依据。

（1）指导教师提交《指导教师评阅意见表》。

指导教师提交《指导教师评阅意见表》，表述选题的基本任务和意义、设计过程中的态度和表现、设计任务完成质量和工作量、毕业论文撰写质量等，并综合上述几方面给出建议成绩。

（2）评阅人提交《毕业论文评阅意见》。

由专业答辩委员会安排评阅人对每个学生的毕业论文进行评阅，并提交《毕业论文评阅意见》，同时给出建议成绩。

3.2.5 毕业答辩和成绩评定

在毕业答辩和成绩评定阶段，成立专业答辩委员会，并分设若干答辩组，组织学生毕业答辩。综合指导教师意见、评阅人意见、答辩组意见、课题完成质量（由验收组提供）等，综合形成专业答辩委员会给学生的成绩。

后续将专门讨论毕业答辩和成绩评定的标准及相关内容。

1．成立专业答辩委员会及答辩组

在学院毕业设计（论文）教学指导委员会的协调下，成立各专业答辩委员会，统筹安排毕业答辩及各组成绩评定的协调工作。

按照学生人数，可分设若干答辩组，具体负责组内学生的答辩和成绩评定。

2．组织学生毕业答辩

每个学生在所安排的答辩组参加答辩。

每个学生都要按照要求汇报自己的设计任务、课题方案的设计与实现、完成的情况等。根据以往的经验，建议每个学生的答辩时间在 15 分钟以内，其中汇报时间控制在 8 分钟以内。

3．成绩评定

依据成绩评定规范，综合课题完成质量（指导教师介绍、验收组验收情况介绍）、指导教师意见、评阅教师意见、答辩中汇报与回答问题情况及学校的相关规定，由专业答辩委员会确定每个学生的成绩。

3.2.6 总结与持续改进

一届学生完成了毕业设计（论文）的教学任务，一轮毕业设计（论文）教学工作基本完成了，但对院系和专业来说，并不意味着教学工作的结束，因为还有许多要做的工作。例如，本届毕业设计（论文）教学资料的完整归档、相关工作总结与分析、暴露出的影响人才培养质量问题的分析、对后续工作改进的建议等。

各答辩组、专业答辩委员会等应从各自角度分别做出工作总结并对后续改进提出意见和建议。总结和持续改进的建议需要基于当届毕业设计（论文）的相关事实和数据提出详细的要求。

教学研究基础好、推进专业认证工作有基础的院系、专业等，应结合毕业要求指标点的达成情况、毕业设计（论文）过程中具体工作的完成情况及其对培养目标的支撑情况，综合分析当届毕业设计（论文）课程目标达成情况、优势和存在的问题等，从而更精准地支持持续改进。

3.3 指导教师队伍建设

毕业设计（论文）指导教师队伍的水平直接关系毕业设计（论文）教学的质量和水平。因此，院系、专业应符合学校相关规范，即与专业培养目标与师资队伍基础条件、学生规模相适应的指导教师队伍建设的相关规范，包括：指导教师应具备的基础条件、教学规范，院系、专业指导教师队伍建设方案，校外兼职指导教师队伍建设要求等。在每轮毕业设计（论文）工作启动前，应结合对往年的指导教师实际教学效果等情况的分析及当届教学的需要，做出合理的安排。

3.3.1 指导教师的基本要求和教学规范

1. 基于工程教育认证标准的指导教师的基本要求

在工程教育认证标准的第 6 项标准即"师资队伍"部分，对教师提出了如下要求。

（1）教师具有足够的教学能力、专业水平、工程经验、沟通能力、职业发展能力，并且能够开展工程实践问题研究，参与学术交流。教师的工程背景应能满足专业教学的需要。

（2）教师有足够时间和精力投入本科教学和学生指导中，并积极参与教学研究与改革。

（3）教师为学生提供指导、咨询、服务，并对学生职业生涯规划、职业从业教育有足够的指导。

（4）教师明确他们在教学质量提升过程中的责任，不断改进工作。

由此可以看到，指导教师不仅要能教好、建好一门理论性的课程，还要具备工程经验，开展工程实践问题研究，参与学术交流等。

2. 毕业设计（论文）指导教师的基本要求

教学实践表明，毕业设计（论文）教学应实行指导教师负责制。指导教师一般是具有讲师及讲师以上职称或具有硕士研究生的学习经历，且具有丰富实践经验的教师。指导教师在确定后，无特殊原因不得随意更换。若确实需要更换的，则要经院系才能调整。在毕业设计（论文）进行期间，指导教师要安排好所指导学生的毕业设计（论文）工作，与学生保持联系，以便随时指导。一般来说，每周至少要指导 2 次。

为了确保教学质量，毕业设计（论文）指导教师应满足如下基本要求。

（**1**）**敬业爱岗的师德**：以教书育人为己任，积极钻研业务，在专业领域、教育教学等方面不断进取，提升教育教学能力。

（**2**）**科研经历和素养**：有必要的工程、学术经历、能力和素养，理解科研文化；能提出符合要求的课题，并能按科研课题的基本要求指导学生的设计过程、具体任务等。

（**3**）**准确理解教学目标，并遵循教学规范的指导**：理解并认同学校、专业的毕业设计（论文）教学规范和实施方案，并能在指导过程中遵守，按教学规范和实施方案执行，按照毕业设计（论文）教学规范对学生各方面进行指导和把关。

（**4**）**服从院系、专业建设的相关工作安排**：对相关工作进行检查、评估、质量评价与分析，参加论文评阅、毕业答辩、相关的教学研究与建设工作等。

3．指导教师的具体教学任务

（1）**命题与要求**：能结合专业培养目标、专业领域科技动态和工作环境等提出合理的课题供学生选择。指导教师对毕业设计（论文）的要求通过《毕业设计（论文）任务书》给出。因此，指导教师要认真填写《毕业设计（论文）任务书》。其中应明确说明：毕业设计（论文）的任务及基本要求；应收集的资料及主要参考文献；毕业设计（论文）的进度计划等。同时，应注意毕业设计（论文）内容与课题的一致性。

（2）**教书育人**：指导教师在指导过程中，应注意教书育人，坚持教学的基本要求，贯彻因材施教的原则；在指导方法上，应立足于启发引导，充分发挥学生的主动性和创造精神。

（3）**规范指导**：对所指导的每个学生，都能定期进行答疑与指导，并检查学生的毕业设计（论文）工作进度及质量；对整个过程中的每个教学环节，都能精心指导，严格把关，按要求填写记录、文档和评价意见等；对过程及最终结果，能按照标准和规范进行客观、公正的评价；能通过过程指导开展创新活动，并促进创新性成果的凝练和培育。

（4）**把好质量关**：指导学生正确撰写毕业论文；审阅学生书面成果与实验资料；结合学生毕业设计（论文）过程中的表现给出评语；提出成绩初步意见，并负责向专业答辩委员会做简要介绍。

（5）**服从专业教学工作安排**：根据院系的安排参加毕业答辩工作，并在答辩结束后对学生的毕业设计（论文）进行整理和归档；按要求进行相关工作的检查、评估、质量评价与分析等。

（6）**做好持续改进工作**：能积极关注教学过程中的相关动态和问题，通过对毕业设计（论文）教学相关分析等教学研究工作，提出改进建议方案，为教学的持续改进做出积极的贡献。

4．指导教师安排与过程指导的建议

（1）关于每位指导教师指导学生数量的基本要求。

每位教师同时最多可以指导几个学生？这很难给出一个标准答案，因为涉及许多因素，如指导教师的科研环境、毕业设计（论文）的教学经验及可用的工作时间，课题团队组织能力，学生的基础、愿景和自觉性等。

但如果对数量没有一个合理的参照，执行过程中可能会难以操作。对此，给出如下几点建议：

教育部本科教学评估的相关指标中要求指导学生数量的上限是 8 人；

工程教育认证标准中虽然没有明确的指导学生数量上限，但一般建议上限是 6 人。

更一般来说，安排给每位指导教师的学生数量，应以能确保对每个学生的充分指导为度。因此，对科研环境好、教学经验丰富且时间安排较宽松的资深教师，可以安排略多一些；而对于教学经验还不丰富的新教师，建议少安排。也可以采用"新老搭配""校企合作"等方式，构建有效的指导教师配置方式。

（2）每周指导的安排模式——"四规"模式。

为了使毕业设计（论文）最大限度地发挥出应有的人才培养的效果，可以参照科研课题的方式安排学生的工作过程，由此可以形成过程性安排与教学指导的基本模式——"四规"模式，即规定时间、规定地点、规定任务和目标、规定指导过程记录。

规定时间、规定地点：每周见面指导的时间和地点安排相对固定，每周每个学生接受指导的时间应有 1 小时左右。特别是见面指导的时间安排要参照上课课表，能公开、报送学院备案，并接受督导和检查。

规定任务和目标、规定指导过程记录：首先要参照科研课题模式，制订阶段性计划（开题阶段可以由指导教师建议，设计阶段最好由学生提出并经与指导教师交流后确定）。每次见面指导应以所制订计划相应各项任务的落实情况、存在的问题等为依据进行交流。

每次见面指导都应参照科研课题的过程模式形成准确的记录，记录项目的实际进展情况，并为后续的人才培养质量分析提供基础性数据。

3.3.2 专业指导教师队伍建设

1．指导教师数量的估算与相应措施

从满足院系、专业教学需要的角度出发，需要在指导教师队伍建设规范的基础上，结合往届教学分析、专业发展构想与当前学生规模等情况，对当届毕业设计（论文）指导教师队伍做出合理的建设方案，涉及符合要求的指导教师规模的估算及对各位指导教师指导学生数量的明确要求。

许多高校、专业可能存在一定的指导教师缺额，为此需要在符合基本要求的前提下，制定相应的解决方案，以确保所有学生都能得到合理安排，且每位指导教师都能可以保证充分地指导每个学生。

2．校外兼职指导教师队伍建设

许多高校、专业根据培养目标定位、师资队伍结构与规模，以及学校、专业已经建立的产学合作模式与合作单位的情况，会选聘校外人员担任毕业设计（论文）指导教师，以拓展课题资源，强化实际应用环境与能力培养等。

考虑到校外人员对毕业设计（论文）具体教学要求可能不清楚，对学校的相关规定和规范等不了解，以及其他一些情况，提出几点建议如下。

（1）有明确的校外兼职指导教师聘任规范。

制定明确的校外兼职指导教师聘任规范，并依据规范聘任每位校外指导教师。

（2）双导师制度。

一般来说，校外兼职指导教师的主要优势是，有真实的课题需求、市场敏感度、相应的开发环境和技术、规范的过程管理和企业文化、对设计结果更严格的测试要求、文档的规范等。然而，劣势是，对学校的教学规范不熟悉，对学校所要求的管理过程的相关细节不在意，对专业领域最新的学术性动态不注意。

因此，对每个安排了校外指导教师的学生，要同时安排一位校内本专业指导教师，并明确两位指导教师各自的责任，确保学生各项具体要求的落实。

（3）按规范评价。

参照校内指导教师的评价方式，按照规范对每位受聘校外兼职指导教师进行评价，并提出完善的建设方案。对不符合要求的校外兼职教师，有相应的处理措施。

3.4 项目研发环境建设

在以解决实际问题为目标的毕业设计（论文）教学环节，学校需要为学生提供必要的实践环境及项目研发所需要的工作环境。

3.4.1 项目研发环境与基本要求

从工程项目研发的系统训练的角度来看，需要考虑**项目研发环境、设计工作环境、团队交流环境**等几类教学环境。每类环境应建设到什么程度？如何最大限度地发挥效用？下面给出一些建议。

1. 项目研发环境

项目研发环境是指项目研发过程中所需要的软硬件系统、测试数据与案例资源等。对大多数高校、专业而言，所需要的这类系统、环境等较为常规，有的是公开可下载的，有的是课题组本身就有的，因此由指导教师安排事先准备即可。例如，纯粹的软件系统开发（如某小型单位的管理信息系统的开发）需要的实验条件可能是一台计算机及相应的软件开发环境和运行环境（如 Java、JavaEE、某数据库系统）。如果设计课题是与计算机控制相关的，则涉及某些硬件系统、开发装置。例如，嵌入式系统作为基本系统，就会涉及嵌入式开发板，配套的计算机软件系统、硬件系统，特定的电路板、元器件等。

有些特殊的开发环境或资源（如**特定专题实验条件**）可能还没有建好，如大数据技术、人工智能、特定的应用系统开发、电路或芯片的产品化等专门实验环境，需要一定的费用支持，因此可以提前准备。如果从学校购买的途径来落实，一般财务流程周期较长，需要更早准备。

总体来说，项目研发环境建设要以满足设计需要为基本目标，建设过程要遵守严格的制度和相关法律法规。

2．项目研发环境的基本要求

根据课题的需求和来源的差异，实验设备和系统的提供相应也可以有差异。例如，如果在校内做毕业设计所需要的实验设备和系统属于学校较常规的，则由学校（院系）负责提供；如果所需要的实验设备和系统与指导教师的课题密切相关，学校又难以提供，则由指导教师负责安排；如果在校外做毕业设计，则由接收单位负责安排。

为了确保毕业设计（论文）的质量和进度，实验设备与系统建设应满足以下要求。

（1）真实性。

真实性包括相对于实际应用领域的真实性和相对于运行时环境保持的真实性。

相对于实际应用领域的真实性：设计所用实验设备及系统的性能指标应符合学科发展的趋势及专业培养目标的需要。开发所用环境与当前社会专业领域水平较接近，可以使学生在设计期间的努力和积累有益于其后续的工作与学习。

相对于运行时环境保持的真实性：开发系统时的环境应与运行时的环境保持一致；否则，将增加不必要的开发费用和时间。

如果毕业设计（论文）课题是真实课题的子课题，则因指导教师需要课题的成果而使真实性能够得到保证。反之，如果是一个随意的自拟课题，则因指导教师不需要成果，或者纯粹是为了交差而拟定的，设计环境有较大随意性，可能出现"做到什么是什么，有什么就用什么"的情况，显而易见，这种情况难以产生好的效果。

目前较常见的情况是，许多学校鉴于成本和条件所限，更多地选择管理信息系统设计方面的自拟课题，而且课题可以在单机环境下完成，因为在一台计算机上开发不用考虑系统环境。这样的安排并不能保证真实性，学生在进入实际工作领域时还要从头再来，错过了良好的锻炼机会。

（2）够用。

够用是指实验设备与系统及相关资料能确保满足毕业设计所需要的条件和时间，即开发涉及的**功能够用**，设计、测试的**时间够用**，使用**资料齐全**。其中，**功能够用**是指系统必须符合课题设计和开发的基本需要。在某些特定的条件下，限于成本等因素，可能需要在成本和功能之间做必要的折中。**时间够用**并不是指在整个设计过程中每人独占一套系统，这在许多学校里是不现实的，也是不必要的。因为设计过程中，学生不仅要在实验系统中开展工作，还要查阅资料和整理文档等。如果因条件所限，按照正常排班难以满足时间要求，可以通过合理调配以提高效率的方式来确保每个学生的使用时间。

（3）合法、可行。

所安装的系统应符合法律法规，所用测试数据、案例来源合法、运用合法，所设计的系统能在投入使用后得到安全保证。

（4）管理规范。

设备完好率、功能和安全性能保障教学的正常进行；实验设备有规范的资产登记、使用管理和维护记录。

3．设计工作环境

作为一种教学形式，毕业设计需要考虑设计工作场所及实验场所。有条件的学校、专业，可以为每个学生安排一个"固定工位"，包括物理空间（至少有教室作为设计室）及网络空间，让学生能在一个相对稳定的环境中开展工作，集中精力专注于设计或研究工作。

有条件的学校也可以分别安排毕业设计场所和实验场所，如毕业设计专用教室、实验室，或者使用指导教师的研究室。不管采用哪种形式，学习和工作环境都要符合一定的规范和要求。

有些学校可能不安排任何场所，让学生在宿舍完成毕业设计。由于学生宿舍的环境根本不具备必要的设计及实验条件，再加上并不是所有学生都能自觉完成，显然这样最终难以达到毕业设计（论文）的课程目标。因此，从教学质量角度考虑，不提倡这类设计环境。

4．团队交流环境

项目研发团队需要定期开展讨论，如每周集中一次。因此，学校需要提供交流的环境，如研讨室。若线下条件不具备，也可以采用线上方式。然而，相比之下，采用线下会议的方式效果会更好，因为可以通过这种具有"仪式感"的活动方式督促每位相关人员自觉、严格地按照进度来开展工作，同时，借用"头脑风暴"的方式发现问题，提出解决办法，可以提高教学的整体质量。另外，此种方式还可以营造积极向上的科研工作氛围。

3.4.2 实践环境建设基本规范

实践环境建设包括：实验室基地的硬件建设、实验场所建设、实践教学队伍与管理队伍建设、实践教学管理制度等建设。实践环境建设应以保证满足实践教学的基本要求为标准。

1．实践环境基本要求

（1）人身安全保障：室内外应随时保持出路畅通，紧急情况下能快速疏散，保障师生的人身安全。

（2）**实验室安全**：基础设施和实验设备安全、稳定，保障教学的正常进行。

（3）**健康环境**：良好的温度、湿度、通风和卫生条件，有益于师生的身心健康。

（4）**学习氛围**：良好的学习氛围易于激发学生的学习积极性和创造性。座位整洁、布局合理也便于工作的开展。

（5）**管理制度与文件"上墙"**：管理文件、实验课表、实验记录和仪器设备的使用规范等醒目地展示出来并可查。

（6）**辅助设施**：配备必要的辅助设施，便于实验资料、学生实验报告等的存放与查阅。

2．实践环境维护与运行

（1）管理制度健全，便于工作安排，过程运行正常。

（2）实验室人员岗位职责明确，工作量合理。

（3）有条件的实验室人员要参与实验教学的辅导、实验准备、实验报告的评阅和成绩评定等工作。

（4）实验室使用登记、故障登记和报告、报修、材料管理等有规范。

（5）实验室人员参与实验教学工作的总结汇报、辅助决策等。

3．实践环境教学要求

（1）**教学管理规范**：有完善的教学管理制度，涵盖实验室管理、实验人员管理、教学过程管理。

（2）**教学队伍**：熟悉毕业设计的教学目标、设计任务、教学规律和软硬件系统的性能及使用，辅导力量充足。

（3）**目标导向**：设计过程中的指导满足教学要求和课程目标的实现。

4．耗材使用的问题

许多课题中都会用到元器件等材料，因此，需要有合理的管理规定。对此，给出如下建议。

（1）元器件及耗材作为教学中的必需品，要由教学经费或指导教师的课题经费提供，不能由学生承担。

（2）元器件及耗材的使用要有规定，否则会造成不必要的浪费。

（3）毕业设计（论文）的耗材使用规定可以考虑以下几方面因素。

① 某些项目的费用是大致相同的，例如，毕业论文的印制和装订，可以考虑采用统一费用额度，或者由院系联系一个印制和装订单位，以减少中间环节和费用。

② 元器件费用：考虑课题的差异，为了确保教学效果，不能采用统一限额的

方式。对费用较大的课题，需要事先申报，经院系审定和协调（包括必要性、可行性及相对于科研课题经费的比例等）。

3.4.3 校外实践基地建设规范

许多高校安排部分学生到校外实践基地完成毕业设计（论文）任务，这是一种非常好的方式。然而，必须配有合理的工作机制才能达到预期目的。

1．校外实践基地的基本要求

（1）以人才培养为主要目的，而不以商业为目的。
（2）能认同学校对教学的要求，所提供的环境符合学校的教学需要。
（3）需要具备毕业设计（论文）教学所需要的基本条件：课题、项目研发环境、设计工作环境、团队交流环境、指导教师力量、必要的生活补贴。
（4）确保学生人身安全的机制和条件。

2．校外实践基地建设规范

必须制定校外实践基地建设规范，以明确双方的责任、具体工作要求、相关条件、学生人身安全保障措施等。在此基础上，学校一般要安排实地考察和交流，经学校和合作方双方协商并签订合作协议后才能开展相应工作。

同时也要明确学生到校外完成毕业设计（论文）任务的相关规范和安全措施等，并让学生在知情和认可后严格办理相关手续，减少不必要的麻烦。

在学生进入校外实践基地之前、期间及之后，学校都要安排专人经常性地了解学生的进展情况、校外实践基地所提供的条件和履约情况，最终形成合理的评价。对教学环节安排不够或不能履行相关条款的，要及时进行沟通；对明显不符合要求的，应及时终止合作，并妥善安排学生，以降低对学生学业的影响。

3.5 毕业设计（论文）管理系统

为了提高教学管理的规范性、信息化、智能化程度，建议使用毕业设计（论文）管理系统。目前有许多可供选择的系统，它们在功能上有一定的差异，也有许多共性。下面简要介绍，以供参考。

1．基于教学规范的教学过程信息化

遵循教育教学主管部门及学校的教学规范，实现教学过程的信息化。管理系统的相关功能可以概括为如下几类。

（1）基于既定计划安排的全流程管理实现。

基于科研项目的过程管理模式，以学校、院系、专业、指导教师的工作安排及学生所制订的工作计划等作为过程管理的依据，确保按照计划推进工作及时落

实，同时也提升学生的工程项目管理的能力和素养，以减少甚至避免因惰性等可能造成的教学质量问题。

（2）业务数据的有效记录。

借助云存储等技术手段，存储毕业设计（论文）过程中的相关数据，也为教育教学研究提供了丰富的大数据。

需要保存的相关数据包括如下几种。

重要教学成果的保存：任务书、开题报告、外文资料翻译、项目资料、毕业论文、论文评阅书、答辩报告等。

计划和安排：学校、院系、专业、指导教师、学生制订的工作计划。

过程交流记录：每次教学指导过程的记录或纪要。

（3）通知公告类的保存。

保存学校、院系发布的相关通知公告，方便后续检查。

2．以教学管理智能化促进持续改进

（1）质量监控的智能化。

基于已经形成的相关教学质量分析模型，结合教学数据，给出教学质量分析的意见和建议，特别是能显示异常信息。

（2）重要内容的智能化监测。

尽量提供论文查重等功能。

（3）基于质量分析的持续改进机制。

基于相关教学质量分析模型和数据对相关指标给出评价，提出持续改进方案。相关指标涉及课题质量相关方面，学生综合能力与素养方面，指导教师的课题、过程指导和最终成效方面，校外合作单位情况等。

3．支持用户单位开展教育教学研究

为用户单位开展质量分析等相关研究提供支持，包括：为用户以特定主题方式提供数据，如汇总、过滤等；为用户提供分析可视化、图表、分析报告功能等。

4．支持个性化定制

针对各高校、院系、专业等用户单位的教学规范、实施方案的具体要求，做出相应的系统设置。

个性化定制涉及教学环节具体的时间节点的安排与提醒，教学资料的提交和保存要求，指导教师队伍、专业班级、全体学生信息等。

3.6 本章小结

推进毕业设计（论文）教学工作，需要系统性地做好相关准备工作。

学校、院系、专业必须有相应的毕业设计（论文）教学规范，以明确课程目标、主要任务及要求，以及更具体的任务与衡量指标。

同样地，学校、院系、专业需要合理部署毕业设计（论文）教学工作的实施方案及其相关的条件建设。在学校总体实施方案的指导下，院系制定相应的工作部署，涉及发布学校规范和重点安排，学院、专业动员，征题，开题，系统设计，毕业答辩与成绩评定，总结与持续改进等。

完善管理机制与质量监控机制建设是确保有序推进和质量的基础。

指导教师队伍、实践环境建设直接关系毕业设计（论文）教学工作的质量，必须不断提升建设水平。

校外实践基地是重要的社会资源，需要有必要的教学管理规范，包括：课题条件、双导师制度、过程管理、学生安全管理、学生成绩评定与质量监控机制等。

3.7 思考与实践

1. 简要介绍毕业设计（论文）教学环节的主要流程和具体要求。
2. 浅谈毕业设计（论文）教学环节实施的主要条件及其作用。

第 4 章　毕业设计（论文）课题规范与相关建设

【本章导读】

课题是学生毕业设计（论文）的载体，符合要求的课题是确保毕业设计（论文）教学质量的基础。好的课题不仅可以锻炼学生对专业领域知识和技术、工程原理的综合运用能力，还可以培养学生对新技术、新平台的学习能力，从而为后续的工程研发、科学研究奠定良好的基础。

本章从培养目标的角度出发，给出毕业设计（论文）课题的基本要求，提出确保课题质量的相关措施，包括课题的征集、质量控制与管理，学生选题安排，在设计过程中对课题变更的管理，持续改进机制。

学校教务部门：重在学校层面对毕业设计（论文）课题规范的指导，以及对各单位课题的征集、质量控制与管理，学生选题安排等提出原则性指导意见或方案。

院系、专业：制定本院系、专业的毕业设计（论文）课题规范、课题征集和具体实施方案，以及学生选题安排等。在收集课题后组织课题审定，确保课题质量；在课题数量不足的情况下，要及时采取相应措施补充课题；按规范组织学生选题；通过分析课题后续实施环节的反馈情况，支持持续改进。

指导教师：理解学校、院系的课题规范，结合科研课题研究的需要及社会对人才培养的需要等，给出合理的毕业设计（论文）课题，并按规范及时提交；给出与提交课题配套的任务书；结合教学情况对课题进行必要的分析，以不断完善课题质量。

学生读者：结合自己的专业与兴趣等情况选择指导教师和课题；选题后，及时联系指导教师，获取毕业设计（论文）任务书并准确理解其内容，从而为后续工作做好准备。

4.1　课题资源建设和管理工作概述

如前所述，学生在毕业设计（论文）阶段，在指导教师的指导下，对选定的课题，在调研、文献资料（包括外文资料）检索和学习、问题解决方案设计、软硬件平台选择、具体实现、课题文档撰写等环节进行全方位的锻炼，并在此基础上撰写毕业论文，以便从更高层次加深对专业知识的理解、掌握与应用，从而为将来解决更复杂的课题奠定基础。

此外，通过项目化的管理，使学生得到工程研发的初步训练，理解工程项目中不同角色的职责，掌握和他人的交流能力。通过项目资料的整理和毕业论文的撰写，使学生能深层次理解课题乃至相关领域的问题，了解相关规范，为进一步的发展打好基础。

然而，在实际教学过程中，由于种种原因，许多课题不能满足教学的需要，从而直接影响学生的学习和锻炼效果，并影响教学质量。

因此，毕业设计（论文）的课题至关重要。对此，本章重点讨论如下问题：

（1）毕业设计（论文）课题应满足什么要求？
（2）如何做好课题的质量控制？
（3）如何让课题发挥应有的作用？
（4）如何让好的方法不断被传承和创新？
（5）如何用好社会资源，以提高课题资源对新技术发展、社会需求的适应性？

4.2　课题征集与管理

为了做好课题征集和管理工作，需要先做好以下几方面工作：
- 制定符合要求的课题规范，能让所有相关教师和部门认同及执行；
- 做好可行的实施方案，使其得到有序执行；
- 实施过程中，关注可能出现的问题，并积极研究、改进和完善；
- 做好课题资源的有效管理和分析，支持持续改进。

4.2.1　课题征集

1．建章立制，确保课题征集工作的有序开展

（1）以制度性文件的方式发布毕业设计（论文）课题资源建设与管理规范（以下简称规范）。

以制度性文件的方式发布相关规范，是教学管理规范化的基础，可以减少因管理人员变更所带来的管理的波动。

（2）相关规范应具有指导性和可操作性。

课题的相关规范应具有**指导性**，是指应符合相关标准和要求，包括：教育部关于本科专业的标准和规范、工程教育认证标准、学校对专业培养目标的定位和规范等。

可操作性体现在具有准确的相关指标及要求，对执行过程有清晰的指导，相关指标的评价易于操作等。

为了使规范更具权威性，应邀请相关行业专家参与规范的制定、完善和定稿工作，或者由类似教学指导委员会的组织承担此项工作。参与规范的研究和制定者中应包括对专业或本科教育有深入研究的学者及对教学管理体系与机制建设有研究的学者。

（3）相关规范必须得到相关部门所有指导教师的认同和执行才能发挥作用。

需要面向相关部门所有指导教师宣传有关规范，并使其在提交课题时严格执行规范，才能使规范发挥积极作用。

有些学校、专业，可能其规范早就成型，只需要对新进教师做必要的指导即可，因此推进的难度不大。然而，如果是新制定的规范，并且规范的相关要求比之前增加了许多烦琐的操作，则规范的推进会遇到多方面阻力。因而需要采取合理的方式，以便让大家能理解规范对人才培养的作用，以及相关的具体要求。

2．课题征集的实施

（1）以通知公告方式推进实施。

可以采用通知公告的方式布置课题征集的安排，包括起止时间、命题规范、指导教师的命题数量、提交方式等。

（2）课题数量估算和安排。

结合本专业本届毕业班学生数量及兴趣点、指导教师数量与结构，对课题数量做出基本估算，且要留有一定余地，以防止部分课题不达标。

（3）按时收集课题和初审。

在通知所发布的时间节点内，及时收集来自指导教师的课题，并尽快进行归档整理。对所收集的课题，先做好对课题的初审工作，单个课题的规范性明显不符合要求的，要及时提醒指导教师完善；课题总量和每位指导教师的命题数量要符合要求。

3．关注课题征集过程中可能出现的问题

为了确保所征集课题能满足整个毕业设计（论文）教学环节的需要，需要在课题征集过程中关注可能出现的问题。由于这些问题很难一概而论，因此，下面简要给出若干建议供参考。

（1）每项课题满足基本要求：每项课题都应符合所发布的课题要求。

（2）指导教师的合格性：每位指导教师的条件都应符合所发布的规范和要求。在采用校企合作、产学合作模式时，特别需要明确要求，并在具体实施时加以关注。

（3）课题总量满足学生规模：一般来说，合格课题的数量应比学生数量多，

从而让学生有选择余地。

（4）符合专业定位及发展方向：由于不同类型、领域分支课题的价值不同，因此需要从专业定位和发展的角度来征集课题，从而不断提升课题质量，打造专业特色。

4.2.2 课题资源的管理与分析

专业需要对征集的课题采取合理的管理措施，并结合应用成效开展分析，为持续改进提供支持。

1．课题资源管理

（1）课题资源的管理。

对每项课题，需要保存所有重要的课题信息，以及应用情况和成效。

另外，为了减少某些学生"复制"的问题，一般需要减少重复性课题数量。

（2）来自企业课题的管理。

来自企业的课题不仅具有真实性，还可能有特定的商业保密要求，为此，需要给出合理的合作方案。

企业课题可能会与专业培养目标之间存在较大的差异，需要专业负责人、指导教师与企业多沟通。

另外，企业课题对开发与运行平台可能有特殊的要求。

（3）来自学生创新创业的课题的管理。

部分有创新创业意识的学生，可能会提出自己的课题作为毕业设计（论文）课题。对此，一方面要给予鼓励；另一方面要注意课题是否满足毕业要求，同时指导教师应给予必要的指导。

2．课题资源的分析

专业需要结合课题资源的应用成效、培养目标定位等开展合理分析，为持续改进提供支持。

4.2.3 课题发布与安排

由于信息领域的宽泛性及毕业后工作与学习的需要，学生可能会对毕业设计（论文）课题有自己的选择意向，因此学校在安排毕业设计（论文）课题时，应尊重学生的兴趣和选择。为此，可采取双向选择的方式，即先发布课题信息给学生，以便学生了解和选择，然后根据学生的选择意向进行综合安排。

1．课题发布

采用适当的方式发布课题信息到学生班级，让学生了解课题和选择课题。根据学校的具体情况，在发布课题信息时，需要对敏感课题采取一定的保密措施，以防止课题信息的扩散。发布课题时应注意以下几点。

（1）发布的课题信息。

发布的课题信息包括简单的课题列表、课题任务描述、选题意向表、指导教师及其联系方式。

（2）典型的课题发布方式。

毕业设计管理系统：现在有多种系统可供选择和使用，如 CNKI 的毕业设计管理系统。

校园网发布：这种方式在大多数学校应是较便捷的。

其他方式：如微信、QQ、邮件等。

（3）发布课题信息时需要注意的事项。

保密等要求：如果某些课题不宜公开（如保密性课题），应采取严格的保密措施，不给学校、专业和相关人员添麻烦。

相关信息的充分性：发布的课题信息应清楚说明课题任务和指导教师。

学生志愿：考虑学生选择可能存在冲突，一般可让其选择多个志愿，以便在安排时进行协调。

尊重意愿：在发布指导教师联系方式时，应征得教师同意。

2．学生选择课题与安排

（1）学生选择课题。

学生选择课题时，应兼顾自己的兴趣、能力、条件及对指导教师的了解，减少盲目性。必要时，可先与指导教师沟通，在取得认可的情况下选择课题效果会更好。

（2）选择课题的常见问题。

盲目崇拜：对学校的某些知名教师，不管是否是自己感兴趣的学科方向，追星族式地选择指导教师是最容易出现"撞车"现象的。

挑肥拣瘦：一些学生希望选择简单的课题，以便少花费时间和精力。这是对自己未来缺乏认真考虑的结果。事实上，良好的毕业设计（论文）课题，将使学生快速进入特定的课题领域，掌握相应的工具、技术和方法，得到能力方面的锻炼，为后续的工作或深造奠定良好的基础；反之，简单的课题则会使学生丧失培养的好机会，在后续工作或学习上，可能需要花更大的代价来弥补这一损失。

（3）学生课题安排。

院系基层单位对收到的学生选题意向表进行安排时，应兼顾学生的学习兴趣和选择、指导教师的选择及总体安排。

（4）尊重指导教师的选择。

有些教师可能已经指导过某些学生的课题工作了，或者已经对某些学生做过必要的了解和相关的工作布置，因此，尊重指导教师的选择可以更好地发挥各方面的积极作用。

4.3 课题的基本要求

毕业设计（论文）的形式，先是完成**特定系统的设计和实现**，以实现预定功能的技术性任务为主，同时要求在此过程中培养学生的创新意识和能力，鼓励新思想、新发现；在此基础上再是**撰写毕业论文**，依据设计任务，在结合相关资料的基础上，阐述设计思想、课题方案、平台选择、实验方案与研究、系统设计、详细设计、系统实现与测试、系统性能分析等。

另外，毕业设计（论文）还需要承担工程教育认证标准中 12 条毕业要求的"兜底"培养的使命，且必须满足能解决复杂工程问题的深度要求。

1．与专业培养目标的一致性

学校制订一个专业教学培养计划时，对培养目标及其实现是有充分考虑的。为期 3 个月以上的实践性教学环节如果不围绕专业培养目标来开展，对学生来说，不仅是时间上的极大浪费，而且错失一次提升自己专业综合能力的机会。

因此，在本科教学评估、工程教育认证中，对毕业设计（论文）的检查和评价的一个重要指标就是与专业培养目标的一致性。

2．体现复杂工程问题特征的设计型课题

虽然各学校、专业对毕业设计（论文）课题的要求有许多不同，但也具有一些共性。

（1）课题的能力培养和深度必须体现复杂工程问题的特征。

课题至少应满足复杂工程问题特征中的第一条，即"必须运用深入的工程原理，经过分析才可能得到解决"。

从在完成课题基础上**撰写毕业论文**的要求来说，也需要体现这个特征，否则就没有可写的内容。

（2）课题的工程和技术性训练。

本科毕业设计（论文）环节主要以技术实现为主要教学目的，即以设计并实现预定的功能为主要教学形式，在此过程中涉及对新技术、新方法、新开发环境的运用。

与此相反，以下课题不适合作为毕业设计（论文）课题。

① **偏重于纯理论研究的课题**。本科阶段学生的纯粹的理论研究能力有限，使研究课题的目标难以确定，从而造成教学管理的不确定性。对于大多数本科阶段的学生来说，毕业后更多的是以就业为主，而不是以研究为主。因此，工程师的训练远比科学家的训练更实用（合适）。

② **综述性课题**。这类课题以查阅文献、撰写综述性论文为主，缺乏具体技术的运用，与纯理论性的课题类似，同样不是合适的课题。

③ **偏重于操作性成分多而设计性内容少的课题**。虽然操作性工作也是课题中重要组成部分，但问题是在后续撰写毕业论文时，无法描述其主动的设计性工作。

（3）课题中新技术运用。

真实的课题能反映实际的需求，包括用户对新技术的需求、开发企业对新技术的应用等，而且新技术也是学生乐意接受的。

与此相反的是，一些课题可能采用的是过时的开发环境、性能明显不具优势的算法、市场缺乏的过时元器件，或者设计的系统已有成熟的产品等。这些过时的技术、环境缺乏主观能动性和创新空间，都难以引起学生兴趣。

（4）创新意识的培养。

课题应能培养学生的创新性，即对给定问题，学生需要通过深入研究，给出解决问题的独特性方法，并能有效表达相应的创新性成果。也可以表现为利用最新的研究成果（如算法）来求解，或对系统的某一方面进行最合理的求解。为此，一方面需要在通过查阅文献等方式了解所开展工作的最新进展的基础上，明确当前可能面临的问题及主要解决方案；另一方面，需要通过深入研究和反复实验，验证所提解决方案的有效性，并通过不断跟踪科技动态确认工作的新颖性。

如果设计中不给学生留可发挥的空间，则难以体现创新的训练。

3．课题的真实性

真实性是指"真题真做""真刀实枪"。这类课题具有明确的研究或开发背景、求解目标和成果形式。真实性体现在其来源真实、新技术运用得当等。

（1）课题来源与背景的真实性。

课题可以是学术性研究课题、技术开发项目、教学研究课题及实验室建设课题中的子课题。因为这些课题本身具有实际的研究或应用价值，能反映当前对专业技术的要求，有明确的问题背景和任务描述。经过此类课题锻炼所学到的知识与能力，能使学生在后续的工作与学习中直接受益。

实际工作中可能会存在这样的情况：为了某些科研工作的需要，会开展一些预研性研究和设计，这些预研性课题虽然还不能算真实性课题，但如果预研目标明确，则不失为好的课题。

如果想当然地拟定一个课题，并且不注意实际的研究或开发的需要，则算自拟课题，也称之为"假题假做"，因为任务场景的凭空想象、设计目标的随意性使得所运用的技术或方法也随学生做到哪儿算哪儿。当出现问题时，学生可能不会也没有兴趣去做那些根本没有意义的工作，因而难以达到锻炼的效果。

（2）保证课题真实性的措施。

指导教师最好能坚持科研工作，主持或参加科研项目，包括学术性研究课题（纵向课题）、开发性课题（横向联合开发课题，简称横向课题）、教学研究课题、实验室建设课题等。在此基础上，还要积极关注相关领域的实际需求并积极开展调研，从而聚焦于实际应用领域课题的研究。

4．课题工作量适中

课题工作量适中是指学生在认真投入精力的情况下，能在规定的时间内完成设计任务，并达到预期的教学目标。

如果课题工作量过小，则该课题不适合作为毕业设计（论文）课题。

如果课题工作量过大，则学生难以在规定的时间内完成。在这种情况下，需要将课题拆分为若干子课题，每个子课题安排一个学生独立承担。划分子课题时，需要重视课题组成员之间的协作，这也是实际工作中所需要的能力和意识。

4.4 课题的申请与评审

按照课题拟定人员，大多数学校的毕业设计（论文）课题可分为以下 3 类。

（1）来自学校教师的课题：这是数量最多的也是最主要的课题。

（2）来自企事业单位的课题：现在有许多校外企事业单位，特别是已经接收毕业生的单位，可能会提出要求，希望学生提前进入单位，借助毕业设计（论文）环节使学生尽快融入工作岗位，因此可能会安排相关的任务。对此应予以鼓励。

（3）来自学生创新性或创业型课题：一些能力较强的学生可能会提出一些创新性课题或创业型课题，希望成为毕业设计（论文）课题。

每类课题中都有许多好课题，但也有某些课题存在不足。因此，对课题进行检查和审定是管理工作的基础，需要先由相关人员申请课题，再对课题进行审定。

4.4.1 指导教师的课题立项申请

一般来说，指导教师应熟悉毕业设计的教学内容及学校关于毕业设计的相关规定，这样就容易适应学校的管理方式。指导教师申请课题可采用附录 A 形式的课题申请表。

课题申请表包含较多的信息，可粗略地划分为指导教师信息表、课题信息表及课题评价信息表等几部分。

1．指导教师信息表

指导教师信息表如表 4-1 所示。

表 4-1 指导教师信息表

	姓　名	职　称	所在系、教研室	专业领域	工作分工
指导组成员					主要指导
					协助指导

可以由多位不同年龄及类型的教师组成一个指导组（研究生也可作为指导教师协助指导），以取长补短。指导组成员的作用有所差异。例如，资深教师可以在课题定位、总体设计、毕业论文等方面多做一些指导性工作，而年轻教师可以在详细设计、编码、测试等方面多做一些工作。

2．课题信息表

课题信息表包含的内容最多，如表 4-2 所示。

表 4-2 课题信息表

	课 题 名 称	课题来源（打"√"）			课题类型（打"√"）			
	标题必须简洁明了，能准确表达设计任务。 例如，基于…的…系统的设计与实现	科研	生产实际	自拟	其他	理论研究	实验研究	工程设计	工程技术研究	软件开发
		必须选择			必须选择			
	课题来源与编号：（国家自然科学基金，省自然基金，其他课题） 例如，安徽省自然科学基金课题（编号×××××）								
	面向专业	学科方向			近三年是否重复（打"√"）			
	计算机科学与技术	例如，数据挖掘			不重复　　略有重复　　重复			
课题描述	包括：（1）任务及背景；（2）成果形式；（3）工具及环境；（4）文献资料；（5）着重培养的能力。 （每项都要有，不能为空） （1）任务及背景： 100~200 字，描述课题的任务及相关的背景。 （2）成果形式： 所完成的系统及相关的文档资料、程序代码；毕业论文。 对有条件的选题，也可考虑增加其他形式的成果，如发表学术论文，申请专利、软件著作权。 （3）工具及环境： 系统开发所需要的工具、环境及可能的新技术等。 （4）文献资料： 至少提供 5 篇以上与设计任务相关的最新的具有代表性的中外文献资料； 学生在设计过程中，还需要再查阅 10 篇以上文献资料，以便在毕业论文中至少有 15 篇以上的参考文献。 （5）着重培养的能力： 选题，调研，熟悉问题，中外文献资料查阅； 需求分析，制订研究计划，概要设计，详细设计； 具体实现和调试，撰写文档，问题与方案的文字和口头表述，毕业论文撰写。							

（课题描述：指导教师填写部分）

课题名称：课题名称作为课题的标识，应能准确地描述课题，既不能范围太大、太笼统，也不能不到位。例如，"工资管理系统"就是一个不合格的课题名称。

一个专业中各课题的名称应保持不同，以免混淆。名称字数一般不要太多，建议不超过20个汉字。

另外，如果一个课题分解为多个子课题，则应加上副标题，以示区分。

"课题来源""课题类型""面向专业""学科方向""近三年是否重复"等要求较为明确，在此不再详述。

课题来源与编号：有编号的课题，如国家自然科学基金、省自然基金、技术开发类课题、其他课题等。例如，×××省自然科学基金课题（编号××××××××）。

课题信息的详细描述与要求在附录中已有说明及示例。

3．课题评价信息表

课题评价信息表是教学指导委员会评审课题所用栏目，如表4-3所示。

表4-3　课题评价信息表

课题审核意见及结论	审核意见：（注：此栏是基层教学单位的审定意见部分） （1）课题意义和必要性：　（A 有意义　　B 有一定意义　　C 没有意义） （2）与往年课题的重复性：（A 不重复　　B 有一定重复　　C 重复） （3）符合培养目标情况：　（A 符合　　　B 基本符合　　　C 不符合） （4）工作量情况：　　　　（A 适当　　　B 基本适当　　　C 过大　　　D 过小） （5）难易度情况：　　　　（A 适当　　　B 基本适当　　　C 过难　　　D 过易） （6）条件满足情况：　　　（A 可行　　　B 有一定困难　　C 不可行） （7）其他方面： 结论： A 适用指定专业　　　B 基本适用　　　C 修订后重审　　　D 不适用 审核负责人签字：　　　　　　　　　　　　年　月　日

4．课题申请表中常出现的典型问题

除前面所述课题中存在的问题外，课题申请表中还可能存在以下典型问题。

（1）**课题名称文不对题**：课题名称与课题内容的描述不相称或者太笼统。例如，"数字图像处理""管理信息系统"显然都是不能作为毕业设计（论文）课题名称的。

（2）**假题假做**：没有实际背景，因而目标不明，过程随意，方法无所谓，做到哪是哪。这样的课题显然难以达到教学目标。

（3）**工作量大小不当**：过大，一个人无法在规定时间内完成；过小，一个人很短时间内就做完了，达不到实际锻炼的效果。

（4）**课题描述不当**：任务与背景描述随意，调研程度不够；成果形式不明确；文献资料的代表性不够，视野窄；对课题的能力培养部分描述不清等。

（5）**重复性课题**：指导教师申报的课题是否是以往课题的重复，是否与他人的课题重复。

4.4.2　校外企事业单位的课题立项申请

对校外企事业（用人）单位及毕业生录取单位要求学生到单位做毕业设计（论文）的情况，学校在管理方面需要注意以下几点。

校外单位要求指定的学生到单位做毕业设计（论文）的程序应包括单位邀请、学生申请及学校审核等步骤。

（1）单位邀请：单位一般可用邀请函的形式向学校提出邀请，说明**邀请谁**到**单位做什么任务**的课题、安排谁作为**指导教师**、课题的**设计目标是什么**等。

邀请函参考形式如表 4-4 所示。

（2）学生申请：被邀请的学生应提交一份申请书，明确自己的态度。

（3）学校审核：学校根据实习及工作安排的情况，以是否符合教学要求等为依据，确定是否同意学生的申请或校外单位的邀请。

表 4-4　邀请函参考形式

毕业设计（论文）邀请函

_____学校_____学院（系）：

我单位同意接收（邀请）贵校_____届_____专业毕业班_____同学到我单位实习，实习期间，我单位保证学生有充分的毕业设计（论文）时间，并安排指导教师配合贵校所安排的指导教师一同指导学生完成毕业设计（论文）。学生在我单位实习期间，由我单位负责学生的人身安全。

具体安排如下：

实习时间：　　　　年　月　日 — 　年　月　日
实习部门：
实习地点：
指导教师：　　　　　　职称（中级及以上）：
实习课题：

　　　　　　　　　单位公章：
　　　　　　　　　　　　年　　月　　日

学院（系）指导教师签字：
辅导员签字：
教学秘书签字：

　　　　　　　　　　回　　执

同意我学院（系）_____届_____专业毕业班_____同学到贵单位实习。

致　礼！

　　　　　　　　　　　　　　　学院（系）
　　　　　　　　　　　　　　年　　月　　日

4.4.3　学生创新型与创业型课题立项申请

学生提出创新型课题或创业型课题,从教学形式上说非常好,值得提倡和鼓励。然而,学生提出的课题同样需要审核,确保符合毕业设计的教学要求。为此,学生要给出课题的相关描述;院系对课题进行审定,明确其是否可行。下面简单介绍对学生课题的基本要求。

1. 创新型课题的基本要求

更突出核心技术、内容改进或创新性求解,以提高求解问题的系统的时间性能、空间性能、求解精度等。为此,需要注意以下几点。

目标明确:课题必须有明确设计或研究的目标,并指出创新之处及研究与实现的价值。

创新性的证实:课题申请表中要有充分的先期实验或调研资料查阅及研究等,表明所研究的问题具有创新性。

可行性方案:课题申请表中必须提供可行性方案,包括基本可行的实验条件、实验或设计方案,以及毕业设计(论文)阶段的工作目标。

人员分工明确:如果课题需要由多人组成课题组,则要明确每个人的分工。

2. 创业型课题的基本要求

更偏重于实际问题的求解,并具有可推广性及由此而带来的经济价值,从某种程度上有助于促成新的工作机会。为此,需要注意以下几点。

目标明确:课题必须有明确的设计目标,并指出设计能带来的潜在的创业机会和价值。

潜在创业的证实:课题申请表中要有充分的调研、资料查阅及研究、成本概算等,表明拟设计的系统具有潜在的创业机会。

可行性方案:课题申请表中必须提供可行性方案,包括基本可行的实验条件、实验或设计方案,以及毕业设计(论文)阶段的工作目标。

人员分工明确:如果课题需要由多人构成课题组,需要明确每个人的分工。

由学生提出的课题也需要安排指导教师,可采用学生建议或基层管理部门推荐等方式。

创新与创业型课题申请表参见附录 A,与指导教师课题申请表类似,在此不再赘述。

4.4.4　课题内容的具体要求

毕业设计(论文)课题内容的描述包括:任务及背景、成果形式、工具及环境、文献资料、着重培养的能力。每项内容都给出了明确的要求,参见表 4-2。

4.4.5 课题的评审

对上述课题，基层教学单位（院系）需要进行必要的评审，以确保毕业设计（论文）的质量。为此，需要做好以下几方面工作。

1．评审专家组织

聘请资深教师组成课题评审专家组，以便全面地把握课题。必要时也可以聘请部分外校和企业专家，以吸收外校和企业的先进教学思想、方法及企业实际经验。

2．课题评审指标

对所提出的课题，由表 4-3 可知，需要侧重于以下指标。
① 课题意义和必要性。
② 与往年课题的重复性。
③ 符合培养目标情况。
④ 工作量情况。
⑤ 难易度情况。
⑥ 条件满足情况。
⑦ 其他方面。

3．课题的汇总

为了方便学校教务部门、院系的整体管理，也为了给学生选择课题提供依据，需要将课题汇总成一张表。汇总表应列出各课题的名称、类型、来源、指导教师等信息。

4.5 课题资源建设和质量保障机制

课题是毕业设计（论文）的载体，直接关系毕业设计（论文）的成败。整个专业的毕业设计（论文）的课题资源库则直接关系专业毕业设计（论文）的教学质量和相关的专业评价。因此，有序推进毕业设计（论文）课题资源的建设，保证每个学生都能有符合培养目标的课题，是确保专业质量的重要保证。

毕业设计（论文）课题资源建设，学校、院系不仅需要关注课题数量能满足教学的需要，还需要确保每项课题的质量都符合要求。

4.5.1 建立稳定的课题遴选机制并严格执行

科研基础好的高校，其专业教师较多，且有规范的教学管理和重视毕业设计（论文）教学的传统，通常都有丰富的源自实际科研项目的课题。

然而，在许多办学历史不长的本科院校、专业，师生比过小，再加上受科研基础和条件的制约，不仅课题总数有限，单个课题也可能存在差距。为此，需要建立合理的课题资源建设机制。

通过制定相应制度性文件来建立稳定的课题遴选机制，确保基本教学任务平稳进行，一般涉及以下几点。

1．年度征集课题的相关安排

每年征集课题的启动时间需要留有一定的提前量，以便有充足时间进行评审，甚至在数量不足的情况下，可以及时补足。

一般来说，如果以第八学期为完整的毕业设计（论文）时间，则最迟要在第七学期的11月启动。指导教师准备的课题最迟于12月发布，以供学生选择。

对不准备报考研究生或已经免试读研的学生，在第七学期课程安排较宽松的情况下，启动时间还可以再提前一些。

2．课题规范与质量控制

（1）课题规范与评审机制。

如果没有课题审核机制，则难免会出现不合格的课题，使质量难以保障。

虽然各学校、专业在课题的难易度、领域等方面有一定的差异，但也需要制定关于课题的要求和遴选规范，以便指导教师准备课题申请相关内容。

关于课题遴选内容，可以参照前述的表格方式来描述。

（2）对不达标课题的合理处置。

难免有部分课题不符合要求，对此，专业需要有严格的课题把关制度和相应的处理办法。如果课题总数不足，则需要部分指导教师增补课题；对有课题研究基础但课题命题方法明显不符合要求的指导教师，可以采用进一步指导等方式来提升其课题命题能力；对科研能力要求明显不足的课题，需要慎重对待。

3．每位指导教师的课题数量要求

需要根据学生规模、教师规模和结构，制定每位教师提供课题数量的上限和下限，不仅要确保数量能满足教学需要，还需要符合本科教学评估和工程教育认证中对每位指导教师指导学生数量的要求。

关于每位指导教师每届能指导学生数量的标准问题，目前并没有明确的指标，但应从能够有效指导每个学生的要求来参考：每个学生每周至少应得到指导教师的1个小时以上的指导。由此可以进行估算。

如果采用产学合作的方式，邀请有研发课题需求和相应环境的企业技术骨干作为指导教师并提供课题，可以减少因指导教师数量不足所带来的问题，但需要制定明确的规范，以明确对企业及其指导教师的要求，消除教学管理的盲点。

另外，可以安排符合要求的研究生配合指导教师，他们可以在研发过程中的技术应用、文献分析、系统设计与实现等方面参与指导，这也是研究生培养的重要内容。

4.5.2 拓展课题资源的探索

为了解决因师生比过小、受限于科研条件等造成高质量课题数量不足的问题，建议探索拓展课题资源的相关机制建设。下面列举一些典型做法。

1．基于校内优势科研平台的课题资源建设

在科研和学科具有优势的专业，可以研究和制定相关机制，将这种优势用于支持毕业设计（论文）教学工作。

（1）优势。

如果方法得当，则这种做法具有多赢的优势。

培养综合能力和素养合格的学生是专业的重要使命之一。来自实际科研领域的课题有利于提升毕业设计（论文）课题质量，实际从事科研的团队、指导教师一般都会按照实际科研的规范来指导学生，培养学生的科研能力与素养，而这正是毕业设计（论文）教学最重要的培养目标。

通过毕业设计（论文）阶段的工作，在项目研发、资源建设和人才培养方面取得良好的成果，为科研团队的发展做出积极的贡献。

（2）合理的工作机制是确保质量和可持续发展的基础。

如果没有合理的工作机制，对参与的教师和学生缺乏约束，可能会因某些约束不到位造成半途而废或其他挫伤积极性的情况，这直接影响这种模式的可持续性。

2．基于产学合作的课题资源建设

选择与专业领域相关的企业，开展基于产学合作模式的课题资源建设。可以由企业结合自己的领域提出合适的课题，经企业与专业联合审定后作为候选课题。

此时，特别需要注意双方的磨合，因为企业虽然有真实课题需求及新技术和平台的优势，但对专业培养目标、学校毕业设计（论文）规范的理解及对学生进行毕业设计（论文）的能力培养和过程管理等未必清楚。同样地，院系也可能对企业的管理机制和文化缺乏清晰的了解。因此，双方需要事先及在过程中加强沟通，特别是可以设立一个合适的工作组来协调。

3．基于其他平台的课题资源建设

虽然产学合作开展课题资源建设是一种选择，但实际情况是，校企之间的相互选择、磨合并成功合作的成本高、可持续性不强等问题，使产学合作开展课题

资源建设的案例并不多。

鉴于此，可以借助有实力、有质量保证的学术团体等来构建产学合作的课题资源建设平台，邀请更多企业提供课题，面向更多高校专业。

4.5.3 课题资源建设的持续改进机制

毕业设计（论文）课题资源的建设和质量保障，一方面需要依靠广大指导教师的积极投入，另一方面需要建立合适的质量保障机制，因为并不是每位指导教师都能自觉做好各方面工作，他们在专业领域、教学领域的发展的理解方面可能偏差。

1．明确课题评价指标，构建课题评价方案

在研究并明确课题评价指标的基础上，构建课题评价方案，并以制度性文件为载体，公布毕业设计（论文）课题的质量要求及相应的实施方案，从而让相关工作有据可依。

建立课题质量的评审机制和操作规范等，明确每位教师提交课题的数量、时间，评审操作的具体安排，课题数量不足时的对策等。

2．有效开展课题质量与应用效果评价，助力持续改进

专业需要建立对课题质量及其相关工作的分析机制，并用于支持持续改进。包括：课题使用情况评价，如能力培养，技术、平台的先进性与合理性等；存在的问题及其持续改进建议。

4.6 本章小结

毕业设计（论文）课题应符合专业培养目标的要求，体现专业领域的复杂工程问题的特征，即"必须运用深入的工程原理，经过分析才可能得到解决"。

好的课题不仅涉及对专业领域相关知识和技术、深入的工程原理和能力的综合运用与掌握，还涉及对新技术、新平台的学习，需要经历大约 1 个月的课题调研及在此基础上的课题方案设计、课题计划制订，以及其后大约 2 个月的系统设计和实现，从而为后续的工程研发、科学研究奠定良好的基础。

为了确保毕业设计（论文）课题质量满足全部学生的教学要求，需要制定毕业设计（论文）课题质量标准及课题遴选方案，以此开展课题征集、课题评审、课题管理、课题安排等工作，并在课题应用的基础上，做好课题质量的分析，并支持持续改进。

指导教师是课题的主要提供者、一级课题实施过程中的指导者。为了确保人才培养质量，指导教师有责任提供符合要求的课题，而这需要不断开展专业领域的科学研究、工程研发工作，以便不断深化学生对研究领域的理解，从而使学生

更好地选择相关课题，并通过教学实践过程不断完善。

专业在安排课题时，应有合理的规范和明确的工作流程，尊重学生兴趣和意愿。

另外，课题也可以是来自企业的课题或学生创新型与创业型课题。为了确保课题质量，也需要有相应的规范和质量监控机制。

4.7 思考与实践

1．选择某个专业，调研符合该专业的毕业设计（论文）课题，谈谈该课题的特点。

2．谈谈你对如何保证毕业设计（论文）课题质量的理解与建议。

第 5 章 毕业设计（论文）开题

【本章导读】

　　毕业设计（论文）开题是学生进入课题设计的起步阶段，学生需要对课题任务需求能准确理解，通过文献查阅、相关调研等工作了解必要的课题研究、设计及应用动态，调研与课题任务相关的技术并做出合理的选择或设计，选择课题所使用的开发平台与资源等，在此基础上制订课题设计方案及后续系统设计阶段的工作计划。

　　本章简要介绍开题阶段的主要任务及相应的培养目标；为有序做好开题阶段的相关工作，提出开题阶段的相关规范和教学检查安排；为确保开题的质量，及时发现问题以支持持续改进，提出面向开题阶段的质量监控机制。本书最后提供开题阶段相关资料的参考附录。

　　专业、教务部门： 应理解毕业设计（论文）开题阶段对专业人才培养的重要作用，从而能通过开题答辩、开题资料评阅等工作机制确保教学目标的达成，并通过对相关工作成效的分析完善教学管理机制。

　　指导教师： 应理解该环节的具体任务及其对学生能力培养的重要性，与学生保持联系，对各项具体任务做出指导并把关，确保学生顺利完成教学任务，保证教学环节质量。

　　学生读者： 应理解毕业设计（论文）开题阶段的主要任务及相关要求，因其涉及课题调研与分析能力的培养而应自觉地投入开题阶段的相关工作，为后续的系统设计工作及可能的创新奠定基础。

5.1　开题阶段工作概述

　　毕业设计（论文）开题阶段是从学校对该环节的教学管理与检查角度来设定的前期阶段，一般要给学生安排 1 个月左右的时间。这阶段的工作内容对应科研项目的调研和总体设计阶段。

　　在开题阶段，要求学生针对给定的任务，在准确理解任务需求、充分调研和分析的基础上，对整个课题做出方案设计、工作计划，从而为整个课题的完成奠定基础。由此可知，开题阶段的成效直接关系整个毕业设计（论文）的成效。因此，有优良办学传统的学校都非常重视开题阶段的教学和检查，以了解全体学生阶段性的工作状况和效果，并及时发现影响工作正常进行的隐患和存在的问题，确保全面提升教学质量，减少和消除出现的问题。

然而，教学实践表明，由于种种原因，开题阶段容易被忽略。例如，指导教师和学生对该阶段培养目标的理解不够清晰，指导教师的相关指导不到位，学生的主动意识或自觉性不够等，使其成效被打折扣。

与之相对应的是，学生在开题阶段需要做哪些工作？总体上要达到什么目标？如何判断达到了目标？指导教师和专业分别要做哪些工作？下面详细介绍。

5.1.1　学生在开题阶段的主要任务

1．开题阶段工作概述

学生针对所确定的**任务书**中描述的课题任务，在 1 个月的时间内，通过开展**课题调研**完成课题方案设计，在此基础上制订整个**课题工作计划**。这些内容的工作成果要按照规范填写到"**开题报告**"中，以作为后续工作的安排依据，同时也作为本阶段的工作成果，以便开展教学质量评估与质量监控等工作。

2．开题阶段的具体任务

开题阶段的具体任务可分解为如下几项。

（1）**课题调研**。

学生针对指导教师所给的**毕业设计（论文）任务书**，以指导教师指定的文献资料为基础，并根据课题的需要**查阅更多**相关**文献资料**（一般至少 10 篇），以进一步明确**任务需求**和**基本思路**。大多数情况下，还要通过查阅文献资料进入一个新的研究或应用领域。

（2）**课题方案设计**。

针对指定或拟选用的关键技术、可能的开发平台等开展调研，在多个可能的问题解决方案中**选择**符合给定条件的**解决方案**，**选择**合适的**技术和平台**，并制定**实验方案**、**设计方案**。

（3）**课题工作计划制订**。

在上述工作基础上，制订整个**课题工作计划**。

3．开题报告与开题检查

开题相关内容要以**开题报告**的方式整理出来，并由指导教师**确认**、**写出评价意见**后提交，以其作为后续工作的依据。学院将按计划对开题报告进行检查。

由此可知，可以将开题阶段的工作概括为课题调研、课题方案设计、课题工作计划制订 3 个方面，每个方面都有针对性的工作任务和目标。调研什么方面的内容？课题方案包括什么？工作计划包括什么？开题报告的具体要求是什么？后续会专门讨论。

在此期间，需要查阅必要的文献资料，并给出合理分析。后续将详细介绍文献资料查阅及其分析的相关方法。

5.1.2 开题阶段的教学管理工作

1．开题阶段教学管理的主要目标

开题阶段显得更综合且任务跨度大，开题也是一种全新的学习模式。对许多没有开展过类似工作的学生来说，可能会因许多问题得不到及时解决而影响学习成效。因此，指导教师要确保指导到位。

另外，由于开题阶段直接关系毕业设计（论文）的质量，而且开题本身所涉及的多方面能力培养也是学生未来发展所需要的，因此，针对开题阶段采取有效的教学管理措施是必要的。

因此，开题阶段的教学管理旨在检查每个同学的工作进展与学习效果，及时发现和解决存在的问题，减少和消除影响教学质量的隐患，完善质量监控机制，保障既定教学目标的实现和教学质量的不断提高。

2．开题阶段教学管理工作的基本要求

开题阶段教学管理工作应遵循如下要求。

（1）面向全员和全面化。

面向全部学生、所有指导教师、所有专业及参与指导的教学基层单位，不留死角。

（2）依据所制定规范和要求的教学管理机制。

包括工作流程、资料提交、时间安排、质量检查等。

（3）体现目标导向的质量监控机制。

体现重要教学目标，有合理的评价指标和考评措施，对不达标情况进行处理等。

3．开题阶段教学管理工作的主要任务

开题阶段教学管理工作的主要任务应包括如下几方面。

（1）学生按规范提交开题报告。

按给定框架和规范的开题报告（见附录 B 中的开题报告）记录学生开题阶段的工作进展，也记录指导教师的评阅、专业的检查记录等。这是毕业设计（论文）材料的一部分，应与毕业论文装订在一起，以便留存作为各类教学检查和专业认证的依据。

（2）指导教师对过程进行指导和把关。

开题阶段需要指导教师多方面的指导：对学生来说，开题阶段要开展的工作

相比以往的教学环节来说可能更综合，感觉更陌生，因此需要指导教师的指导。

另外，对科研文化、课题环境等书本上没有的内容的学习，学生更需要指导教师的指导，才能更好地理解与掌握。

开题阶段需要指导教师的把关：指导教师不仅要在开题阶段做好指导，还要对每个局部的和最终的结果的质量进行把关。

（3）专业组织开题检查。

专业的质量监控机制需要对开题阶段安排合理的质量监控环节。典型做法如下。

组织开题报告评阅：对每份开题报告进行评阅，并分别针对开题报告的质量情况给出相应的评价和处理。

组织开题答辩：让每个学生汇报开题阶段的成果，并回答问题。

对检查结果的处理：事先要有明确的规定，对检查过程中出现的不同情况按照规定给出合理的处理意见。

5.1.3　开题阶段的质量要求

结合毕业设计（论文）的教学目标及其对开题阶段的教学任务定位，院系、专业可以给出开题阶段的基本要求。在此基础上，可以更进一步给出刻画质量的指标，以便在教学过程中进行评价和质量监控。

1．学生开题阶段的基本要求

开题阶段的基本要求应是针对任务书所给出的任务，按照毕业设计（论文）教学规范，完成所规定的各项任务，即完成课题调研、课题方案设计、课题工作计划制订等，并通过开题检查得到好评或认可。

2．学生在开题阶段的能力培养

在开题过程中，提升学生相应的能力，包括文献查阅与分析、课题调研、方案设计、课题工作计划制订、文字和口头表达与交流等。

更具体的能力及指标要求，将在后面介绍。

3．专业对开题阶段的质量监控

专业应在明确培养目标定位和相关能力的基础上，制定评价指标和模型，在教学过程中及时进行评测，并不断完善。

5.1.4　开题阶段的其他要求和建议

1．对学生的要求

（1）认识到位，自觉投入。

认识到这个阶段的课题调研、课题方案设计、课题工作计划制订等学习和实践将关系未来从业发展、步入社会的直接能力培养、治学态度的培养及良好习惯的养成。

认识到涉及许多"课程",包括从书本知识到工程项目的转变,新技术、新平台、资源及其应用的方法,法律法规的约束,人文习俗的关注等,而这些内容学习和掌握的方法与以往教学环节中的方法有很大差异。

（2）用心学习。

向老师学习,向同学学习,向已有成果学习,向用户学习,采用现代工具（如信息技术、大数据等）,不偷懒,勤思考。

（3）遵循规范和要求。

按时间开展工作,及时提交所需要的报告;与指导教师多联系和交流,并获得质量认可;按规范提交材料和报告。

2．对指导教师的要求

（1）重视。

以"立德树人"为根本,关心每个学生的成人、成才,无论学生已有基础如何,都要以目标为导向,为每个学生顺利完成学业做出积极的方案设计和过程指导,为学生未来发展做出自己应有的贡献。

专业和学科是几代人数十年的心血,专业的每个人都有责任为专业的人才培养质量、专业建设做出自己的贡献,而没有任何权利来懈怠。毕业设计（论文）是本科阶段最关键的教学环节,对本科阶段人才培养质量的体现也最明显。抓好了可以弥补前面部分课程的不足,反之会对学生后续的发展产生负面影响,因此需要从内心重视才能做好这项工作。

（2）理解教学任务的特殊性。

这是直接关系到专业人才培养质量的最后的重要环节,需要重视,也值得重视;另外,毕业设计（论文）是一门特殊的课程,指导教师需要"手把手"教学生才可能让他们得到应有的锻炼。

（3）做好个性化指导。

由于不同学生的基础存在差异,需要进行针对性辅导;同样,对做不到位的学生,也需要进行针对性指导。总体来说,要注意做好的指导有**过关型指导、提高型指导、规范指导、学风指导**等。

（4）遵循规范。

严格按照学校的安排、规范开展过程指导,积极与学生互动,对相关材料严格把关,按时完成各项任务。

3．对专业的要求和建议

（1）重视。

专业建设是长期的任务,永远在路上;人才培养质量是专业建设最重要的指标,各门课程的培养质量构筑起专业的整体质量。因此,抓好每个教学环节是支撑培养质量的重要手段。开题作为毕业设计（论文）教学环节中的重要组成部分，应得到重视。

（2）制定合理的专业建设与发展规范。

每个专业都应有自己的专业建设与发展规范，针对专业定位、发展方向、重要教学环节等有明确的质量要求和规范，有组织合理的执行机构，有清晰的执行安排和评价规范，并通过教学实践和研究不断完善。

就开题阶段来说，必须在规范中明确相关的工作内容及具体要求。

（3）严格按照规范执行。

严格按照规范执行，确保有据可依并不断完善规范，全面提高专业建设质量和水平。

5.2 课题调研

5.2.1 课题调研的基本概念

调研：调查和研究。

课题调研：对课题的调查和研究。课题调研旨在进一步了解课题的背景、具体需求、已有系统的情况、关键研发技术、开发和运行平台、实际应用所取得的价值、可能会涉及的法律法规、相关标准等。

课题调研的方法和途径，因课题研发的出发点不同会有明显的差异。例如，调查问卷与分析、市场需求动态调研、科技文献查阅与分析、专利技术分析、用户需求调研等。

5.2.2 课题调研的基本任务

课题调研主要包括以下几方面任务。

1. 熟悉课题领域或背景

通过文献资料查阅和实际调研及分析，对专业领域及课题所涉及的具体方向等的发展趋势、研究动态和应用成效及相关的法律法规、建设标准与规范等有清晰的了解，这样才能和同类型工作做参照，为后续的发展提供方法和意识的基础。例如，了解课题中的相关概念与背景、课题的相关发展与演变、已经应用的情况、需要特别关注的问题等。另外，还要确保课题及成果的合法性。

毕业生在未来工作中进入一个新的研究或应用领域是经常发生的，因此，这项工作能力是非常重要的。在此过程中，还需要指导教师提供必要文献及相关资料，也需要指导教师的指导和把关。

2．需求分析调研

针对给定的课题需求，通过调研了解类似系统或相关系统具有的主要功能、价值和存在的不足之处等，进一步完善课题需求。

例如，面向的用户或潜在的用户是谁？主要功能是什么？针对不同用户的功能有什么区别？如果已有同类型系统，其功能及性能如何？特别需要注意的问题有什么？

课题研发单位为了提高研发产品的成功率和市场价值，减少和避免研发的损失，需要开展广泛而深入的需求调研分析，以更精准地定位产品需求。因此，在毕业设计（论文）阶段，学生针对课题开展需求调研和分析是适应未来发展所必需的锻炼。

需求调研的主要方式有文献资料查阅与分析、客户调研、调查问卷等。

3．关键技术调研和分析

通过对指定或拟选用的关键技术的调研，了解已有系统中求解核心问题的相关技术，尤其是先进技术及其应用情况、性能分析等，可以减少不必要的重复劳动。站在"巨人的肩膀"上，在起点上不落后。

通常情况下，解决问题的技术方案会有多种选择，但技术方法之间的性能会有很大差异，成本、支持环境等也有较大差异。作为专业技术人员，应在着手实施研发前对关键技术做出必要和充分的调研。

如果能对相关技术在一定实践的基础上做分析，效果会更好。

4．开发及运行平台选择

在可选平台较多时，根据课题的背景、应用场景及约束等情况，如何选择开发或运行平台，关系到未来产品的生命周期和应用范围。

对一个陌生的开发平台，从了解到上手的过程可能是漫长的，在未来的实际开发中我们可能会经常遇到；在有条件的情况下，尽量实际应用和体验平台，或者请有经验者提供参考意见和建议。

5．课题相关数据或资源

课题研发过程中，可能会使用一些平台资源和数据；所研发的实际系统在实际应用中，也可能会对一些平台资源和数据进行调用，要注意其来源的合法性、成本的可接受性、系统的安全性和稳定性等。

5.2.3 开题报告的基本要求

为了方便指导教师对学生准备开题报告的工作给予必要的指导，下面提出针对开题报告及其所反映的实际工作的具体要求。

1．需求理解的准确性

开题报告的内容能反映学生是否准确理解课题的具体任务及指标要求。另外，对任务的背景和工作场景、平台要求、新技术运用、预期成果等，学生也要能准确理解和表达。

2．调研目标及方案的确定性

学生需要在领域背景、功能需求、关键技术、开发与运行平台、相关资源等方面进行调研。对每个方面的调研，都应事先确立基本的工作目标，以增强工作的主动性。

3．领域跟踪的真实性、前沿性和权威性

通过文献资料查阅和分析跟踪领域前沿技术是科学研究、工程研发人员必需的工作；社会调研和分析是创新创业过程中必需的基础。为了适应当今科学技术及其在各行业领域的广泛应用及创新创业的需要，在毕业设计（论文）过程中按要求开展文献资料的查阅和必要的调研分析是基本的工作要求。

有优良办学传统的高校都重视在毕业设计（论文）过程中对学生文献资料查阅能力的培养，并有明确和具体的工作要求。

查阅文献资料时，一定要注意真实性、前沿性与权威性。

① 真实性：真实的数据才能带来有价值的调研结论，反之会起到误导的作用。

② 前沿性：所选择的文献资料是否在该领域具有前沿性，即能否反映该领域最新、最前沿的动态。

③ 权威性：调研来源是否具有权威性，因为具有权威性的文献资料相对来说更具有参考价值，分析也更深入。

确保真实性、前沿性和权威性的前提是，从可信的资源网站、期刊、会议等获取资料；向可信的领域专家请教；兼听则明，对多源数据、资料进行综合分析等。

4．对文献资料的科学分析

对调研的文献资料，需要结合课题的需求进行必要的分析，并能得出有效结论，以便为后续课题方案设计提供支撑，也为后续课题工作计划的制订提供依据。

5．调研材料表达的严谨和规范性要求

对调研所涉及的文献资料，要尊重作者，在毕业论文中给出引用标注。

5.3 课题方案

5.3.1 课题方案的主要内容

课题方案主要从技术角度完成对课题任务的总体设计，包括：解决方案选择或设计，关键技术选择或定向，开发平台选择，实验方案、设计方案制定，课题工作计划制订等。

1．解决方案选择或设计

在可能的多个问题解决方案中**选择**符合给定条件的**解决方案**，并给出相应的分析。

2．关键技术选择或定向

选择课题研发拟采用的关键技术、求解算法等。可能会有多个选择，并且针对各选择的性能、代价很难有一个全优的方案，因此需要在充分研究、分析的基础上给出合理的选择。

另外，即使是现成的算法或技术，大多也只是伪代码级的或方法性的，其可执行程序及系统的实现也需要投入精力。

3．开发平台选择

开发平台选择，不仅要从技术实现的角度来考虑，还要考虑成本、法律法规等外部环境的约束。

4．实验方案、设计方案制定

针对所选定的实验平台、关键技术和解决方案，由于对实验或开发平台等的理解存在不确定性，以及所采用的关键技术的性能、具体实现方案等还存在不确定性，因此需要制定相应的实验方案来达到深化理解的目的。在此基础上，还要制定整个项目的设计方案。

5.3.2 课题方案的特征和基本要求

1．课题方案应体现复杂工程问题的特征

如何评价课题及课题方案的水平？从宏观角度来说，必须体现"复杂工程问题"的特征；从科研工作角度来说，课题方案不能"闭门造车"，需要在充分调研、分析和论证的基础上进行；从微观角度来说，课题方案设计过程中，是否能体现出复杂工程问题的特征，可以作为衡量课题水平的重要指标，也就是说课题

"必须运用深入的工程原理,经过分析才可能得到解决"。另外,还可能涉及技术运用及非技术性要求等。

2．课题方案的基本要求

(1) 方案论证的充分性。

对相关技术方案,需要在充分查阅相关文献并分析的基础上,给出充分的论证和合理的表达。充分性包括查阅的充分性、论证的充分性等。

(2) 技术运用的先进性和合理性。

针对给定需求的任务,需要采用合理而先进的解决方案。先进性用于确保所开发项目具有合理的生命周期,以及开发者对新技术的充分锻炼;合理性是指在多因素制约的情况下,有合理的折中方案。

(3) 任务落实的完整性。

对任务书中要求的任务及指标要求,都能有效落实且不打折扣;对合理的进度要求、成果形式、成本与费用控制等,都能严格遵守并有序安排。

(4) 表达逻辑的严谨性。

相关描述要准确严谨,逻辑合理。

(5) 预期成果的有效性。

预期成果应具有一定的价值,除规定的成果形式外,可能会产生其他有价值的成果。例如,在技术手段、方法上具有创新性,可以申请专利;在研究方式上有创新,可以撰写学术论文。

总之,在科技领域开展工作,需要不断创新,固化成果并获得法律保护是非常重要的能力与意识。

5.4　课题工作计划

课题工作计划主要是对整个课题过程、各项任务落实及相关工作的全面性安排。制订工作计划并严格按照计划执行,是成功开展项目研发必须具备的条件,因此也成为每位参与人员的基本素养。

一般来说,有经验的开发团队在制订工作计划时,能较精准地做出安排。但对新手来说,制订工作计划并严格执行还是有难度的,因为可能对每项任务的难度、所需时间等都"心里没底",所以很难精准完成。但这并不意味着不做计划而采用随波逐流的方式。

5.4.1　课题工作计划的主要内容和基本要求

课题工作计划应包括:整个课题的总体工作安排与预期成果,整体进度安排、任务分解及其落实和阶段性成果,对可能存在问题的相关预案等。

1．任务落实的完备性和可信性

每项任务都有明确的安排，任务之间的次序合理。

对有难度、时间跨度大的任务，有具体的任务分解，并且每个小单元任务的安排与实现具有可行性。从整体计划安排来看，如果严格按照计划执行，能完成预定目标。

2．阶段性安排的合理性

各阶段都有明确的任务安排，且各阶段的任务安排合理。后续详细介绍，此处不再展开。

3．过程可控

考虑到在实施中可能会遇到一些预料之外的问题而使课题进度过缓，为此，制订计划时要对此有解决方法，相关安排留有时间余地。

5.4.2 制订课题工作计划的维度

1．符合学校和专业发布的工作要求

学校和专业一般都会事先发布整个毕业设计（论文）教学环节的阶段性工作安排及时间节点，也可能会因为特殊情况而对原计划做出一定的修改。因此，在制订课题工作计划时，一方面要能在重要时间节点前完成，圆满完成相应的任务；另一方面要注意留有余地。

一般来说，学校和专业特别在意的重要时间节点有开题检查、中期检查、课题验收、毕业答辩等。

2．时间维度要求的工作计划

至少每周都有明确的任务安排和阶段性成果，由此可以构成整个项目。考虑到新手制订计划时经验不足，建议对任务难度和时间不够确定的安排，在时间上留有余地，并且有应急预案。

3．项目任务维度的工作计划

针对指导教师给定的设计任务，要先形成必要的整个工作安排，包括任务分解、过程安排、实验方案、预期成果及必要的条件准备等，再具体执行任务。

梳理出任务的拓扑结构图，按拓扑结构图将任务分解到每周并留有时间余地，对有难度的任务要有预案。

4．从标志性成果培养的角度

如果有意在设计阶段培育出有价值的标志性成果，需要注意以下两点。

① 在开题阶段做出可能的预期成果的预测，在文献资料阅读与分析的基础上

做出初步的判断和定位。

② 在设计过程中用心研究、实验并分析成效。如果暂时还没有得到满意的预期成果，则需要进一步研究和分析。对于已经达到某种预期的成果，需要在进一步凝练的基础上，按照规范撰写论文，并在指导教师的指导下投稿或申请专利等。

5.5 开题报告与开题质量监控

1．以开题报告作为开题阶段工作的成果与载体

以给定框架和规范的开题报告的形式，记录学生开题阶段的工作成果，也记录指导教师的评语等。

开题报告框架如图 5-1 所示，其中上半部分由学生填写，下半部分是指导教师评语。

开　题　报　告（该表格由学生独立完成）

建议填写以下内容：
1.简述课题的作用、意义，国内外的研究现状和发展趋势，尚待研究的问题。
 2.重点介绍完成任务的可能思路和方案；
3.需要的主要仪器和设备平台等，并附上相关平台的介绍资料；
4.后续毕业设计（论文）工作的具体任务安排以及计划进度；
5.主要参考文献；
6.每篇参考文献的内容简介（100～200 字）。

（学生填写部分）

指导教师评语：（建议填写内容：对学生提出的方案给出评价，明确是否同意开题，提出学生完成上述任务的建议、注意事项等）

指导教师签名：
20   年   月   日

图 5-1 开题报告框架

2．指导教师过程指导

（1）开题阶段需要指导教师多方面指导。

学生在开题阶段要开展的工作，如课题调研，课题相关技术、平台资料的查阅与分析等，可能在以前没有实践过；开题阶段所要完成任务的形式多样，且任务综合性强，如课题方案设计等，因此，学生在多方面需要指导教师的指导。

（2）开题阶段需要指导教师的把关。

指导教师对学生的指导每周至少需要 2 次，且每次时间不少于 1 小时。另外，还建议做好指导和交流的记录，以便为后续的教学质量评测与持续改进提供依据。

3．开题检查与开题答辩

专业需要构建质量监控机制，在启动毕业设计（论文）前就发布出来，还要对实施过程的各重要环节的质量进行监控，确保教学目标的达成。

对开题阶段的质量监控来说，除对指导教师有明确的质量监控的要求外，还需要从专业角度指定合适的质量监控环节。典型的做法如下。

（1）组织开题报告评阅。

组织资深教师对每份开题报告进行评阅，并针对开题报告的质量情况给出相应的评价和处理意见。这类方式的不足之处是交互不够，学生少了口头汇报的锻炼机会，也不利于整体氛围的营造。

（2）组织开题答辩。

组织开题答辩，让每个学生都汇报并回答问题的答辩方式，是行之有效的。这不仅能检查每个学生的工作成效，还可以锻炼学生的文字汇报、口头汇报和答辩能力，通过观摩其他同学的情况学生可以互相学习，共同提高。另外，作为有仪式感的教学活动，还可以促进学校文化的传承。

（3）对检查结果的处理。

对检查开题过程中出现的不同质量情况要按照事先规定给出合理的处理意见。

① 如果开题报告质量符合要求，应对学生加以肯定和鼓励，并给出一些建议。

② 对质量不符合要求的开题报告，需要给出修改后重新提交等处理意见。

③ 对质量严重不符合要求的开题报告，可以采用延缓等方式，直到符合要求再进入后续流程。

5.6 本 章 小 结

毕业设计（论文）开题阶段是学生在 1 个月左右的时间内，通过对任务书描述的课题任务开展**课题相关调研**、**课题方案设计**、**课题工作计划制订**等，实现对课题的"完美开局"，为课题的后续实施奠定基础。

开题调研期间，需要调研的内容可能会涉及对**课题领域**的调研，以培养和锻炼学生进入新领域的能力和意识。在当今社会科技迅速发展的形势下，学生能随时进入新领域并迅速找到切入点，这一点尤为重要。

对**问题求解关键技术**的调研，可以培养学生提升核心竞争力的意识与能力；开发与运行平台的调研是开展研发和系统设计工作所必需的；**课题方案设计**可以进一步促进项目研发与管理、条件建设、成果培育等能力与意识的培养；**课题工作计划制订**则可以进一步锻炼学生对课题的管理能力。另外，各项任务都会涉及与课题相关的且具有可信性和权威性的文献资料查阅与分析。

开题报告记载了调研基础上的课题方案及后续工作计划等，锻炼学生对课题的书面表达能力；参加开题答辩可以进一步促进学生锻炼课题书面材料的组织和口头汇报能力。因此，每个学生都要理解所涉及的每个环节任务甚至整个开题阶段的重要性，从而能有意识、自觉地开展工作，完成任务。

然而，开题阶段相较以往的教学任务有其特殊性，学生可能会茫然和懈怠，但要认识到它对自己未来从业发展的重要性，认真对待它，虚心学习，从而确保相关能力和素养的培养达到预期目标。

指导教师更要深刻地理解开题阶段的重要性及学生在开题阶段已有的基础和差距，能做好**个性化指导**，针对指导过程中发现的问题能给出合理的意见和建议，从而确保预期培养目标的达成。

院系和专业需要有规范的**质量标准、评价指标和实施方案**，有合理的任务安排，包括开题检查与开题答辩等，逐渐形成较稳定和可持续的质量文化，确保课程目标的最终达成，还要制定合理的质量监控与持续改进机制。

5.7　思考与实践

1. 简要介绍开题阶段的具体任务。
2. 结合具体案例，讨论如何做好开题工作。
3. 试选择某个课题，撰写一份毕业设计（论文）的开题报告。

第 6 章　系统设计与质量监控

【本章导读】

在毕业设计（论文）的系统设计阶段，学生按照开题阶段所制订的工作计划，开展系统设计及相应的成果资料组织等工作，完成预定的设计任务，包括设计文档撰写、设计成果提交等工作，得到工程研发和科学研究的初步训练。

本章主要介绍毕业设计（论文）教学环节中系统设计阶段的总体工作安排，学生在系统设计阶段的基本任务和要求，指导教师在此阶段的教学指导的基本要求，以及院系、专业的工作与基本要求。

院系、专业：结合系统设计阶段的培养目标和毕业要求，建立合理的质量监控机制，制订合理而有效的检查计划，如开题检查、中期检查、课题验收等，及时发现和解决存在的问题，保障毕业设计（论文）教学环节的顺利进行。

指导教师：理解系统设计阶段对实现专业培养目标及学生能力培养的重要性、具体任务及技术性工作的繁杂性。针对学生基础、课题及相关技术、成果要求等的差异，遵循学生能力培养的规律，关注毕业设计（论文）过程中可能出现的问题，进而制定合理的解决方案并规范执行，确保培养目标的实现。

学生读者：理解系统设计阶段的重要性、能力提升的渐进性、教学过程与管理的严谨性、成果及其验收与培育的规范性，在开题阶段所制订的工作计划基础上，制订更详细的工作计划，并形成工作记录，做到"**工作有计划，任务有落实，每天有安排，成果有指标，问题有预案**"。以此进行系统设计，养成良好的工作习惯，以适应未来从事科研或开发工作的要求。

6.1　系统设计阶段工作概述

6.1.1　系统设计阶段教学目标

1. 学生在系统设计阶段的基本任务

在不少于两个月的系统设计阶段，学生按照开题阶段所制订的工作计划，开展系统设计及相应的成果资料组织等工作，不仅要完成预定的设计任务，包括设计文档撰写、设计成果提交等工作，还要在此阶段掌握课题所用到的新技术及其运用方法、课题所涉及领域的知识，关注在此过程中可能出现的创新意识。由此可知，系统设计阶段是专业毕业设计（论文）的技术性、工程性工作的主体和核心阶段。

2．系统设计阶段需要指导教师的指导

由于学生的基础、态度和兴趣，课题及相关技术，成果要求等的差异，使学生体现出极强的个性，因此，在系统设计阶段对指导教师有更高的要求。

3．系统设计阶段的质量监控

正因为系统设计阶段的重要性及课题、指导教师的差异，为了确保整体培养质量，需要建立合理的**质量监控机制**，制订合理而有效的检查计划，及时发现和解决存在的问题，保障整个毕业设计（论文）工作的顺利进行。

6.1.2 基础建设与工作方案

为了做好系统设计阶段的工作，确保教学目标的达成，需要做好必要的配套基础建设工作，同时还需要注意其中的工作规律。

1．学生的工作

对每个学生来说，在系统设计阶段应做好自己的工作，确保完成规定的任务，并在此过程中得到初步而系统的工程研发及科学研究能力的锻炼，具体如下所述。

（1）进一步细化工作计划和安排。

开题阶段讨论了课题工作计划制订的3个维度，即**任务维度**、**时间维度**及**过程可控维度**。由于安排相对粗放，因此，在系统设计阶段，还需要进一步细化工作计划，尽量细化到每天的工作安排，并留有时间余地，以防意料之外情况的发生，确保完成任务。

（2）在熟练掌握开发与运行平台知识的基础上推进系统设计。

对开发平台或运行平台性能、特点掌握的程度，将关系到系统开发的效率、系统的性能甚至系统的正确性、可靠性等。因此，在开发前，必须对开发平台有全面而深入的理解。

如何才算理解了开发平台？这很难说清楚，因为程度有很大差异。例如，许多开发平台的功能非常丰富但可用资源差异大，或者多方面功能等在现有资料中未能提供。因此，只要是能较好地实现设计需求的系统，就算合格。

对确定的开发与运行平台，也许开始时并不熟悉，或者还需要深入理解才能更好地支持开发，因此，要注意做出计划，以便能从基本熟悉到熟练掌握其性能特点及开发与应用方法。

（3）在准确理解关键技术的基础上开展系统设计工作，并给出充分的论证。

在准确理解关键技术的基础上，通过相关的实验方案设计与研究、系统设计与实现、充分的测试与运行等，验证或论证成果。其中会涉及测试环境与资源的可用性、合法性、稳定性等。

（4）以设计成果的规范文档固化成果。

每个科研项目完成后都需要提交相关的课题文档，制作文档时要遵守基本规范，需要经过必要的学习和锻炼，才能使文档符合要求。

（5）通过对课题研发过程中创新点的深化培育高水平科技成果。

如果在研发过程中能多留心观察、思考，就可能产生一些独特的问题解决方案和技术等，在通过文献分析确认其创新性后，就可以考虑培育相关成果，如专利、学术论文、开源软件等。

2．指导教师的工作

（1）构建规范运行的课题组，确保学生得到有效指导。

每位指导教师都应建立一个课题组，使每个学生都能在系统设计过程中得到清晰的指导，涉及课题领域、开发与运行平台、关键技术、测试环境建设，以及可能的科技成果的培育和发表。

课题组成员不仅包括指导教师和学生，还包括更多相关人员，如来自课题开发委托方、企业的专家和技术骨干、高年级研究生等。

（2）制定明确可行的课题管理规范，培养学生良好的习惯。

制定明确可行的课题管理规范，如对课题研发过程与成果培育有阶段性的规范等，确保每个努力的学生都能完成预定任务，以实现预定教学目标，从而减少不确定性和不良习惯对学生的影响，培养学生良好的习惯。

3．院系、专业的工作

毕业设计（论文）的教学管理和质量监控保障体系直接反映学校的教学管理水平。为此需要建立合理的**质量监控机制**，制订合理而有效的检查计划，及时发现和解决存在的问题，保障毕业设计（论文）教学环节的顺利进行。

6.2 系统设计过程具体工作

本节将针对上述所讨论的学生在系统设计阶段要开展的工作做进一步讨论。

6.2.1 进一步细化工作计划

1．为什么要进一步细化工作计划

（1）任务维度的考虑。

开题阶段就已经涉及开发平台的选择、解决方案或技术的选择等工作，对大

多数学生来说，以前面计划的"任务"为单位的安排，到具体实施时可能就偏于宏观。因此，在具体问题解决方案、系统设计课题的实现技术、工作理念、资源调用及综合应用等方面还有许多工作要做。

（2）时间维度的考虑。

在任务细化过程中我们发现，以"周"为单位的安排，在具体执行时，可能存在任务分解不到位的问题，因此应细化到以"日"为单位，从而能为每天的工作做出更精准的安排，以提高工作效率。

（3）过程可控维度的考虑。

对前面所涉及的多项任务，由于可能存在一些"还没有看到的事""算不清时间的事""没有把握的事"等，在实施时会存在不确定性和不可控性问题。

如果对所选择的开发平台事先不熟悉，从了解到熟悉、平台安装，再到能用于开发，还是要花费不少时间的。为此，一方面，可以安排合适的学习方式；另一方面，有条件的情况下，请人指导也可以达到事半功倍效果。

对所选择的相关问题解决方案或技术，从文献中看似乎懂了，但真正理解也要花费不少时间；而且，相关的资源调用等，也是需要时间的。

另外，对所构想的问题解决方案可以制订试行计划，但是否能按照预期的计划进行？如果与预期想法有出入，是否会进行颠覆性修复？如何证明解决方案的可行性？这一系列问题提醒我们，需要对相关任务的实施留有时间余地，保证任务执行的可控性。

在任务细化的过程中，经验是非常重要的，因此，学生需要加强与指导教师的联系，向有经验的同学学习，使细化的计划可行，并在后续的实践中进行分析、比较，以积累经验，从而为后续的职业发展做好铺垫。

2．如何细化工作计划

（1）任务方面。

将每项任务细化到所熟悉的子任务层面，在此基础上，构建各项任务之间的**逻辑结构图**、实施时**拓扑结构图**等，从而在宏观上把握全局，在微观上深入每个细节。其中，对预期成果方面要细化到"具体指标"一级。

（2）时间方面。

以"日"为单位安排所分解的子任务集。

（3）过程可控方面。

对那些不可控的任务，在吸取经验的基础上，做出合理的安排。

3．具体执行时的要求

（1）严格遵守既定工作计划。

严格按照既定的工作计划开展工作，养成良好的工作习惯。

（2）不断完善。

学生在经验方面有所欠缺，所制订的计划难免有不当之处，对此，指导教师应提醒学生注意总结，积累经验，从而不断提高相关能力。

6.2.2 在熟练掌握开发与运行平台知识的基础上推进系统设计

为了让学生熟练掌握开发平台或运行平台知识，并在此基础上推进系统设计，下面给出几点建议。

1．宏观了解入门级

通过阅读相关系统概述类资料、调研开发者等，对开发与运行平台的背景、主要功能、性能特点、应用场景和环境运维等有宏观而系统的了解，从而可以基本判断其是否适合本课题。

2．操作安装级新手

通过自己动手安装平台程序并运行，进一步加深对平台的了解。

3．小规模应用研发级

在平台上，针对给定功能的小规模问题，设计解决方案，并通过运行、调试等过程，深入了解开发过程中平台相关功能的有效使用方法。

4．综合开发级

综合运用平台提供的功能、资源等，设计给定问题的解决方法，并完成产品的相关工作任务，从而达到对平台使用方法熟练掌握的目的。在此基础上，还要进一步开展相关研究，以提高系统的性能指标。

6.2.3 基于实验论证的关键问题解决方案设计与创新

1．基本考虑

如果问题解决方案已经是表述完整的方案，具有伪代码级的描述，且来自可信的文献或课题组，则重点是进一步实现此方案，以及在此基础上针对给定问题和场景进行改进或创新，而不是完全从头开始设计问题解决方案。

已有的问题解决方案可能完成了特定的问题求解，但可能在给定问题及相关场景的某方面具有不确定性，因此需要在实现过程中做进一步探索。

设计和实现的最终目的是完成从伪代码级到可运行代码的系统设计和实现，并通过实验研究进一步完善解决方案；或者通过对原有方法的局部否定和创新，得到更适合的问题解决方案。

所实现的解决方案，需要通过充分的测试、运行等验证或论证成果的性能。其中可能会涉及测试环境与资源的可用性、合法性、稳定性等。

2．解决方案的实现与创新

为了正确实现伪代码级解决方案，需要注意以下几方面。

（1）准确理解解决方案的实现细节。

对许多新手来说，阅读伪代码级解决方案时，容易感觉似乎懂了，但离真的懂了其实还有一定距离，因为涉及具体求解细节、由此而形成的解决方案的执行性能及后续的具体实现等问题。

为此，可以在模拟解决方案的基础上，进一步泛化问题求解环境，以深化对问题解决方案的理解。

（2）解决方案的实现。

总体设计：围绕解决方案，设计系统架构、任务分解与功能模块，以及可能需要的辅助功能模块。对每个模块，要清晰、准确地给出功能描述、输入/输出接口参数与约束。

数据结构设计：对所涉及的数据，要给出合适的数据组织结构，以及相应运算的实现方法。

编码实现：编写代码，实现系统功能。

（3）实验与结果分析。

对实现的系统，要有充分的数据来测试运行，并能回答如下问题。

① 系统是否实现了预定功能？有没有异常现象及是否圆满解决？

② 系统的性能如何？如在不同类型输入情况下的正确率、稳定性、时间性能，空间性能等。

③ 对所实现的系统是否满意？

（4）创新性探索和改进。

如果对前面的实验结果不满意，可以在进一步研究的基础上进行探索性改进。通常情况下，如果方案正确，可在以下两方面进行改进。

测试用例：测试用例的代表性、规模等可能超出了解决方案所针对的情况，因而导致出现求解正确性、准确率上的问题。

代码优化：同样的功能，由于学生对开发平台知识掌握的程度不同，特别是对系统所提供的特殊功能、资源的使用水平不同，导致问题求解速度、平台存储空间等受到影响。

6.2.4 毕业设计（论文）成果文档建设

项目研发过程中，对基本成型的工作，要及时整理相关资料；否则，等事后整理，可能事倍功半。实际科研项目的资料有很多规范。毕业设计（论文）阶段的资料整理不一定要完全参照这些规范，主要作为基本的训练。按照基本训练的要求，项目资料至少应包括如下两类。

1．项目研发资料

总体介绍：总体功能、特点，研发的相关安排（单位、时间），经费（毕业设计课题大多不涉及此项），验收情况（单位、时间、结论等）。

设计资料：需求描述、系统设计、功能模块、数据结构、主要功能模块代码等。

测试结果与分析：测试数据与运行平台描述、测试结果分类展示与相关性能分析。

以合肥工业大学计算机科学与技术专业本科生完成的毕业设计（论文）系统设计为例，给出项目研发资料参考目录，如图6-1所示。

>　一、总体介绍
>　**1.1** 项目背景及意义
>　**1.2** 研究现状
>　**1.3** 系统开发相关技术
>　**1.4** 研发计划
>　**1.5** 验收情况
>　二、系统需求分析
>　**2.1** 系统可行性分析
>　　**2.1.1** 技术可行性分析
>　　**2.1.2** 经济可行性分析
>　　**2.1.3** 操作可行性分析
>　**2.2** 系统功能性需求分析
>　　**2.2.1** 客户端需求分析
>　　**2.2.1** 后端需求分析
>　三、系统总体设计
>　**3.1** 客户端设计
>　　**3.1.1** 客户端协议层设计
>　　**3.1.2** 客户端页面设计
>　**3.2** 后端设计
>　　**3.2.1** 数据库设计
>　　**3.2.2** 功能设计
>　四、系统功能概述与实现
>　**4.1** 客户端模块实现
>　**4.2** 后端模块实现
>　五、系统测试
>　**5.1** 测试方法
>　**5.2** 测试报告

图 6-1　项目研发资料参考目录

2．用户手册

用户手册包括系统安装、使用说明、开发说明等。

此外，从毕业设计（论文）归档角度来说，资料整理包括：毕业设计（论文）

封面、任务书、开题报告、过程记录表、目录、中文摘要（含关键词）、英文摘要（含关键词）、正文、致谢、参考文献、注释、附录、毕业设计（论文）审阅/答辩成绩评定书、封底。另外，可能还有外文翻译资料、图纸、磁盘等。

6.2.5 创新性成果的内涵与培育

科技创新已经成为国家战略任务，体现在国民经济领域、社会各行各业等，从而形成了"大众创新、万众创业"的局面。因此，科技创新需要社会全员的参与。作为未来国家栋梁的在校学生，是科技创新的新生力量，在即将毕业之时，借助毕业设计（论文）的锻炼，提高科技创新的能力，对提升自己未来发展的能力有巨大帮助。本节将从创新性成果的分类、转化和科技成果的登记等方面阐述创新性成果的内涵，最后指出毕业设计（论文）中创新性成果培育的作用。

1．创新性成果的分类

创新性成果一般分为两种类型：知识创新性成果与技术创新性成果。

知识创新是指通过各种研究获得新的技术和基础科学知识，此处研究包括应用研究与基础研究。知识创新性成果为人类进步和社会发展提供源源不断的动力，为人类了解世界、改造世界提供新理论和新方法。

技术创新是指通过应用新知识、新技术和新工艺等，实现产品质量的提升、新产品的开发或新服务的提供。技术创新性成果是科研项目研发所取得的一种智力成果或一种重要财产资源，包括新产品、新工艺、新设计、新技术及专利和技术标准等。企业为占据市场并实现市场价值，将新知识、新技术、新工艺加以应用，在经营管理模式和生产方式上革新，从而提高产品质量，开发和生产新的产品，提供新的服务。

2．创新性成果的转化

知识创新性成果转化是指为提高生产力水平而对知识创新、科学研究与技术开发所产生的具有使用价值的知识创新性成果进行的后续实验、开发、应用、推广，直至形成新产品、新工艺、新材料或发展新产业等的活动。它是在利益驱动下伴随高度技术风险、市场风险和经营风险等的科技与经济行为。在市场经济条件下，利益驱动是知识创新性成果转化为商品赖以形成和发展的基本动力。

在技术标准竞争中，将技术创新性成果转化为技术标准有以下两种途径：一是申请专利并得到许可→申请制定标准→审查通过→发布标准；二是将非专利科技成果直接推广应用→论证→批准发布标准。

从标准化的途径看，技术创新性成果可转化为专利和非专利（专有技术）；从标准产生的方式看，标准可分为事实标准和法定标准。因此，可以构建一个以"转化途径"为横轴、以"标准分类"为纵轴的二维交叉关系图，包括：专利—市场竞争型模式、专利—政府指导型模式、专有技术—市场竞争型模式与专有技术—政府指导型模式。

3．科技成果的登记

科学技术的发展推动了知识创新性成果与技术创新性成果的产生，可将其统称为科技成果。《关于印发〈科技成果登记办法〉的通知》（国科发计字〔2000〕542号）第六条指出："科技成果完成人（含单位）可按直属或属地关系向相应的科技成果登记机构办理科技成果登记手续，不得重复登记。两个或两个以上完成人共同完成的科技成果，由第一完成人办理登记手续。"

4．创新性成果的培育

毕业设计（论文）不仅反映学生所学专业知识的广度、深度和运用知识的熟练程度，更反映学生发现、分析、解决实际问题的能力。毕业设计（论文）作为实现本科培养目标的重要环节，是创新思维、综合素质和工程实践能力全面提高的体现，完成好毕业设计（论文）的各项工作能有效地培养学生的创新能力。毕业设计（论文）的质量水平从某种意义上也体现了学生的创新素质。学生如果在查阅文献资料、系统设计、实验期间，能多留心观察、思考，就可能在某方面产生独特成果。在通过文献分析确认其新颖性后，就可以考虑相关成果的培育，如专利、学术论文、软件著作权、开源软件等。进而，可以通过专利申请、论文投稿、软件著作权登记、开源软件发布等方式，获得相应的知识产权，从而受相关法律保护。

科技成果的形式有很多，在毕业设计（论文）过程中培育的创新性成果可以是知识创新性成果，如学术论文；更多的是技术创新性成果，如专利、软件著作权、开源软件等。在本科毕业设计（论文）阶段，受时间和锻炼机会的局限，可以培育的成果有限，后续详细介绍。

6.3 系统设计阶段的质量保障与监控机制

6.3.1 课题组建设

在系统设计阶段，对指导教师有更高的要求。具体来说，指导教师需要具备什么条件，如何开展工作？下面给出几点建议。

1．构建课题组与工作机制

按照科研项目的方式成立课题组，以此开展工作。

（1）课题组的基本要求。

具备毕业设计（论文）涉及的领域、开发和运行平台、问题求解关键技术、系统搭建等方面的指导能力；

具有项目研发所需要的空间环境、软硬件系统环境及必要的测试环境和资料等；

具有符合科研项目要求的、规范的质量标准和过程管理机制等。

（2）课题组成员。

课题组至少包括指导教师和参与的学生。

有条件的还可以包括：来自项目委托方的代表（侧重于系统需求等），来自企业的专家、骨干（侧重于开发平台、关键技术等），来自指导教师团队的高年级研究生（侧重于具体设计和实现、开发平台的运维）等。

2．按规范开展课题交流、过程检查和质量把关工作

（1）交流、检查的规范化与常态化。

课题组必须明确规定，每周至少安排 1 次课题研讨会；研讨会上，每个参与学生以文档等方式汇报工作进展；课题组指导教师要对汇报进行指导和评估，对存在的问题给出改进意见和建议。每次研讨都应有充分的记录形成会议纪要，以便为后续的质量分析、难以预料的纠纷裁决提供依据。

教学实践表明，课题组活动安排的严肃性、规范性、仪式感是决定毕业设计（论文）教学质量的关键。

（2）质量把关。

对每个阶段性成果和最终成果，都能按既定目标和标准进行验收。

6.3.2　院系和专业的质量保障与监控机制

为确保毕业设计（论文）的教学质量，需要建立**质量监控机制**。

1．质量监控机制的基本要素

院系、专业需要以制度性文件方式来发布质量保障与监控机制，以确保可信性、稳定性、可操作性。制度性文件一般要明确以下几方面内容。

（1）制度、措施与任务：作为政策和操作依据。

（2）执行机构与责任人：指定执行机构与责任人，如督导组、教学指导委员会、教学委员会、领导成员等。

（3）质量要求与重点评价指标：对教学质量的基本要求及重点评价指标。

（4）执行：工作要求、执行周期、时间安排、执行流程等。

（5）对出现情况、问题的处理办法：对在检查过程中出现的不同情况、问题的处理办法。

2．系统设计阶段重要的教学检查环节

（1）中期检查。

在系统设计阶段完成过半时，要安排中期检查，并要求"时间过半，**完成任务过半**"。具体执行时，可以采取多种措施，最终目的是能检查到每个学生，起到

检查和促进的效果，防止出现个别学生不自觉、进展慢的情况。

考虑到管理成本和可操作性，一般安排如下：

要求所有**指导教师**对**每个学生**都检查到位，并提交检查报告；

要求**每个专业**提交中期检查情况汇总、总结报告，并对可能存在的问题给出分析和改进方案；

学校、院系除启动中期检查全面掌握中期情况外，还可以安排重点抽查，并做出相应的处理，促使相关部门、指导教师、学生重视中期检查。

（2）课题验收与毕业答辩资格审定。

到系统设计阶段即将结束时，需要安排课题验收，并将课题完成质量作为毕业答辩资格来认定，因此，必须全面规范地安排对每个学生的课题及相关资料的检查。

（3）毕业设计（论文）条件检查。

对各专业毕业设计（论文）的条件开展检查，包括校内实验环境与平台检查、校外毕业设计（论文）基地条件检查等。

（4）其他需要安排的检查。

可以结合学校的基础、建设目标等适当安排其他检查。

3．系统设计阶段重要的教学检查项目与要求

（1）对学生的总体要求。

中期检查时，总体要求：时间过半，完成任务过半。

课题验收时，要求：圆满完成既定任务，系统符合功能要求及相应的质量检查指标要求；文档资料齐全、规范；严格遵守项目管理和保密要求等。

（2）指导教师和课题组对学生的检查与要求。

总体要求：与对学生的总体要求相同。

分指标要求：虽然毕业设计（论文）的总体要求能反映最终成效，但从质量监控与持续改进的角度出发，也应关注具体指标及相应要求，课题组可以根据自己的条件和目标定位，给出自己的指标要求。

具体指标可以围绕系统设计过程中所需要培养和掌握的相关方面，包括：问题求解关键技术的性能指标及其创新性成果，系统的综合性能、操作使用的界面友好度等。

另外，也可以关注学生开发和运行平台知识的熟练掌握程度及其所反映的能力、测试的充分性所反映的学习态度和能力等。

6.4 本章小结

在系统设计阶段，参加毕业设计（论文）的学生基于前面所设计的课题方案及制订的课题工作计划开展系统设计和实现工作，完成设计任务，并按要求完成课题验收及提交资料工作，得到工程研发和科研项目的初步而完整的训练。

由于系统设计与实现不仅需要必要的知识积累，更需要经验积累，因此，指导教师的指导和把关就成为学生提高专业领域系统设计与实现能力及创新性成果培育的重要保障。

各专业需要依据系统设计阶段的培养目标与毕业要求设置合理的检查环节，如中期检查、课题验收等，不仅要确保所有学生都能达到培养目标，还要为教学环节的质量评价和持续改进提供支持。

6.5 思考与实践

谈谈你对课题关键技术的创新点、研发技术的创新点等可能成为创新性成果的思考。

第 7 章　毕业论文规范与教学安排

【本章导读】

学生在完成课题的系统设计和实现的基础上撰写毕业论文，对其进行更高层次的表述，是毕业设计（论文）中的重要任务。毕业论文作为学位论文，其主题旨在表明作者已经掌握了本专业的基础知识和能力，达到相应学历层次的水平。每所高校都会明确发布毕业论文的组织结构、内容规范等。

本章主要介绍毕业论文撰写阶段的主要任务与培养重点，以及相关工作要求；讨论毕业论文的定位、内容、主题表述、组成与规范，毕业论文质量监控等。

院系、专业：毕业论文作为毕业设计（论文）教学环节保留的教学资料，是本科教学评估、工程教育认证中最被看重的项目，直接反映专业培养质量、教学管理规范性等。因此，需要制定合理的毕业论文规范、质量监控机制等，以确保毕业论文质量，保障整个毕业设计（论文）教学质量。另外，还需要制定相关教学资料的装订规范，为教学检查提供便利。

指导教师：指导教师也是把关人。对大多数学生来说，在毕业论文撰写过程中都会遇到不少问题，指导教师及时深入的指导、解惑和把关，不仅有助于学生未来的职业发展，还有助于其职业素养的培养。因此，指导教师需要对学生毕业论文的定位、内容组织等进行指导和把关，从而为全面提升毕业论文质量做贡献。另外，还要对毕业论文给出综合性评价。

学生读者：在理解毕业论文定位、组成和规范的基础上，结合设计任务做好毕业论文标题、摘要与章节安排工作，并通过不断打磨来深化论文主题，以自己满意、专家认同为目标，为职业发展与人生发展树立里程碑，奠定坚实基础。

7.1　概　　述

学生在完成系统设计和实现的基础上撰写毕业论文，对毕业设计（论文）工作进行总结，在技术和理论方面进行提升，按照规定的格式进行系统的阐述，从更高层次加深对专业的认识，为将来解决更复杂的课题奠定基础。

然而，在实际教学过程中，会存在以下问题。

（1）如何定位毕业论文？毕业论文与前面所完成的系统设计有什么关系？毕业论文要突出什么主题？

（2）对毕业论文的内容、结构等有什么具体要求？每个组成部分的规范是什么？

（3）如何才算符合要求？

虽然毕业论文的具体要求因学校的办学特色、文化积淀、专业领域等不同而千差万别，但毕业论文的核心要素都是**主题、组织、规范**。

7.2 毕业论文的定位与内容

毕业设计（论文）可视为应届毕业生的"毕业大考"，毕业论文（或研究报告论文）则可视为毕业设计（论文）的"考卷"。因此，学生通过撰写的毕业论文表明自己已经达到毕业要求、满足学位条件。

本科毕业论文也是学士学位论文。下面先简要介绍学位论文的相关概念，再讨论毕业论文的定位与内容。

7.2.1 学位论文的相关概念

1．学位论文的基本概念

学位论文是学生为获得某种学位而撰写的研究报告或科学论文。

根据申请的学位不同，学位论文一般分为学士论文、硕士论文、博士论文。其中，博士论文质量最高，它是具有一定独创性的科学研究著作，是资料收集和利用的重点。学位论文代表不同的学识水平，是重要的文献来源。

学位论文一般不在出版物上公开发表，只能通过学位授予单位、指定收藏单位和私人途径获得。学位论文作为学术论文的一种形式，在格式等方面有严格要求。

2．学位的基本要求

学位对应相应专业领域系统的知识和能力，以及应具备的工程技术或研究能力。

（1）博士学位的基本要求。

高等学校和科学研究机构的研究生或具有研究生毕业同等学力的人员，通过博士学位的课程考试和论文答辩，成绩合格，达到下述学术水平者，授予博士学位：

在本门学科上掌握坚实宽广的基础理论和系统深入的专门知识；

具有独立从事科学研究工作的能力；

在科学或专门技术上做出了创造性的成果。

（2）硕士学位的基本要求。

高等学校和科学研究机构的研究生或具有研究生毕业同等学力的人员，通过硕士学位的课程考试和论文答辩，成绩合格，达到下述学术水平者，授予硕士学位：

在本门学科上掌握坚实的基础理论和系统的专门知识，并对所研究课题有新的见解；

具有从事科学研究工作或独立担负专门技术工作的能力。

（3）学士学位的基本要求。

高等学校本科毕业生，成绩优良，达到下述学术水平者，授予学士学位：

较好地掌握本门学科的基础理论、专门知识和基本技能；

具有从事科学研究工作或担负专门技术工作的初步能力。

7.2.2 毕业论文的定位与内容

作为学士学位论文的本科毕业论文，应能反映作者已经达到了学士学位所要求的条件。也就是说，基于完成毕业设计工作撰写的毕业论文，应能通过对完成的设计任务的提升性、系统性的描述，表明作者的工作、成效及其所运用的技术和能力已经达到学士学位的水平。从概念上说，毕业论文应包括以下几方面内容。

1．任务描述

描述"做什么"：要符合专业培养目标的任务，一般涉及任务、背景、成果形式、工具、环境、技术与平台选择等。

2．任务求解

描述"怎样做"：采用符合培养目标的方法、技术、平台及求解过程，一般涉及调研分析、方案设计、系统与局部设计、实验研究、测试与成果展示。

3．成果与管理

描述"做的怎样"：任务完成的质量，一般涉及课题成果、课题资料的整理与归档，优秀成果凝练与整理等。

4．对论文及作者达到水平的评价

相关专家通过评阅毕业论文，形成对作者是否已经达到相应水平的基本判断，并通过后续的毕业答辩进一步明确其水平、成绩定位。由此可以判断学生是否已经掌握了所学专业的系统知识和能力，具备了相应的从事工程技术、科学研究工作的能力等。

7.3 毕业论文的主题表述

毕业论文的主题表述主要从 3 个角度介绍，即正文、**题名**和**摘要**。

7.3.1 以正文（Context）系统阐述并支撑主题

1．任务描述

描述设计任务，表明设计任务符合专业培养的目标。

这部分内容一般涉及任务、背景、成果形式、工具、环境、技术与平台选择等。建议把这部分内容作为正文第一章。

2．任务解决方案

系统阐述对任务的求解过程，至少要涵盖以下几方面内容。

（1）开题：通过查阅与分析文献资料等，对设计任务做出具有一定先进性的方案的论证。一般涉及设计任务的相关调研，问题求解的核心方法、算法和技术的调研，以及开发平台的调研。在此基础上，综合相关指标要求和约束，给出合理的解决方案。

（2）总体设计：对任务解决方案的总体设计，包括系统总体架构设计、功能模块设计、数据结构设计等。开题和总体设计部分可以作为正文第二章，也可以根据篇幅适当调整。

（3）功能模块或关键算法（技术）的设计和实现：针对前述安排，根据主要功能模块的相关性，此部分内容可分为 2～4 章。

3．设计成果展现

对最后的设计结果描述要安排在单独一章，以便给出详细介绍，包括主要功能和测试数据的运行结果与分析、性能测试的充分性与分析等。

7.3.2 以题名（Title,Topic）、题目或标题精准表达主题

以恰当、简明的词语反映毕业论文中重要的特定内容。

论文题目是一篇毕业论文给出的涉及论文范围与水平的第一个重要信息，因此论文题目十分重要，必须用心斟酌选定。可以说，"论文题目是文章成功的一半"。

对论文题目的要求是准确得体、简短精练、外延和内涵恰如其分、醒目。

7.3.3 以摘要（Abstract）概述设计与主题

1．摘要的作用和组成

摘要以 300 字左右为宜，概括本论文的主要内容和结论，其中中文、外文各一页；另有 3～5 个关键词（在摘要页的左下方，另起一行，中文、外文要对应）。

2．摘要的表达

摘要是对毕业论文不加注释和评论的简短陈述，应使读者不用读全文即可获

得必要的信息。

从逻辑上说，摘要简要描述对任务的设计和实现的全流程，可拆分为 2 个逻辑段。

第一个逻辑段（点出问题）：通过问题背景简洁地引出任务，能说明要做什么，设计任务所需要的专业能力要求应符合专业培养目标，并具有实际的应用、研究价值。

第二个逻辑段（完成的工作）：如果有必要，可分为若干自然段，主要介绍已经开展的工作及其成效。例如，需求分析工作及成效（如果有）、总体方案设计（包括对相关技术的分析和平台选择）、详细设计的方案、特定模块的设计、系统测试情况等。

换个角度来说，摘要应包含以下内容：

① 课题及其重要性；
② 解决方案，系统与局部设计，关键问题研究，测试与成果情况；
③ 获得的成果，突出的新见解；
④ 结论或结果的意义。

3．关键词

关键词是毕业论文的重要构成部分，也是对毕业论文的高度凝炼，有效的关键词可以精准反映毕业论文的核心内容。注意，在相关文献资料中没有收录的词汇，一般不要选取。

7.4 毕业论文的组成

7.4.1 毕业论文的总体组成

毕业论文描述课题的背景、具体需求及其指标要求、系统设计、工具与环境选择、编码实现、测试等，包括以下内容。

（1）**封面**：作者信息、论文题目、指导教师、完成时间等。

（2）**中英文摘要**：概括主要任务、已经完成的工作内容和结论等，并选用 3～5 个关键词。

（3）**目录**：由篇章及以下各级标题和附录等的序号、题目、页码组成。

（4）**引言**：概括课题背景、设计任务和指标等。

（5）**正文**：按章节编排，应清楚地反映毕业设计（论文）的工作。

（6）**致谢**：通过完整毕业设计（论文）工作的锻炼而得到成长等的感言，以及对帮助过自己的师长、家人、同学等的感谢。

（7）**参考文献**：在设计过程中查阅并引用过的文献资料。

（8）**附录**：包括程序清单或相关的设计图纸等。

7.4.2 毕业论文正文的组成框架

毕业论文的正文部分应能通过对毕业设计（论文）工作的总结及在技术和理论方面的提升，表明作者已经达到学士学位水平的要求。如前所述，从逻辑上说，正文部分应包括任务描述、任务求解、设计成果展现、总结与展望等板块。这几个板块可以对应到毕业论文的相应章节。

1．对应任务描述的第一章或引言

与 7.3.1 节中的任务描述相同。

2．对应任务解决方案的若干章

与 7.3.1 节中的任务解决方案相同。

3．设计成果展现

与 7.3.1 节中的设计成果展现相同。

4．总结与展望

对整个毕业设计（论文）工作给出简洁的总结，以及对课题本身的后续展望、改进或类似课题研发中的展望及建议。隐含的意思是："通过做这个课题，我虽然完成了该课题，但是还有遗憾，如果后面再做这类课题，我觉得在哪些方面可以考虑更好的做法"。从这点可以感受学生真正得到了提高。

7.5 毕业论文相关规范

每所高校都对毕业论文有明确的规范，涉及对毕业论文的总体组成及具体内容部分的规范。由于各高校的规范存在较大差异，难以一概而论，因此，下面内容仅作为参考。

7.5.1 毕业论文规范涉及范围

1．毕业论文规范涉及的内容

毕业论文规范涉及模板、组成、字体、格式等。具体对象包括如下几个：
① 封面；
② 中英文摘要；
③ 目录；
④ 引言；
⑤ 正文；
⑥ 致谢；

⑦ 参考文献；
⑧ 附录。

2．正文中相关组成部分的规范

正文中相关组成部分的规范包括：
① 各章节的内容要求；
② 各章节编号与标题的要求；
③ 字体、目录要求；
④ 图、表、公式的模板、字体、格式、编号与索引的要求；
⑤ 参考文献的格式、引用、时效性、数量等的要求。

7.5.2 毕业论文总体参考格式

毕业论文总体参考格式如下。

（1）**封面**：采用统一印制的毕业论文封面。

（2）**摘要（中、外文）**：300 字左右，概括本论文的主要内容和结论，中文、外文各一页；选择 3～5 个词作为关键词，放在摘要页的左下方，另起一行，中文、外文要对应。

标题使用小三号宋体并加粗；内容使用小四号宋体。

（3）**目录**：目录由篇章及以下各级标题和附录等的序号、题目、页码（其中论文页码编于每页下端中间）组成。使用小四号宋体。

（4）**引言**：概述课题背景、设计任务和指标等。使用小四号宋体。

（5）**正文**：正文按章节编排，正文使用小四号宋体，章（采用"第×章"的形式，一级标题）及章标题使用小三号宋体并加粗，节（采用"1.1，1.2"的形式，二级标题，其余依次类推）及节标题使用小四号宋体并加粗，图标题使用五号宋体。一律采用 A4 大小排版。

（6）**致谢**：使用小四号宋体。

（7）**参考文献**：列出作者查阅和引用过的与毕业论文有关的文献资料。

（8）**附录**：包括程序清单（源程序或以小五号宋体排版的文档）等。

注：摘要、目录、引言、正文和参考文献的页面设置按每页 36 行、每行 36 字排版。

另外，外文翻译资料（原文的复印件或电子文稿、译文使用五号宋体）单独装订成册，规格与毕业论文相同。

7.5.3 目录参考格式

毕业论文目录参考格式如下。

摘　要（中文）……………………………………………………… I
摘　要（英文）……………………………………………………… II

<h1 style="text-align:center">目　　录</h1>

引　言 ……………………………………………………………………… 1
第一章　概　述 …………………………………………………………… 2
　　1.1 ……………………………………………………………………… 4
　　1.2 ……………………………………………………………………… 10
第二章　混频器的基本理论 ……………………………………………… 15
　　2.1 ……………………………………………………………………… 15
　　2.2 ……………………………………………………………………… 20
　　2.3 ……………………………………………………………………… 25
第三章　混频器的基本电路形式 ………………………………………… 30
　　　　…
第四章　微波混频器的设计 ……………………………………………… 50
　　　　…
第五章　结　论 …………………………………………………………… 60
致谢 ………………………………………………………………………… 64
参考文献 …………………………………………………………………… 65
附录一　程序清单 ………………………………………………………… 66
附录二　外文翻译 ………………………………………………………… 75

7.5.4　正文参考格式

　　正文中的章、节、编号是支撑毕业论文的基本架构的，清晰的章、节、编号可以清楚表达正文的组成体系与逻辑关系。然而，实践表明，有些学生在用编号时较随意，如"（1）--（x）""1.—x.""1）—x)"及中文编号"一--x"等。

　　事实上，正文中的这类编号，不仅要表达出章、节的次序关系，还要表达其层次关系，因此要合理设定。下面给出参考，目录中正文的编号按层次依次采用（1）～（n）、①～$\scriptsize\textcircled{n}$ 编号方法。

<h1 style="text-align:center">第一章　导　论</h1>

1.1　概述

1.1.1　本论文研究的背景、目的
1.1.2　国内外研究状况分析

1.2　本论文的研究内容、拟解决的关键问题及创新之处
　　1.2.1　研究内容
　　　　（1）研究内容 1

　　　　（2）研究内容 2

　　　　（3）研究内容 3
　　　　　　① 绿色教学

　　　　　　② 绿色科技

　　　　　　③ 绿色物质文化校园

　　　　（4）研究内容 4

　　　　（5）研究内容 5

　　1.2.2　本论文拟解决的关键问题
　　　　1.2.2.1　关键问题 1
　　　　　　（1）

　　　　　　（2）

　　　　1.2.2.2　关键问题 2

　　1.2.3　本论文的创新之处
　　　　（1）创新之处 1

　　　　（2）创新之处 2

　　　　（3）创新之处 3

7.5.5　图表参考格式

图表是毕业论文、科技文献中最常见的内容之一，也需要遵循相关规范。图表参考格式如图 7-1 所示。

表 1.1 HD-SVC 与 SVC 的比较

数据集	训练+测试（个数）	核函数/参数	C	SVs/实际训练样本数 SVC	SVs/实际训练样本数 HD-SVC	训练时间（s） SVC	训练时间（s） HD-SVC	预测错误率 SVC	预测错误率 HD-SVC
iris3v12	80+40	Poly/4	10	7/80	7/11	0.30	0.02	0.0250	0.0250
heart	200+70	Linear	10	68/200	68/104	3.14	1.27	0.1714	0.1718
breast_cancer	400+283	Rbf/1	10	51/283	49/73	44.51	6.50	0.0213	0.0211
diabetes	450+318	Linear	10	241/450	234/298	57.13	14.45	0.2296	0.2298
fourclass	700+155	Rbf/1	Inf	700/700	564/564	916.73	128.70	0.0065	0.0065
letter	1161+394	Rbf/1	Inf	323/1161	241/430	1099.76	121.58	0	0

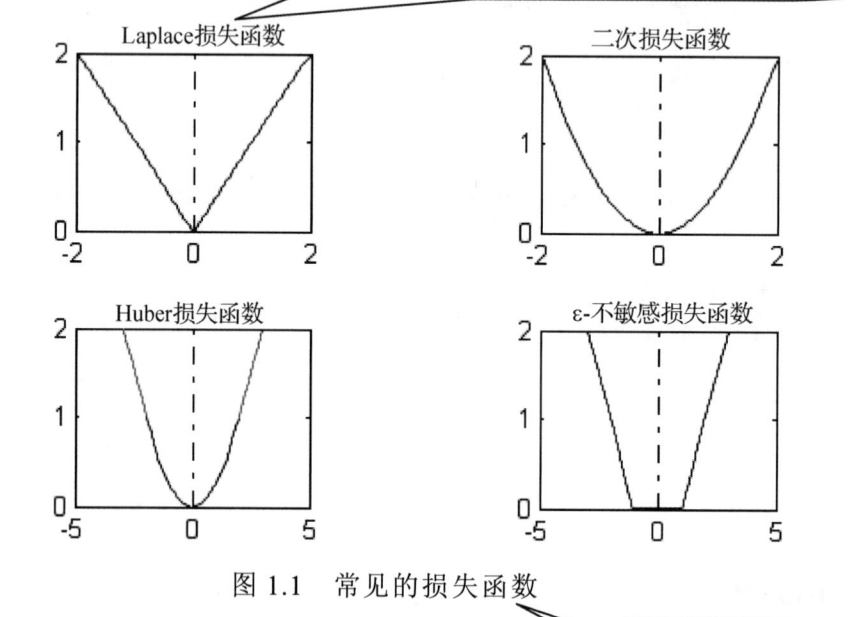

图 1.1 常见的损失函数

图 7-1 图表参考格式

7.5.6 公式、定义、定理、命题、算法参考格式

公式、定义、定理、命题、算法是毕业论文、科技文献中的重要内容，一般按章编序号，参考格式如图 7-2 所示。

$$Q(s,a_i) = \Phi(s) \times W_{a_i} \qquad (3.4)$$

定义 3.1　一个近似空间（approximate space）定义为……
定理 3.1　对于部分形式背景（A,D_i,R_i）……
命题 3.1　给定形式背景（O,D,R）……
算法 3.1　信息系统 $S=(U,A)$ 决策规则提取算法……

公式、定义、定理、命题、算法均按章编序号

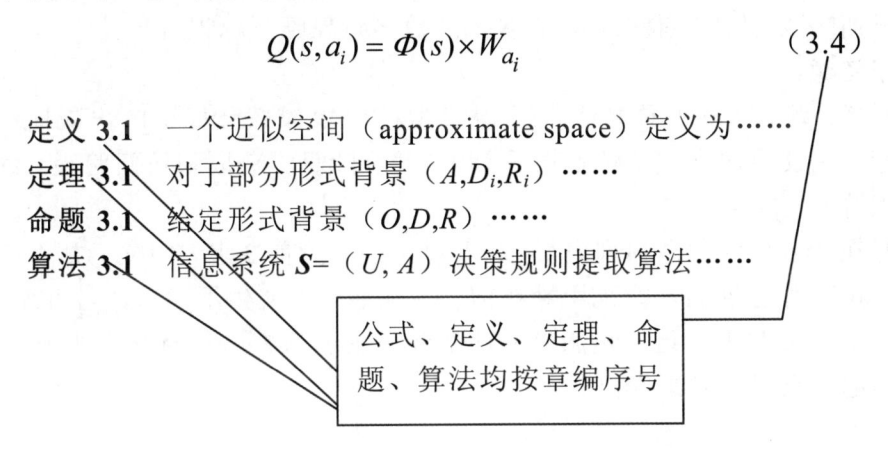

图 7-2　公式、定义、定理、命题、算法参考格式

7.5.7 参考文献参考格式

参考文献是撰写论文要参考的重要资源，也是已有成就的依据。查阅文献资料并加以引用，就要尊重相关成果作者，将其作为参考文献列出来。而且，从所引用参考文献的整体水平，可以感受到论文作者的阅读视野、研究和跟踪深度、治学态度等。

参考文献的著录格式如下。

（1）专著：

主要责任者. 题名：其他题名信息[文献类型标识/文献载体标识]. 其他责任者. 版本页. 出版地：出版者，出版年：引文页码[引用日期]. 获取和访问路径. 数字对象唯一标识符.

（2）专著中的析出文献：

析出文献主要责任者. 析出文献题名[文献类型标识/文献载体标识]. 析出文献其他责任者//专著主要责任者. 专著题名：其他题名信息. 版本项. 出版地：出版者，出版年：析出文献的页码[引用日期]. 获取和访问路径. 数字对象唯一标准识符.

（3）连续出版物：

主要责任者. 题名：其他题名信息[文献类型标识/文献载体标识]. 年，卷（期）-年，卷（期）. 出版地：出版者，出版年[引用日期]. 获取和访问路径. 数字对象唯一标识符.

（4）连续出版物中的析出文献：

析出文献主要责任者. 析出文献题名[文献类型标识/文献载体标识]. 连续出

版物题名：其他题名信息，年，卷（期）：页码[引用日期]. 获取和访问路径. 数字对象唯一标识符.

（5）专利文献：

专利申请者或所有者. 专利题名：专利号[文献类型标识/文献载体标识]. 公告日期或公开日期[引用日期]. 获取和访问路径. 数字对象唯一标识符.

（6）电子资源：

主要责任者. 题名：其他题名信息[文献类型标识/文献载体标识]. 出版地：出版者，出版年：引文页码（更新或修改日期）[引用日期]. 获取和访问路径. 数字对象唯一标识符.

作者数量在 3 名以内的全部列出，4 名及以上的只列前 3 名，中文后加"等"，英文后加"et al"。作者姓名一律采用姓在前、名在后（外文姓不缩写，名可缩写）的格式。外文参考文献出版地、出版商和出版年务必按顺序一一标出。期刊、论文集及专著的起止页码也必须标出。

7.6 毕业论文质量监控

为了确保每篇毕业论文都能符合质量要求，院系、专业需要建立合理的质量监控机制，保障整体毕业设计（论文）工作的质量。

毕业论文质量监控至少需要哪些方面的工作？对此，本书作者以实践经验形成了"两个关键评阅，一套参照指标"的毕业论文质量监控工作模式。

7.6.1 毕业论文的评阅

1. 毕业论文评阅的安排

为了从整体上确保毕业论文的质量及管理的可操作性，给出如下建议。

（1）所有毕业论文都要评阅。

（2）指导教师必须给出评阅意见，因为指导教师全程指导学生并与之交流，最了解情况，所以能从各方面给出评价及对成绩的建议。

（3）必须安排第三方评阅，通常是安排专业教师作为评阅教师，代表专业来评阅毕业论文。评阅教师从另外角度的评阅和指导教师的评阅，以及对学生毕业答辩的评价综合，都为成绩评定的合理性提供支持。

（4）毕业论文评阅需要参照合理的评价指标。

2. 指导教师评阅毕业论文的要点

指导教师在评阅时可以结合以下几方面工作及成效综合考虑：

（1）任务完成的质量（难度、工作量、保质保量、创新性）；

（2）课题资料的完整性及规范性；

（3）过程中的表现（团队责任、遵纪守法、按时、保质）；

（4）毕业论文质量：准确反映与课题任务的呼应、组织合理性、内容完整性、表述规范性等。

评阅意见需要体现对上述各方面指标与效果的表述，指导教师由此给出成绩建议。

3．评阅教师评阅毕业论文的要点

评阅教师代表专业，按照毕业设计（论文）培养目标与规范对毕业论文进行评阅。评阅时，主要通过毕业论文、任务书、开题报告、成果验收资料等综合考虑，包括：

（1）任务完成的质量（难度、工作量、保质保量、创新性）；

（2）课题资料的完整性及规范性；

（3）毕业论文质量：准确反映与课题任务的呼应、组织合理性、内容完整性、表述规范性等。

评阅意见需要体现对上述各方面指标与效果的表述，评阅教师由此给出成绩建议。

7.6.2 专业毕业论文的质量分析

专业需要建立合理的毕业论文质量评价指标和总体评价方案。由于专业培养目标定位、师资队伍基础、学科平台和科研环境等存在差异，很难有统一的评价指标，各专业可以结合自身情况研究和制定质量评价指标与总体评价方案。

1．专业毕业论文质量评价的参考指标

关于质量评价参考指标，可以从以下几个角度进行探索。

（1）课题质量。

课题的水平对毕业论文质量具有直接的影响，因此，需要通过分析来进一步促进高水平真实课题资源的建设和质量监控机制的建设。

（2）整体完成质量。

涉及课题整体完成的难度、工作量、创新性等，以此可以研究教学管理的规范性、专业定位的合理性、条件建设的必要性、指导教师过程指导的及时性和有效性、学生选题的合理性与工作的积极性等。

（3）整体课题资料的完整性及规范性。

反映专业对课题资料建设的规范性，以及指导教师的指导和把关的有效性等，也反映学生的能力和态度。

（4）学生在过程中的整体表现。

反映学生在项目研发中担任角色的意识与能力，例如，做好团队负责人或成员等；同时，也是对学生职业素养的检验，例如，遵纪守法、按时保质完成任务等。

（5）整体毕业论文质量。

准确反映与课题任务的呼应、组织合理性、内容完整性、表述规范性等总体情况。

（6）毕业论文评阅与成绩评定的合理性。

反映指导教师、评阅教师、答辩组等对毕业论文评价标准的合理把握的能力和水平等。

2．专业毕业论文评价机制建设

为了确保专业毕业论文质量的不断完善，需要构建毕业论文评价机制。因此，需要以制度性文件的方式明确相关工作安排，并注意以下几点。

（1）明确相关评价指标和要求。

明确有哪些评价指标、每项指标的具体要求等。

（2）发布毕业论文质量评审方案。

毕业论文质量评审的流程：指毕业论文评阅的具体流程安排，执行时还需要明确时间安排。

每个环节的责任人：指导教师、评阅教师、答辩组与答辩委员会，以及院校的质量监控专家组等。

各环节的评价要求：针对的评价指标及评价要求等。

（3）具体执行。

对每年度毕业论文评价的具体执行安排，包括时间安排、评价人员（专家组等机构）安排、评价结果要求等。

（4）综合分析与持续改进。

基于评价结果做出综合分析，在此基础上提交后续持续改进意见和建议。

7.7 本章小结

本科毕业论文作为学士学位论文，应能反映论文作者已经达到了学士学位的水平，即较好地掌握本门学科的基础理论、专门知识和基本技能，具有从事科学研究工作或担负专门技术工作的初步能力。

基于完成系统设计和实现工作基础上撰写的毕业论文，学生应能通过对完成的设计任务的系统性、关键问题解决方案的深入性、取得成果的完整性等的表述，表明学生的工作、成效及其运用的技术和能力已经达到学士学位的水平。为此，从概念上说，毕业论文应通过对任务描述、任务求解、取得成果等内容的阐述，表明论文作者已经达到了学士学位的水平。因此，毕业论文特别需要关注三个方面的问题，即主题、组成和规范。

毕业论文的主题表述，可以通过论文标题的清晰点题、摘要的简练和准确表达、正文的系统表述来实现。

院校和专业需要为毕业论文的组成提出明确的要求，使学生关注组成部分的内在逻辑关联能有效表述主题；同时，还需要对相关部分提出明确的规范。通过在给定规范约束下的毕业论文撰写的锻炼，促进学生对课题相关基础理论、专业知识、工程与科学原理等有更深入的理解，对领域内工程与科学问题的解决方案及关键技术的跟踪和发展规律有一定深入，对相关工具、平台和资源的有效应用有更好的把握。由此可知，毕业论文的组织和撰写是使学生进一步深化基础理论、提升综合能力甚至壮大未来发展后劲的关键！

在工程教育认证、本科教学评估等工作中，毕业设计（论文）已经成为准确衡量专业办学质量的最重要的教学环节，因此，作为毕业设计（论文）教学环节存档的毕业论文，也就成为其中的重要内容。教育部于2021年发布了对本科毕业论文抽查的相关文件。对毕业论文质量的严格把关成为各专业必须认真对待的事情，因此，要求指导教师做好第一责任人的评阅，安排评阅教师代表专业进行评阅，可以减少质量隐患，这非常重要。

7.8　思考与实践

1．毕业论文有哪些规范？

2．简要介绍毕业论文的组成，试根据自己专业的毕业设计（论文）课题，撰写一个毕业论文正文的三级目录大纲。

3．谈谈如何更好地进行毕业论文质量监控？

4．试将毕业论文与学术论文做对比，谈谈撰写毕业论文与学术论文的差异。

第 8 章 毕业答辩与成绩评定

【本章导读】

在毕业设计成果、毕业论文的基础上，学生通过毕业答辩环节对设计过程和成果进行表述，可以为答辩评委的成绩评定提供依据。在此基础上，毕业设计（论文）的最终成绩，要综合考虑指导教师的成绩建议、评阅教师的成绩建议及答辩评委的成绩建议，一般按照一定比例综合评分。

毕业答辩是学生对自己的设计任务或课题研究工作与成果的简洁而系统的汇报，以及对相关问题的回答，使答辩评委能进一步了解学生完成任务的水平和质量等，从而准确地评定成绩。

本章概述毕业答辩工作的安排，学生毕业答辩准备、答辩要求与能力培养，成绩评定等。

院系、专业：明确毕业答辩及成绩评定的相关标准，做好本专业的毕业答辩的相关安排。在此基础上，基于OBE理念，做好本届毕业设计（论文）的总体质量、培养目标达成分析，为人才培养质量的持续改进提供支持。

指导教师：理解毕业答辩对学生能力培养的重要性，并针对学生的任务完成情况及学生的特点，对其书面汇报内容、口头汇报方式做必要的指导和把关。

学生读者：了解毕业答辩的任务要求，理解毕业答辩的宗旨与能力培养的重要性，做好书面汇报材料的组织和口头汇报的准备工作。

8.1 概 述

院系、专业为了更准确地对学生的毕业设计（论文）任务的质量及成绩做出评价，要采用毕业答辩等"考核"方式，让每个学生以书面汇报材料为基础，通过口头汇报及可能的演示，展示设计任务实施情况及完成质量、成果和水平；通过回答课题相关问题，进一步表明课题的水平和质量，从而为成绩评定提供有力证据。

同时，毕业答辩也能锻炼学生的书面汇报材料的组织、口头表达与交流能力，因此也是重要的教学环节。通过这种具有仪式感的活动，可以进一步促进专业对毕业设计（论文）教学环节及质量的重视，为专业的长期和可持续发展奠定坚实的基础。

为了做好毕业答辩与成绩评定工作，为后续发展奠定基础，需要做好以下几方面工作。

1．专业、院系

规范而有序地组织毕业答辩的相关工作；

制定合理的成绩评定标准，并严格执行它；

完善基于 OBE 理念的质量监控、持续改进机制与质量分析工作。

2．学生

深刻理解毕业答辩的重要性；

积极认真地做好毕业答辩的准备工作；

答辩过程中，注意全面观摩学习，精准有效地汇报工作，得体大方地回答问题。

答辩后，按要求提交相关资料，善始善终。

3．指导教师

做好对学生的指导和内容把关；

做好对学生成绩评定的建议，并按要求参与成绩评定的相关工作；

做好毕业设计（论文）教学环节的教学目标达成情况分析，以便支持持续改进。

8.2　毕业答辩工作安排

8.2.1　成立院系或专业毕业答辩委员会

学校应成立院系或专业毕业答辩委员会，以统筹、组织和协调毕业答辩工作，相关要求如下。

1．答辩委员会组成

答辩委员会组成成员应包括：院系主要领导、专业负责人、资深教授、教学指导委员会（或督导组）成员、来自（合作）企业的专家、答辩组组长。

2．答辩委员会主要职责

答辩委员会的主要职责至少包括：

组织和协调毕业答辩的工作安排；

细化成绩评定工作安排，并统筹成绩评定工作；

制定和细化毕业答辩规范；

通过全程关注毕业答辩工作、成绩评定，以及基于 OBE 理念的教学目标达成分析，对工作内容进行总结，为持续改进和院系、专业的后续发展提供依据。

8.2.2 学生毕业答辩分组

院系、专业依据学校对毕业答辩安排的通知精神，做出毕业答辩的分组安排。一般来说，需要考虑如下一些情况。

1．基于每个学生答辩所需要时间的分组安排

每个学生的答辩一般包括汇报、演示、回答问题等。如果学生数量不多，则时间安排充分，可以让评委更细致、精准地了解相关细节。然而，对大多数学校、专业来说，这显然不现实，因此需要在有限时间内开展充分而有效的毕业答辩工作。

按照经验，一般每个学生本科毕业答辩所需要的时间大致是汇报+演示为5~8分钟，再加上回答问题，共需15分钟左右。

由此，可以根据学校的要求及学生规模做出合理的分组安排。

2．关于分组的其他考虑

如果学生数量较多，要将其分为多个组，可以根据专业的具体情况及学生课题等进行分组。例如，**将课题方向相近的学生分在同一组中**。

另外，为增强可比性、公平性，可以安排一个"申请优秀"答辩组。

8.2.3 答辩组评委及其工作要求

为每个答辩组安排答辩组评委，并任命答辩组组长；

每个答辩组的评委至少有3~5人，其中至少需要有一名答辩委员会成员参加。

每组要指定一名答辩秘书，全程记录主要工作环节、学生汇报、主要的提问问题与学生回答情况，以便在后续有争议时查阅。

每位评委要针对每个学生的汇报情况、问题回答情况做必要的记录，并初步给出个人评分方案；答辩结束时，通过综合比较得出每个学生的成绩评定方案和主要依据。

答辩组在答辩结束时，要尽快汇总各位评委的意见，以形成答辩组的成绩评定方案及主要依据，然后报送答辩委员会讨论定夺。如果答辩组评委之间的成绩评定有差异，建议采用讨论的方式达成统一意见。

8.2.4 学生汇报的提纲和要点

院系、专业要根据毕业答辩的核心目标（考核毕业设计任务及完成情况，锻炼文字和口头汇报能力等）及每个学生限定的答辩时间，参照毕业答辩的教学经验，制定学生汇报的提纲和要点。

1．核心目标

毕业答辩的核心目标是，让学生通过对给定任务从调研、方案设计、系统设计到最终成果等简洁而系统的描述，说明其所开展的工作、成效及运用的技术和能力，表明该生已经达到学士学位的水平。

2．汇报要点

汇报要点应参照毕业论文的架构，涵盖以下几方面内容。

（1）**任务描述**：描述"做什么"，包括任务、背景、成果形式、工具、环境、技术与平台选择等。

（2）**任务求解**：描述"怎样做"，包括采用的符合培养目标的方法、技术和平台及求解过程，一般涉及调研分析、方案设计、系统与局部设计、实验研究、测试与成果展示。

（3）**成果与管理**：描述"做的怎样"，即任务完成的质量。一般涉及课题成果、课题资料的整理与归档、优秀成果凝练与整理等。

3．汇报的参考标题

可以将上述提纲和要点分解为以下标题。

基本信息：姓名、专业、班级、指导教师、课题名称、设计所在单位等。

任务描述：任务及背景、成果形式、工具及环境、技术与平台选择等。

开题调研：设计任务的相关背景调研，问题求解的核心方法、算法和技术的调研，以及开发平台的调研，解决方案。

总体设计：对整个任务求解的总体设计，包括系统总体架构设计、功能模块设计、数据结构设计。

功能模块或关键算法（技术）的设计和实现：主要功能模块的设计和实现。

设计成果：主要功能及测试数据的运行结果与分析、性能测试的充分性与分析等。

成果形式：所设计的系统、课题资料、其他发表的成果等。

总结和展望：总结性描述，后续工作的思考。

致谢：对相关人员的致谢。

参考文献：所调研和参考的文献资料。

建议院系、专业针对毕业设计（论）的汇报形式给出统一模板。

8.2.5 发布通知

1．提前发布通知

对毕业答辩的安排，院系、专业要提前发布通知，并通知到所有相关人员，包括参加毕业答辩的学生、参加毕业答辩的评委、学校有关部门领导等。

2．通知方式

采取的通知方式有网站或管理平台、微信、QQ、指导教师直接通知等。

3．可能的变动

一般来说，教学安排不应随意改变。但是，如果因某些不可抗拒的原因而需要调整，可按照规定的流程进行调整，并及时通知相关人员。

8.3 学生毕业答辩准备

8.3.1 深刻理解毕业答辩的重要性

作为准备毕业答辩的学生，需要深刻理解毕业答辩的重要性，从而能积极和自觉地做准备。毕业答辩的重要性体现在如下几方面。

1．毕业答辩是毕业设计（论文）教学环节的"大考"

毕业答辩是毕业设计（论文）教学环节的"大考"，而且由于其学分数较多，因此更应受到学生重视。

2．毕业答辩过程也是课题汇报和交流能力的锻炼

在此过程中，要锻炼学生对课题的书面汇报材料的整理和口头汇报的能力。毕业生继续深造及走向社会后，无论是开展研究工作还是从事开发工作，都需要用到书面汇报和口头汇报的方式，除必需的硬件条件要具备外，汇报的效果也会起到重要的作用。

8.3.2 认真准备书面汇报材料

书面汇报材料，在现在的软件环境下，较多采用的是 PowerPoint（简称 PPT）形式。

如何做好 PPT，怎样才算合格？下面给出几点建议。

1．按照所提供的标题架构

必须按照给定的要求提供书面汇报材料，才算符合规则。

2．以毕业论文的内容框架为基础

参照毕业论文的内容框架，对自己围绕设计任务所开展的工作，以更精练的内容来表述。由此可知，毕业论文的质量直接影响 PPT 的质量。

3．形成内涵上的贯通

以毕业论文的主题为核心，形成完整、贯通的说法。

更进一步说，要有意识地将相关内容的逻辑关系突显出来，以文字、图形、动画等方式表达出内容之间的联系，以相应的结构方式组织各项内容使其形成一个有机整体。

4．详略得当

关于书面汇报材料，要特别注意**在能说清主题的前提下**对"详略得当"的把握。如果过于简单、宏观，可能让人怀疑是否真的做了毕业设计，结果是否真实，做到什么程度，这会引发许多猜疑和问题，且汇报材料很难被认同，此时只能算材料组织失败。

如果过于详细，则很难在规定时间内说清楚，而且一般到了规定时间答辩就会被终止，同样没有交代清楚，也算材料组织失败。

因此，学生一方面要积极思考，另一方面要多向指导教师、同学取经。

详略得当的基本要求如下。

能体现所开展的工作：如求解过程、思路等的清晰表述及有效证据的佐证。
任务的总体思路：简要介绍，给论文评审委员会留下总体印象，为后续介绍搭建框架。
重要内容：不能省略。
成果类材料：采用照片、视频、成果列表等形式，体现真实性。
参考文献列表、调研类分述：全部列出以表明工作的全面性，但不必都读出。
核心求解算法、程序类：采用伪代码，介绍思路及关键之处。
大段文本：显然不合适，应用概要方式的描述来替代。
嵌入图、表中的重要内容：应用醒目标注来重点提示。
具有层次性的内容：可以采用层次性结构图等方式。
解决方案的求解过程：可以采用动画方式。

8.3.3 结合口头汇报进一步组织内容

基于已经成型的书面材料做口头汇报，在许多学生看来是简单的事，以为只要尊重原稿、照本宣科就可以了，其实不然，因为那将会让人感觉汇报人对内容不熟，从而造成第一印象不好。另外，这种方式容易显得僵硬且没有精神，气势不足。

如何基于书面材料做好口头汇报的准备？如何看待这两者之间的关系？下面简要介绍。

1．使书面材料满足"便于口头汇报"的要求

首先要注意的是，口头汇报是面对面汇报，因此，汇报内容要能从"听"的角度让人感到自然，内容的组织次序、逻辑贯通等要顺畅，且在此基础上能较清

晰地引导他人对主题的理解。

口头汇报时可能因语速、专业术语等的影响而使有些表达不清晰，因此书面材料就可以很好地作为补充。

如果准备时感觉有不顺畅之处，就需要对书面材料内容做进一步加工。

2．基于书面材料做好口头汇报的方案准备

先要理清口头汇报与书面材料之间的紧密关系。口头汇报需要以书面材料为基础，即所汇报的内容与书面材料相对应，口头汇报内容由书面材料来支撑，丰富的书面材料靠口头汇报可以更简洁、清晰，相互之间关系更紧密。

因此，需要结合书面材料汇报，组织和演练口头汇报的整个内容架构并注意控制节奏。

汇报时，要发挥口头汇报的优势，以书面材料的严谨内容为基础，以口头汇报的灵活、拔高来升华。

8.3.4　在汇报时间有限情况下组织内容

在实际科研工作、项目汇报、招投标中，经常会遇到这样的情况：自己想展示的内容、优势有很多，但给定的时间有限，甚至会临时再被压缩时间。对此，只有采取积极的措施，才能让自己在竞争中取得优势。为此，需要掌握一定的方法，并通过毕业答辩及其他可能机会的锻炼不断提高相关能力。下面给出一些建议，更多的经验需要通过自己不断实践和研究才能获得。

1．以简洁准确的标题和层次性序号的目录勾勒出内容体系和重点

采用这样的方式，可以给听者一个完整的内容结构，从而使内容更容易被接受。

另外，特别要注意使用层次性序号，如 2.2.3，这样才能更好地体现内容体系。

2．以有限的重点内容为汇报的核心和支柱

想展示、推出的有限的重点内容，可以采用视觉效果好的图、表等方式来展示，作为汇报的核心和支柱，从而给听者留下好印象。

在此基础上，通过重点内容之间的关联可以形成较完整的内容体系。

3．对非重点内容的合理把握

汇报时经常会遇到这样的情况：某一板块的内容非常多，如果要全部介绍，就会明显超时。而事实上，其真正目的并不是让听者记得所有内容，只是告诉听者我确实做了所列内容的工作。

为此，可以这样处理：保留这些内容，但在汇报时仅重点介绍前面的（视时间而定），后面的只展示不介绍，这样既能留下所需要的影响和效果，也能节省时间。

4．其他方面的处理建议

（1）对一些内容进行拔高型、概要型描述。

对程序、大段文本等，可以采用拔高型、概要型方式来描述。

（2）对抽象内容的文本化与关键点描述。

对数学公式等，可以采用重要思想的方式描述。

（3）对成果、相关资料等事实性内容的原样描述。

可以采用实物照片、论文清单、系统运行效果截屏图片等方式，表明其真实性。

（4）以醒目的方式标注图、表等。

对图、表等，可以采用醒目的差异性标注方式，方便快速提醒。

（5）对解决方案的动画表达。

对解决方案、变化等，可以采用动画方式来表达。

（6）对汇报内容的适度的动画与口头汇报联动。

对汇报内容，可以采用适度的动画方式与口头汇报联动，突出重点汇报内容。

8.4 毕 业 答 辩

8.4.1 答辩组的组织和过程管理

答辩组是毕业答辩的基本单位，是确保教学质量的基础。为了做好毕业答辩，需要对其提出相关工作要求，下面给出一些建议。

1．毕业答辩的工作定位和教学目标

毕业答辩的"考试"功能定位：以现场答辩的方式，考核每个学生的毕业设计（论文）的完成质量，并给每个学生提出成绩评定的意见和建议，提交答辩委员会综合评定。

毕业答辩的"教学"功能定位：毕业答辩是毕业设计（论文）工作的最后一个教学环节，通过对课题及其完成过程和成果的汇报，锻炼学生的书面汇报材料的组织能力和口头汇报能力，以适应未来的发展。

2．答辩组长主持

答辩组长作为这个教学环节的主持人，需要组织答辩全过程，具体工作如下：

检查参加本组答辩的所有学生的签到情况，以及本组指导教师的到岗情况；

重申毕业答辩的考核与教学目标，介绍相关工作安排，包括答辩次序安排、每个学生的答辩时间、答辩后学生毕业论文相关材料的提交安排，以便相关人员准备；

宣布纪律要求，以及成绩评定的考核要求；

在宣布答辩开始后，进入答辩过程。

3．答辩过程的基本要求

答辩过程中，答辩组长要注意答辩过程中可能出现的问题，并能做好合理处置。

例如，答辩过程中，某学生出现了如声音低、语速快等问题而导致效果不好，要及时提醒；对即将到时间还不能讲述完的，可设置提前提醒（如"还有2分钟"）；对汇报超时的，要及时停止，严守纪律要求。

4．掌握好提问环节

提问的宗旨是，通过提问了解感兴趣的以下方面：
进一步了解学生所开展工作的成果水平、关键技术、平台性能、领域情况等；
促进学生交流能力的提升，启发学生对相关问题的关注。

5．答辩组结束时的工作

答辩组的答辩环节结束时，答辩组长需要做必要的总结，然后宣布答辩结束，并提醒学生提交相关材料，同时也要向学生表示祝贺，祝贺他们完成了最后的学习环节，即将毕业。

答辩组要及时开会，讨论每个同学的成绩建议并汇总提交给答辩委员会综合评定，同时提交相关总结报告。

8.4.2　学生在答辩现场的表现

在参加答辩活动时，除自己在答辩时要有良好的习惯与表现外，学生在进入答辩现场后就要有良好的行为举止。下面给出相关建议。

1．进入答辩现场的基本要求

（1）穿着和举止得体。

毕业答辩是正式场合，一定要穿着得体，行为举止得体，才显得对活动、他人和自己的尊重，至少不会给自己带来负面影响。

（2）保持自然和自信。

保持自然，充分展现平常心及对相关活动的认知和理解；自信来自对自己工作成果了然于心的肯定，保持自信，赢得他人的尊重。

2．汇报时的注意事项

（1）汇报前的要求。

先要对在场老师、同学说："各位老师、各位同学，大家好！"然后自我介绍，包括姓名、专业、班级、课题名称、指导教师等，再进入汇报阶段。

（2）汇报时的要求。

汇报时，要严格控制时间，养成严格遵守时间的习惯。

另外，汇报时可以用遥控笔等工具，从而能使自己与听者多一些互动交流，也可以适度地采用肢体语言，从而增加表现力。

3．汇报结束时的要求

汇报结束时，可以说："我的汇报结束，请各位老师、同学提问。"

所提问题一般都是与课题、系统设计、成果相关的问题，因此，回答也应该在此范围内。如果超出此范围，自己又真的不会，可以礼貌地说："对不起，这个问题我没研究过，不太了解。"

4．答辩结束时表示感谢

回答完毕，表示自己的答辩结束，要礼貌地表达谢意，感谢老师的提问、指导和培养。之后回到自己的座位，观摩其他同学答辩。

8.5　毕业设计（论文）成绩评定

毕业设计（论文）的成绩可以划分成哪些等级？主要依据什么指标才能更好地反映其质量？如何评定才能确保评定结果的合理性？通过成绩评定及其分析，能否发现整个毕业设计（论文）教学环节的问题，并提出改进意见和方案，从而为专业的持续改进提供支持？

本节就以上问题开展讨论。需要说明的是，由于学校发展定位存在差异，在这些方面自然就有差异，因此难以一概而论。本节的讨论更侧重于定性的评价指标及相应的评价机制，各单位可根据自己的情况进行相关指标的量化及评价机制的建设工作。

8.5.1　毕业设计（论文）成绩评定的指标与机制

1．成绩等级

在不同学校，毕业设计（论文）成绩的等级可能会有不同的划分方法，代表性的有两类，即五级制和百分制，而且两种等级之间也可以建立对应关系。

（1）五级制。

五级制，将成绩从高到低依次分为"优"或"优秀"、"良"或"良好"、"中"或"中等"、"及格"、"不及格"几个等级。

"优"或"优秀"：表明在相关评价指标方面表现出色。

"良"或"良好"：表明在相关评价指标方面表现总体很好，但在某个方面略有欠缺，或优秀的名额已经满了。

"中"或"中等"：表明在相关评价指标的多个方面表现略有欠缺。
"及格"：基本完成了任务，但没有特别之处。
"不及格"：没有完成任务，或重要方面不达标。

（2）百分制。

百分制可以与五级制形成如下对应关系，但不是唯一的。

90～100：对应"优"或"优秀"。
80～89：对应"良"或"良好"。
70～79：对应"中"或"中等"。
60～69：对应"及格"。
0～59：对应"不及格"。

2．成绩评定的主要指标

（1）主要评定指标。

课题难度和水平：这是决定成绩的起点。课题难度和水平涉及课题与专业培养目标的一致性、新技术应用、预期成果的价值、解决复杂工程问题能力的体现等方面。

课题完成质量：这是成绩评定的核心部分，除可直接以实际求解系统的质量为主考虑外，还可从所涉及的求解过程的质量来考虑。

课题调研与开题报告：包括课题领域需求调研、关键技术调研、开发与运行平台、课题方案等，以及由此形成的开题报告及质量。

系统设计与成果水平：这是设计的关键核心，可以课题验收等信息为依据。

课题文档的规范性：课题资料是否完备，每项内容是否符合规范等。

毕业论文质量：课题任务、解决方案、课题成果等体现主题的内容组织的质量。

毕业答辩的表现：毕业答辩过程中，讲述的清晰度、讲述过程中的要点把握、回答问题的正确性、所反映的课题求解的水平与能力、答辩现场的表现等。

设计过程中的表现：整个设计过程中的表现情况，如是否严格遵守安全管理、项目保密要求，严格按照进度完成任务和讨论，每次例会的守时情况，在团队中的合作情况等。

（2）约束性的负面指标。

有条件的情况下，院系、专业可以就某些更具体的指标提出负面指标要求，即"扣分"指标，以此来强化对某方面的要求。

例如，毕业论文中，参考文献必须是查阅和引用的高水平期刊及会议论文（可给出具体列表或来源），数量要求 10 篇以上；如果毕业论文中的图、表等出现不规范的情况，要扣分；开题检查、中期检查、课题验收等重要环节要按时到位，并保证质量。

（3）成绩评定的综合。

如何由相关指标情况综合得出最终成绩？对此，有不同的处理方式。例如，可以采用加权量化计算的方式，或者综合重要指标的方式。

加权量化计算的方式：先对每项指标赋予权重，再将每个学生的相关指标得分代入计算公式得出成绩，然后对应到五级制成绩（如果需要）。这种方式需要确定各项指标的权重及对各项指标的评价值。如果完全采用人工方式，则计算较烦琐，但其优点是可以简化许多不必要的争论，特别是借助管理系统时就更加方便，因为可以更细化到具体指标，所以不仅促进学生在相关方面的学习和提高，还有效开展基于OBE理念的质量分析，从而有助于持续改进。

另一种方式是结合主要考核指标的综合评价，由相关评审人员依据指标和经验做判断，这也是行之有效的方式之一。

3．成绩评定的参考要求

（1）"优"的参考要求。

按期完成毕业设计（论文）任务书所规定的任务，综合运用所学知识独立分析问题和解决问题能力强，并在某些方面有一定程度的独特见解。

立论正确，论文有一定的理论深度，并且概念清楚，分析透彻，论证充分，计算正确，文字通顺，结构严谨，书写工整，编号齐全，完全符合规范化要求。

图表整洁，布局合理，符合技术用语要求。

答辩时能简明、准确地表达论文的主要内容，熟练、正确地回答问题。

外文摘要语法正确，语句流畅，能正确表达原论文的主要内容。

（2）"良"的参考要求。

按期完成毕业设计（论文）任务书所规定的任务，综合运用所学知识独立分析问题和解决问题能力较好。

立论正确，对方案论述比较充分，理论分析和计算能力较强，文字通顺，概念清楚，符合规范化要求。

图表整洁，布局合理，书写工整。

答辩时能较简明、准确地表达论文的主要内容，熟练、正确地回答问题。

外文摘要语法基本正确，语句基本流畅，能正确表达原论文的主要内容。

（3）"中"的参考要求。

按期完成毕业设计（论文）任务书所规定的任务，综合运用所学知识独立分析问题和解决问题能力一般。

设计方案较合理，论述清楚，理论分析和计算基本正确，文字表达清楚，论文无原则性错误。

图表整洁，布局较合理，书写一般。

答辩时介绍方案尚能表达设计内容，主要问题回答基本正确。

外文摘要语法基本正确，基本能正确表达原论文的主要内容。

（4）"及格"的参考要求。

独立工作能力较差，基本能完成毕业设计（论文）任务书所规定的任务，有一定分析问题和解决问题能力。

设计方案基本正确，论述基本清楚，理论分析和计算无重大错误，文字表达较清楚。

图表质量较差，书写较工整。

答辩时能基本回答大部分问题。

外文摘要的语法基本正确，尚能正确表达原论文的主要内容。

（5）"不及格"的参考要求。

未按期完成毕业设计（论文）任务书所规定的任务，毕业设计（论文）未达到最低要求。

态度不认真，独立工作能力差。

设计方案有原则性错误，缺乏必要的基本理论知识和专业知识。

图表质量较差，文字表达较差，文理不通，答辩时有原则性错误，经启发后仍不能正确回答。

无外文摘要或所撰写的毕业论文的外文摘要语句不通顺，语法逻辑混乱，不能正确表达原论文的主要内容。

4．成绩评定机制

（1）答辩组教师的成绩评定及其局限性。

答辩组教师可以对本答辩组学生给出成绩建议。然而，答辩组教师可能只通过答辩环节才对学生的课题情况有一定了解，而这一了解又受限于学生的表达能力与效果，以及评审人对该课题及相关领域的了解程度。因此，采用答辩组多位教师综合评定，可以综合反映学生答辩表现出的成绩。

（2）指导教师的成绩评定。

一般来说，指导教师全程跟踪、指导学生的课题调研和设计等各环节，因此，理论上说，指导教师对学生的成绩评定最有发言权，上一章已经讨论了指导教师对学生毕业答辩的安排。

然而，由于种种原因，难免存在部分指导教师对学生的设计过程与质量等不了解的情况，因此对指导教师的成绩评定需要合理定位。

（3）论文评阅教师的成绩评定。

上一章也讨论了一般需要安排评阅教师进行评阅，也要给出成绩建议。评阅教师通过对毕业论文的评阅来进一步了解学生的课题、调研、关键技术设计、方案设计、系统设计、设计成果等，从而能系统地了解学生的课题设计与论文质量。

（4）学生毕业设计（论文）成绩评定的综合计算。

由上述讨论可知，毕业设计（论文）成绩的评定，除需要相关的指标外，还需要有合理的评价机制。考虑到成绩评定的合理性和可操作性，作者结合教学管理经验提出一个成绩评定的参考机制。

由答辩委员会确定的学生最终成绩的 3 个组成部分是指导教师成绩建议、评阅教师成绩建议、答辩组成绩建议。成绩的计算建议按照 4:3:3 的比例，即

最终成绩=指导教师成绩×40%+评阅教师成绩×30%+答辩组成绩×30%

说明：这一比例基于对指导教师有合理的定位。

（5）通过对成绩评定工作的"回头看"不断完善成绩评定机制。

按照设定方案确定的成绩是本届毕业设计（论文）成绩评定的依据。然而，在实际执行过程中，可能会存在一些不足，需要通过适度"回头看"来及时发现存在的问题，并不断研究、改进和完善。

例如，对上述各项成绩占比的合理性，可以通过数据分析来加以改进。

再如，个别指导教师、评阅教师的成绩建议与实际结果有明显差距，通常来说，其中存在某些问题，需要进一步了解和做相应的处理。如果是教师评阅不够认真，应明确指出以防止再出现类似的问题，并视情节做出合理的处理；如果是教师理解能力和水平不够，除要明确指出以防止再出现类似的问题外，也应在后续工作中做出合理的处理和安排。

总之，这种"回头看"可以促使承担每个环节工作的人员都尽心尽力，对自己的工作要有担当。

8.5.2 毕业设计（论文）成绩评语的"三段式"结构

对每个学生的成绩，要给出对课题涉及的重要内容的简要表述的评语，表明成绩评定的依据和客观性。

硕士、博士毕业设计（论文）的成绩评语采用"三段式"结构表述，包括：课题（或选题）的专业性和价值、课题完成情况及论文和答辩情况、所反映的能力和水平情况。

1．课题的专业性和价值

通过描述课题任务及其专业性，表述其实际应用价值和研究价值（虽然本科阶段研究价值可能较低）。

2．课题完成情况及论文和答辩情况

课题完成情况：列出所开展的具体工作与成果，如需求分析与课题方案、关键技术的设计与实现情况、所设计和实现的系统情况等。

毕业论文评价：结构合理，表述清楚，符合规范。

答辩情况：答辩过程中，讲述清楚，回答问题正确。

3．所反映的能力和水平情况

表明学生是否达到了相应毕业要求及学术水平等。

本科毕业论文就是学士学位论文，因而其成绩评语也可以参照这种"三段式"结构，以便全面准确地描述学生的毕业设计（论文）课题及其成果、水平和能力。

8.6 本章小结

作为毕业设计（论文）重要环节的毕业答辩，要求学生在毕业设计成果、毕业论文质量的基础上，通过毕业答辩环节对设计过程和成果的表述，为答辩评委的成绩评定提供依据。

在毕业答辩环节，学生按专业发布的相关要求和规范，在规定时间内，采用口头汇报和书面汇报材料相结合的方式，系统简洁地介绍毕业设计（论文）工作情况与成果，并回答评委提出的相关问题，从而为答辩组评委更准确做出成绩评定提供支持。

其中，书面汇报材料以自己的课题工作和毕业论文为基础，作为汇报内容的主要载体和依据，学生应系统简洁地描述毕业设计（论文）的相关工作，包括：课题任务、课题调研和关键技术分析、开发平台选择、课题方案设计、系统设计与实现、系统测试与成果指标、工作总结等。另外，还需要清晰地标注引用的参考文献，并有发自内心的致谢。学校、专业应提供毕业答辩材料与组织规范。学生通过对书面材料的组织，能不断加深对课题的理解，提高书面材料组织能力。

对毕业设计（论文）的口头汇报，需要以书面材料为载体，但也不宜表现为"念稿子"，因为这会显得呆板，给人"好像不是自己做的"的印象。做好口头汇报的能力不是与生俱来的，需要多思考、多练习，这也是走向社会后需要具备的非常重要的能力。另外，在练习口头汇报时，需要注意体会适度（而不是过度、夸张）的情感融合及必要的肢体语言的运用，不断提升个人软实力，这也需要不断深入思考和反复实践。

指导教师要指导学生做好毕业答辩的准备工作，包括对书面材料的真实性、严谨性、逻辑性的指导和把关，对口头汇报的训练和指导，使学生综合能力不断提高，培养其严谨的治学态度，这也是毕业设计（论文）的教学内容之一。

学校和专业对毕业设计（论文）的成绩评定应有明确的规范和要求，并制定合理的成绩评定方案。例如，课题本身的价值、课题完成情况、毕业论文质量、答辩时的效果和表现、设计过程中的表现情况与组织能力等。

专业应根据所规定的成绩评定方案和工作需要，做好毕业答辩相关安排工作。

如果答辩学生数量较多，还需要合理分组。对每个答辩组也要合理安排答辩评委。一般情况下，各答辩组对本组学生做出成绩评定建议后，要提交给专业做综合成绩评定，形成每个学生的最终成绩。在完成毕业答辩和成绩评定的基础上，要进一步按规范完成相关资料的归档工作。

在完成整个教学任务的基础上，专业还需要参照工程教育认证标准，做好本届毕业设计（论文）教学环节的课程目标达成分析、相关毕业要求的达成分析，以便发现存在的问题，为后续持续改进提供建议。

8.7　思考与实践

1. 调研某具体专业的毕业答辩要求，谈谈如何做好毕业答辩准备工作。
2. 试简述如何进行毕业设计（论文）的成绩评定工作，谈谈你对毕业设计（论文）质量保证的建议。

第 9 章　科技成果及其培育

【本章导读】

在毕业设计（论文）的整个阶段，如果课题留有发挥空间，并且学生能用心钻研，可能会培育出创新性成果。实际领域中的创新性成果存在很多形式，但在本科阶段可能的形式大致有学术论文、专利、软件著作权、开源软件等。本章讨论几类科技成果的相关概念、形式与申请的相关事宜。

院系、专业：关注对学生创新意识的引导及创新性成果培育的指导。

指导教师：关注学生在研发过程中发现有独特见解的成果，帮助学生培育和申报有价值的科技成果，为适应科技创新战略做好积极准备。

9.1　科技创新与科技成果

激发学生参与科技创新的热情，培养学生科技创新的意识与能力，除要认真抓好课堂的教学与上机实验环节外，合肥工业大学通过科技创新竞赛、科技培训、本科生进研究团队（本科导师制）等形式建设学生科技创新环境与相应制度，培养大学生的创新能力，这既是时代发展、高校改革的迫切需要，也是大学生发展和实现自我价值的内在要求。而毕业设计（论文）作为本科生课程实践的最后环节，是科技创新能力进一步提升与催化科技成果诞生的重要环节，主要原因如下：

（1）毕业课题一般都来自指导教师的实际项目与科研课题，具有前沿性、实际应用价值与科研意义。每个学生从大二开始就因本科导师制而早早地进入研究团队，参与导师的科学研究与工程项目工作，使学生能在相对较长的时间内从事研究工作，有利于学生形成较好的科研素质，培养实际工作能力。

（2）在实施过程中，指导教师会指派博士生、硕士生通过直接与间接两种方式，从对课题理解的不同程度、实施方案的不同粒度等角度指导本科生，在此过程中，有助于培养学生与他人交流及口头、书面表达等能力。

（3）在完成具有科技创新价值的课题过程中，底层技术多涉及前沿技术，而前沿技术使要求使用新的软件开发平台，充分调动学生的学习积极性和主动性；要求学生查阅大量的科技文献，拓宽自己的知识面，培养学生的自学能力，提升学生利用计算思维去求解实际问题的能力，从而进一步提高学生的科研能力和工程实践能力。

而在此过程中还会催生一些科技成果，如学术论文、开源软件、软件著作权、专利等。

9.2 常见科技成果的类型

9.2.1 学术论文

学术论文也称科学论文、研究论文，是对某科学领域的问题进行研究、表述研究成果的文章。学术论文是某一学术课题在实验性、理论性或观测性上具有新的科学成果或创新见解和知识的科学记录，提供书面文件，用于学术会议或其他用途，在学术刊物上发表。

1．学术论文的特点

学术论文具有科学性、学术性、创新性与理论性的特点。其中，科学性是指学术论文应本着科学的态度，运用科学的原理和方法，阐明新的科学问题。这就要求作者在立论上不可带有个人的主观好恶，不能有偏见的臆造，必须从客观实际出发，从中引出符合实际的结论。

学术论文是用来探讨学术问题、进行科学研究的重要凭借，是描述科学研究成果、传播学术信息的主要工具。

2．学术论文的功能

学术论文的功能主要体现在促进社会发展、进行学术交流、为人才考核提供依据、训练作者的科研能力和写作能力 4 个方面。作为毕业设计（论文）工作的产出，毕业论文重点在第 2 个与第 4 个方面。学术论文的撰写是非常重要的，它是衡量一个人学术水平和科研能力的重要标志。在学术论文写作中，选题和选材是最重要的。撰写学术论文，需要深入调研所研究问题的深度与广度，加强对于各学科前沿问题、尖端问题的探讨，提高运用知识的能力，掌握分析研究问题的方法，提高科研能力与理论思维水平。

3．学术论文的分类

（1）**科研专业论文**：是记述创新性研究工作成果的书面文章。通常是指各学科领域中专业人员表述的科学研究成果；某些实验性、理论性或观测性的新知识的科学记录；某些已知原理应用于实际并取得新进展的科学总结。这种学术论文主要用于期刊公开发表或在学术会议上宣读。这种学术论文的明显特点是内容必须有新发现、新发明、新创造或新推进，能反映各学科领域的最新学术水平，对促进科学事业的发展具有极其重要的作用。

（2）**学业论文**：是在校学生在教师指导下写的学术论文。通过撰写论文可以培养学生进行科学研究的能力，同时考察其掌握知识的深度、广度及解决问题的能力。这种学术论文可分为学年论文和毕业论文。

（3）学位论文：是学位申请者为申请学位而完成的学术论文。这是考核申请者能否获得学位的重要依据。如果学位申请者在通过规定的课程考试后，论文审查或答辩不合格，则不能获得学位。学位论文可分为学士论文、硕士论文和博士论文三种。

9.2.2 开源软件

开源软件（Open Source Software，OSS）通常定义为一种其源码可以被公众使用的软件，且此软件的使用、修改和分发不受许可证的限制。

开源软件社区（OSS 社区）是发布开源项目、讨论优化开源代码、寻找开源项目潜在用户的平台。开源软件社区又称开放源代码社区，一般由拥有共同兴趣爱好的人组建，是根据相应的开源软件许可证协议公布软件源代码的网络平台，也为人们提供了一个自由学习交流的空间。开源软件主要被散布在全世界的编程者开发，开源软件社区就成了他们沟通交流的必要途径，因此开源软件社区在推动开源软件发展的过程中起着巨大的作用。国内外知名开源软件社区如表 9-1 所示。

表 9-1 国内外知名开源软件社区

国外	Github
	SourceForge
国内	OSCHINA
	木兰（Mulan）

Github：Github 是一个面向开源及私有软件项目的托管平台，只支持 Git 作为唯一的版本库格式。Github 于 2008 年 4 月 10 日正式上线，除 Git 代码仓库托管及基本的 Web 管理界面外，还提供了订阅、讨论组、文本渲染、在线文件编辑器、协作图谱（报表）、代码片段分享等功能。Github 是世界上最大的代码托管平台，有超 5 千万开发者正在使用。

SourceForge：SourceForge 是一套合作式软件开发管理系统，本身是 VA Software 出售的专有软件。它集成了很多开源应用程序（如 PostgreSQL、SVN、CVS），为软件开发提供了整套生命周期服务。SourceForge.net 又称 SF.net，是开源软件的开发者进行开发管理的集中式场所，也是全球最大开源软件开发平台和仓库。SourceForge.net 由 VA Software 提供主机，并运行 SourceForge 软件。截至 2021 年 5 月，SourceForge 社区的开源工程数量已达 502000 个，注册用户数量为 210 万，有 3 亿访客，每天下载量超 260 万。

OSCHINA：成立于 2008 年 8 月，是目前国内最大的开源技术社区，拥有超过 300 万会员，形成了开源软件库、代码分享、资讯、协作翻译、讨论区和博客等几大频道内容，为 IT 开发者提供了一个发现、使用并交流开源技术的平台。2013年，OSCHINA 建立了大型综合性云开发平台 Gitee，为我国广大开发者提供团队协作、源码托管、代码质量分析、代码评审、测试、代码演示平台等功能。

木兰（Mulan）：成立于 2019 年 8 月，是国家重点研发计划重点专项"云计算和大数据开源社区生态系统"的重要成果之一。旨在促进开源领域的交流，建立科教界和产业界开源交流互动平台，加强企业和行业用户之间的沟通，推进企业和个人开发者利用开源软件不断提升技术水平。从开源学习到商业代码托管，使用者可以从众多的开源开发项目中开发学习、主持和审查代码、管理项目、构建软件。

开源资料包括开源软件、开源数据等。可以利用开源软件社区发布毕业设计（设计）完成的系统、文档等。

9.2.3 软件著作权

软件著作权是指软件的开发者或者权利人依据相关法律法规所拥有或者控制的软件著作权的财产权益，其相关财产权益能够持续有效并获得经济利益。软件著作权具备民事权利的特征和原则，在法律上具有资产的时效性和地域性等。计算机软件著作权是指软件的开发者或者其他权利人依据有关著作权法律的规定，对于软件作品所享有的各项专有权利。就权利的性质而言，它属于一种民事权利，具备民事权利的共同特征。软件经过登记后，软件著作权人享有发表权、开发者身份权、使用权、使用许可权和获得报酬权。软件著作权的审批机构审批部门为国家，版权中心软件著作权期限为 50 年。

软件著作权的使用期限会受其先进程度和无形损耗大小的影响。软件著作权的使用期限与其先进程度成正比，与无形损耗成反比。软件著作权的使用期限包括法律保护期限和实际可以使用的保护期限，然而，首先应考虑法律保护期限，在法律保护期限的基础上，关注软件著作权的未来实际可使用期限。实际可使用期限是指软件著作权在受技术成熟度和市场需求等因素影响下未来可以产生超额收益的年限。在具体应用中，根据法律保护期限和实际可使用期限孰短原则确定软件著作权的使用期限。例如，某项计算机软件著作权，法律保护期限为 20 年，但由于无形损耗因素影响较大，该项软件著作权实际超额收益的期限只有 10 年，因此该项软件著作权的使用期限最终确定为 10 年。

9.2.4 专利

《中华人民共和国专利法》第 1 条规定，为了保护专利权人的合法权益，鼓励发明创造，推动发明创造的应用，提高创新能力，促进科学技术进步和经济社会发展，制定本法。

专利文件包括权利要求书、摘要、摘要附图、说明书及说明书附图。其中，说明书是主体部分，用于说明创意思路、产品如何使用等，包括技术领域、背景技术、发明内容等；权利要求书由说明书设立，好的权利要求书可以使自己的专利得到最大保护。

专利生命周期可分为概念阶段、形成阶段、审查阶段、有效阶段。专利生命周期与状态密切相关。例如，我国专利可分为在审、有效、失效、技术转化与其他5种状态类型。

专利类型主要分为**发明专利**、**实用新型专利**、**外观设计专利**三种。其中，发明专利是指产品、方法或者其改进所提出的新的技术方案，申请程序为2年左右，保护期限为20年；实用新型专利是指对产品的形状、构造或者其结合所提出的实用的新的技术方案，申请程序为8个月，保护期限为10年；外观设计专利是指对产品的形状、图案或者其结合及色彩与形状、图案的结合所做出的富有美感并适于工业应用的新设计，申请程序为2~3个月，保护期限为10年。

对比三种专利类型，发明专利的"新"强调新的技术、新的方法、新的工艺、新的配方；实用新型专利的"新"主要体现在形状微创新、构造微创新、产品小改进、实用新方案等；外观设计专利的"新"主要体现在形状新设计、图案新设计、色彩新设计、外观新组合。

发明专利和实用新型专利易混淆，两者的主要区别如下。

一是申请范围不同，发明专利包含实用新型专利，即可申请实用新型专利的，同时可申请发明专利。发明专利不仅可以是产品发明，也可以是改进发明或方法发明。因此，发明专利的申请范围比实用新型专利要宽泛得多。

二是申请实用新型专利的要求为"有实质性特点和进步"，而发明专利的要求为"有突出的实质性特点和显著进步"。由此可见，与实用新型专利相比，发明专利在技术突破和创造性上要求更高，相应地在保护期限方面前者要长于后者。

三是与发明专利相比，实用新型专利的审核时间较短，申请流程相对简单，授权率也较高。由于其具有实际使用的价值，因此在实际中更常见。

9.3 科技成果的培育

学生在本科毕业设计（论文）过程中，对已有工作进行了改进或者提出新的思路解决给定问题，就可以将其培育成相应的科技成果，如学术论文、专利等。如果只是将给定问题采用现成方法或策略进行求解，并设计相应的软件系统，可以由此进一步申请软件著作权、开源系统发布等，以获得相应的知识产权，从而受相关法律的保护。

在毕业设计（论文）过程产生的科技成果中，学术论文与专利比软件著作权和开源软件发布的挑战更大。论文的评价标准在于学术创新性、研究意义和学术价值，同时要求内容严谨、论证过程科学；对论文的评价一般由同领域专家通过同行评议方式来进行，就发表难易程度而言，越优秀的学术期刊可能越难获得发表；学术论文对成果完整性要求较高，一篇学术论文通常在已有工作研究的基础上，依靠一组完整的实验数据获得研究结果，得出有用结论。相关研究成果可以在实际应用领域加以验证，进一步验证其实用性。而专利的评价标准是新颖性、创新性与实用性，只有符合"三性"标准，才可获得专利授权。

9.4 科技成果的申报

本节主要介绍学术论文的撰写、软件著作权与专利的申报流程与案例。

9.4.1 学术论文的撰写

学术论文一般由论文题目、摘要、引言、相关工作、自己的工作（所提方法）、实验结果与分析、总结、参考文献等部分组成。本书作者根据自己指导学生的经验，对每部分的撰写建议如下。

（1）论文题目。

论文题目不要太长，也不应太泛或太窄，题目紧扣要在论文中提及的贡献。

（2）摘要。

摘要应涵盖研究问题、贡献、证据、结论，以及给实际应用带来的价值。

（3）引言。

引言包括背景、动机、自己的贡献。注意，中英文学术论文有些差异，中文期刊/会议论文的引言一般较短，英文期刊/会议论文的引言可能较长，需针对所投的会议/期刊特点而定。

（4）相关工作。

不可简单罗列相关研究工作，要分类总结相关工作的优缺点；总结前人的工作一般采用先表扬后"批判"的写法，而指出别人工作的不足时一定要委婉，因为我们不是"大牛"。

（5）自己的工作。

主要阐明自己方法的创新点，即清楚阐述问题的形式化表示、问题求解，详述技术点，最好有示例说明技术细节，还可以给出理论分析，如理论分析算法的泛化能力、时空复杂度等。

（6）实验结果与分析。

在阐明基准数据集、基准算法、算法参数设置、评价标准的基础上，按照所提方法的动机给出相应的实验结果，重要的是根据实验结果进行分析，分析为什么会产生这样的结果，通过分析得出有意义的结论。此外，为了保证实验内容的充分性，实验的数据集应包括模拟数据集与真实数据集，测试指标要具有代表性，实验结果要适当增加统计测试。

（7）总结。

总结需要涵盖摘要的所有内容，但与摘要是有区别的，可采用不同的语句表达相同的内容，建议分析自己工作的不足，并增加未来的工作打算。

（8）参考文献。

参考文献要具有代表性，近 3~5 年的论文占比要大。

9.4.2 软件著作权的申报流程与案例

计算机软件著作权的申报流程一般包括材料准备、递交至国家版权局、跟进受理审查过程、获批软件著作权证书。流程相对简单，重点是材料的准备。

作者根据自身的申报准备情况简要介绍具体流程。高校的软件著作权的申报一般选择相应的代理公司处理，申请人主要准备相关材料即可，申报材料主要包括：在线登记申请表、设计者名单、软件代理委托书、事业单位法人证书复印件、用户手册、源代码（包括可执行软件、软件源码、前/后 30 页代码）。其中，在线登记申请表中著作权人一般填写所在单位信息；设计者名单是具体负责开发与文档撰写的人员名单；软件代理委托书则当委托相应的机构/公司时才有。其中重要的是用户手册，作者在提出申请时要准备两份文件：一是使用说明书，二是用户开发说明书。以作者的软件申报材料准备为例，图 9-1 给出了一种数据分析软件著作权申请所需的软件使用说明书撰写目录的示意图，即短文本数据流分类软件使用说明书 V1.0 的目录；图 9-2 给出了该软件的用户开发说明书的目录。

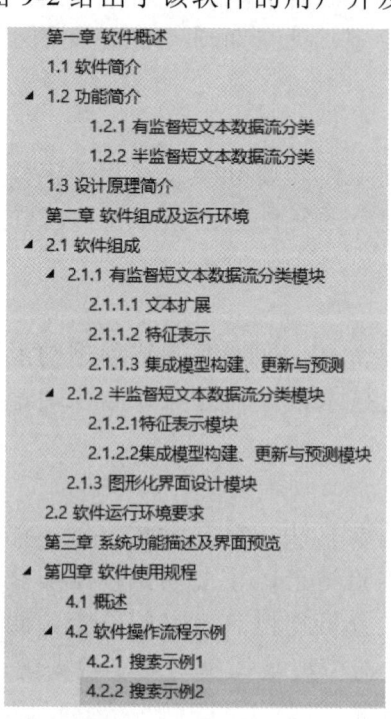

```
第一章 软件概述
    1.1 软件简介
    1.2 功能简介
        1.2.1 有监督短文本数据流分类
        1.2.2 半监督短文本数据流分类
    1.3 设计原理简介
第二章 软件组成及运行环境
    2.1 软件组成
        2.1.1 有监督短文本数据流分类模块
            2.1.1.1 文本扩展
            2.1.1.2 特征表示
            2.1.1.3 集成模型构建、更新与预测
        2.1.2 半监督短文本数据流分类模块
            2.1.2.1 特征表示模块
            2.1.2.2 集成模型构建、更新与预测模块
        2.1.3 图形化界面设计模块
    2.2 软件运行环境要求
第三章 系统功能描述及界面预览
第四章 软件使用规程
    4.1 概述
    4.2 软件操作流程示例
        4.2.1 搜索示例1
        4.2.2 搜索示例2
```

图 9-1 短文本数据流分类软件使用说明书 V1.0 的目录

```
第一章 界面类库
  1.1 概述
  1.2 类SSTSCJPanel
  1.3 类SemiSSTSCJPanel
第二章 有监督短文本数据流分类类库
  2.1 概述
  2.2 类ShortTextStreamClassification
  2.3 类ShortTextExpansion
  2.4 类EnsembleClassification
  2.5 类DistanceCalculation
  2.6 类ShortTexts
  2.7 类LDA
  2.7 类Inferencer
第三章 半监督短文本数据流分类类库
  3.1 概述
  3.2 类SemiShortTextStreamClassification
  3.3 类Doc2Vector
  3.4 类SemiEnsembleClassifier
  3.5 类SemiShortTexts
  3.6 类InstanceConstruction
  3.7 类ClusterDistanceCalculation
  3.8 类Classifier
  3.9 类Cluster
第四章 通用类库
  4.1 概述
  4.2 类FileTools
  4.3 类OperationTools
  4.4 类svm_predict
  4.5 类svm_train
  4.6 类svmModel
  4.7 类SVMTools
  4.8 类TypeTools
```

图 9-2　短文本数据流分类软件用户开发说明书的目录

在此基础上，也可以将其作为开源软件发布到开源软件社区中。

9.4.3 专利的申报流程与案例

1．三种类型专利申请的流程简介

专利的类型不同，相应的申请流程也稍有不同，具体如图 9-3、图 9-4 所示。发明专利从申请开始到最终专利授权的一般周期是 2~3 年，其中需要经历初步审核阶段、公开阶段、实审阶段，可能会根据专利员的质疑回答相关的问题，也可能经过多次沟通，最终由国家知识产权局发布专利授权通知，或者驳回申请，进

而申请者通过复审等流程进行争取。发明专利的专利权期限从提出申请日开始计算是 20 年。

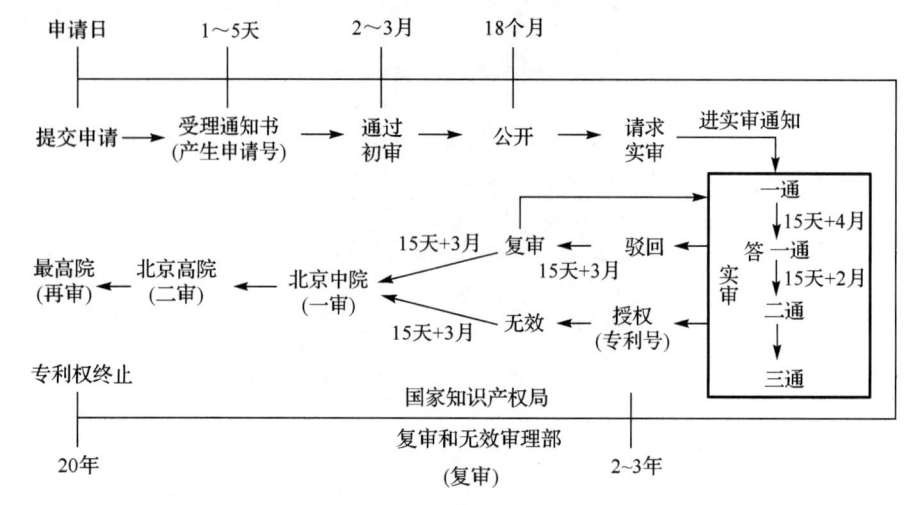

图 9-3　发明专利申请及后续流程

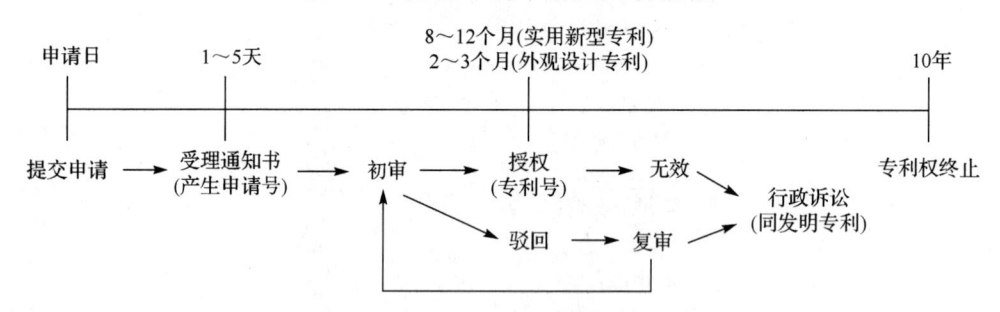

图 9-4　实用新型专利与外观设计专利申请及后续流程

相比发明专利，实用新型专利与外观设计专利申请只需通过初审即可，没有实审阶段，相对申请周期较短，例如，实用新型专利获批大体周期是 8～12 个月，外观设计专利一般 2～3 个月获批，两者的专利权期限都是 10 年，比发明专利的期限缩短一半。

2．专利申请的材料与申请书的撰写实例

高校的专利申请一般选择专利申请代理机构帮助处理申请流程，虽然产生了费用支出，但是可以避免走弯路，节省时间。官方通知的文件有受理通知书、初审合格通知书、不予受理通知书、缴费通知书、发明专利申请公布及进入实审通知书、审查意见通知书、驳回决定、发明/实用新型/外观授权办登通知书、发明/实用新型/外观权利证书、审查费/年费收据等。需要重点指出的是，专利申请准备前，申请人最重要的是准备专利申请文件，该文件一般包括说明书摘要、权利要求书、说明书三部分。下面以作者申请的"一种基于类与特征分布的多标签数据流中概念漂移检测方法"发明专利为例，阐述三部分的特点。

"一种基于类与特征分布的多标签数据流中概念漂移检测方法"发明专利的说明书摘要实例如表 9-2 所示。

表 9-2　说明书摘要实例

本发明公开了一种基于类与特征分布的多标签数据流中概念漂移检测方法，包括：1、根据滑动窗口机制将多标签数据流划分成数据块；2、统计数据块的类标签数据分布，并根据余弦相似度函数与海明损失函数计算类标签分布差异度，用于判断数据块是否发生概念漂移；3、统计数据块的特征数据分布，计算特征向量与类标签向量的相关度、特征向量间的冗余度和类标签向量间的相关度，根据最大相关与最小冗余的原则进行特征排序；4、选择前 K 个特征向量作为数据块的特征分布并计算特征分布差异度，用于判断数据块是否发生概念漂移。本发明可用于发现多标签数据流中基于类和特征分布变化引发的概念漂移，并根据类和特征分布的差异度判断漂移类型。

说明书摘要用于客观描述申请人所申请的专利是什么，所提出方法的流程是什么。本专利的说明书摘要阐述所申请的专利是一种方法，其流程包括 4 大步骤，最后阐述本发明的目的。

权利要求书明确界定要求保护技术方案的范围。范围太宽，不利于社会公众实施，阻碍相关发展；范围太窄，竞争对手实施完全没有障碍，可以轻易绕开专利权，这对于付出劳动成果的专利权人而言是不公平的，也会严重打击研发积极性，造成社会整体科技创新步伐减慢。权利要求书是对说明书摘要的流程的细致阐述，例如，上述发明专利的 4 大步骤，每步是怎样实现的，在撰写时注意描述语言中不能出现代词，如"其""它"等，一般采用"所述***"。不可出现不必要的解释，只需阐述是怎样做的，即"输入什么，做了什么操作，输出什么"，不需阐述带来的效果，这些将在说明书中给出。以"一种基于类与特征分布的多标签数据流中概念漂移检测方法"发明专利的说明书摘要中提到的第 1、2 步骤为例，给出权利要求书中的描述如表 9-3 所示。

其中，步骤 1 详细阐述输入数据的特点及其对所述输入数据特点的描述的写法；步骤 2 包括 3 个小步骤，因此，会按照每一小步的输入—操作—输出顺序逐一描述。

表 9-3　权利要求书中的描述

步骤 1：根据滑动窗口机制将一组多标签数据流 $D=\{e_1,e_2,\cdots,e_i,\cdots,e_n\}$ 划分成 N 个数据块 $D=\{D_1,D_2,\cdots,D_t,D_{t+1},\cdots,D_N\}$。其中，$e_i$ 表示所述多标签数据流 D 中第 i 个示例；D_t 表示所述多标签数据流 D 中第 t 个数据块，D_{t+1} 表示所述多标签数据流 D 中第 $t+1$ 个数据块，并有：$D_t=\{e_1^t,e_2^t,\cdots,e_j^t,\cdots,e_m^t\}$，$D_{t+1}=\{e_1^{t+1},e_2^{t+1},\cdots,e_j^{t+1},\cdots,e_m^{t+1}\}$；$e_j^t$ 与 e_j^{t+1} 分别表示第 t 个数据块 D_t 中的第 j 个示例以及第 $t+1$ 个数据块 D_{t+1} 中的第 j 个示例，并有：$e_j^t=\{X(e_j^t),Y(e_j^t)\}$，$e_j^{t+1}=\{X(e_j^{t+1}),Y(e_j^{t+1})\}$；$X(e_j^t)$ 与 $X(e_j^{t+1})$ 分别表示第 t 个数据块 D_t 中的第 j 个示例的特征空间以及第 $t+1$ 个数据块 D_{t+1} 中的第 j 个示例的特征空间；$X(e_j^t)\in\mathbb{R}^D$，$X(e_j^{t+1})\in\mathbb{R}^D$，$\mathbb{R}^D$ 表示一个 D 维的特征空间；$Y(e_j^t)$ 与 $Y(e_j^{t+1})$ 分别表示第 t 个数据块 D_t 中的第 j 个示例的类标签空间以及第 $t+1$ 个数据块 D_{t+1} 中的第 j 个示例的类标签空间，并有：$Y(e_j^t)=\{y_{j1}^t,y_{j2}^t,\cdots,y_{jl}^t,\cdots,y_{jL}^t\}$，$Y(e_j^{t+1})=\{y_{j1}^{t+1},y_{j2}^{t+1},\cdots,y_{jl}^{t+1},\cdots,y_{jL}^{t+1}\}$，$L$ 表示类标签空间中类标签的个数，y_{jl}^t 表示所述第 t 个数据块中的第 j 个示例

续表

的类标签空间 $Y(e_j^t)$ 中的第 l 维类标签的取值，y_{jl}^{t+1} 表示所述第 $t+1$ 个数据块中的第 j 个示例的类标签空间 $Y(e_j^{t+1})$ 中的第 l 维类标签的取值，$y_{jl}^t \in \{0,1\}$，$y_{jl}^{t+1} \in \{0,1\}$，$1 \leq i \leq n$，$1 \leq j \leq m$，$1 \leq l \leq L$，$1 \leq t \leq N$，$N = \lceil n/m \rceil$。

步骤 2：根据余弦相似度函数与海明损失函数计算类标签分布变化。

步骤 2.1 统计第 t 个数据块 D_t 和第 $t+1$ 个数据块 D_{t+1} 的类标签分布，得到第 t 个数据块 D_t 的类标签分布信息 $Y(D_t) = \{Y_1^t, Y_2^t, \cdots, Y_l^t, \cdots, Y_L^t\}$ 和第 $t+1$ 个数据块 D_{t+1} 的类标签分布信息 $Y(D_{t+1}) = \{Y_1^{t+1}, Y_2^{t+1}, \cdots, Y_l^{t+1}, \cdots, Y_L^{t+1}\}$。其中，$Y_l^t$ 表示第 t 个数据块 D_t 的第 l 维类标签向量，Y_l^{t+1} 表示第 $t+1$ 个数据块 D_{t+1} 的第 l 维类标签向量，并有：$Y_l^t = \{y_{lr}^t | 0 \leq r \leq 1\}$，$Y_l^{t+1} = \{y_{lr}^{t+1} | 0 \leq r \leq 1\}$，$y_{lr}^t \in \{0,1\}$，$y_{lr}^{t+1} \in \{0,1\}$。

步骤 2.2 计算第 t 个数据块 D_t 的第 l 维类标签向量 Y_l^t 和第 $t+1$ 个数据块 D_{t+1} 的第 l 维类标签向量 Y_l^{t+1} 的余弦相似度 $\cos_{t,t+1}^l$，从而得到第 t 个数据块 D_t 和第 $t+1$ 个数据块 D_{t+1} 的所有维类标签向量的余弦相似度均值 $\overline{\cos}_{t,t+1} = \sum_{l=1}^L \cos_{t,t+1}^l / L$，$1 \leq l \leq L$；

利用式（1）计算第 $t+1$ 个数据块 D_{t+1} 中的第 j 个示例 e_j^{t+1} 与第 t 个数据块 D_t 中的所有示例的海明损失 $\text{ham}_{t,t+1}^j$：

$$\text{ham}_{t,t+1}^j = \text{Min}_{e_j' \in D_t} \text{XOR}(Y(e_j^{t+1}), Y(e_j')) \tag{1}$$

式（1）中，$\text{XOR}(\cdot)$ 表示异或运算，并有：

$$\text{XOR}(Y(e_j^{t+1}), Y(e_j^t)) = \frac{1}{L} \sum_{l=1}^L \text{XOR}(y_{jl}^{t+1}, y_{jl}^t) \tag{2}$$

从而得到第 $t+1$ 个数据块 D_{t+1} 中的所有示例与第 t 个数据块 D_t 中的所有示例的海明损失均值 $\overline{\text{ham}}_{t,t+1} = \sum_{j=1}^m \text{ham}_{t,t+1}^j / m$，$1 \leq j \leq m$；

将 $1-\overline{\cos}_{t,t+1}$ 与 $\overline{\text{ham}}_{t,t+1}$ 的乘积作为第 t 个数据块 D_t 和第 $t+1$ 个数据块 D_{t+1} 的类分布差异度 $\text{dist}L_{t,t+1}$。

步骤 2.3 将所述类分布差异度 $\text{dist}L_{t,t+1}$ 与阈值 α 进行比较，$0 < \alpha < 1$，若 $\text{dist}L_{t,t+1} > \alpha$，则表示第 $t+1$ 个数据块 D_{t+1} 发生概念漂移，并输出第 $t+1$ 个数据块 D_{t+1} 的概念漂移类型为类分布变化；若 $\text{dist}L_{t,t+1} \leq \alpha$，则表示第 $t+1$ 个数据块 D_{t+1} 未发生概念漂移，并执行步骤 3。

说明书界定公开发明创造、解释和支持权利要求的保护范围。在审查过程中，作为答辩（申请的答辩过程/无效程序的意见陈述过程）的依据，对于没有记载在说明书中的技术方案及有益效果，在答辩时，审查员是不予接受的，对方也可就此提出抗辩。说明书部分的描述内容包括技术领域、背景技术、发明内容、附图说明、具体实施方式。其中，技术领域与背景技术描述专利申请的背景和意义。例如，表 9-4 给出的实例在背景介绍时，重点阐述了本发明专利所提方法的意义及解决的挑战，通过简要总结阐述所提专利方法的创新性与实用性。

表 9-4 说明书背景技术介绍实例

技术领域
　　本发明属于实际应用中多标签 Web 数据流挖掘领域，特别是涉及一种基于类与特征分布变化来检测概念漂移问题的方法。

背景技术
　　在实际应用领域，如社交网络、在线购物、传感器网络等，涌现出一种海量、高速和动态的数据——数据流。实际应用中这些数据流的示例会和多个类相关联，需要将示例同时归到多个类中，即存在多标记分类问题。例如，路透社的 804414 条新闻中平均每条新闻同时属于 2.16 个不同的类别；Web 数据中存在着大量的网页，而每个网页包含的文本、图像与视频可能隐含不同的主题。例如，一篇关于贝克汉姆的网

续表

上报道文章，可以为其打上"娱乐"与"体育"两个不同的类标记；在社交网络（包括国内的腾讯/新浪微博，国外的 Twitter 等）每天都会产生大量的用户数据，而其中包含的大量文本信息常归属不同的类。例如，新浪微博上的一篇关于雾霾的博文："雾霾就是 PM2.5 超标造成的，全世界唯一可防 PM2.5 的隔离防晒霜就在这里啦"，既可以为其打上"大气污染"的标签，又可以为其打上"护肤品""广告"的标签。现实世界中的这些数据流（尤其是 Web 文本数据流）除具有快速、连续、多变、无限等固有特点外，又含多个类标记，这一新特点使发现与检测数据流中的概念漂移问题变得更加复杂，使传统的数据挖掘算法甚至已有的数据流挖掘算法面临严峻的挑战。

挑战之一：传统的挖掘模型如分类模型与流行的数据流分类算法只能解决单标记分类问题，即利用训练样本建立模型并将测试样本分到某一类中，因而难以直接用于处理多标记数据。

挑战之二：人们尝试将其转换为单标记数据问题处理或设计新算法来处理多标记数据，然而，由于多为批处理算法，难以满足实际应用数据流处理时对时间与空间等方面的要求。

挑战之三：已有的数据流概念漂移检测方法大多基于分类错误率的变化来检测概念漂移，这种判断标准较适宜类分布变化导致的概念漂移，而忽略了概念漂移产生的原因可能是示例中的若干属性组成的集合变化，也可能是若干属性值的隐含分布规律的变化等，导致分类精度不高。同时，这些方法多针对单标签数据流，因而已有检测机制也难以在实际应用多标签数据流领域推广。

其中，发明内容部分包括专利要求书，为了避免重复，会表述为"（省略复制权书）"，但要介绍专利申请的目的与效益。发明内容描述实例如表 9-5 所示。

表 9-5 发明内容描述实例

发明内容

本发明是为避免上述现有技术所存在的不足，提供一种基于类与特征分布的多标签数据流中概念漂移检测方法，以期能用于检测实际应用领域多标签数据流中隐含的用户兴趣漂移问题，从而能降低概念漂移检测的误报率、漏报率与延时，提高正确检测概念漂移的次数，达到快速发现用户的兴趣变化，为用户提供更满意的相关主题推荐以及为商家提供更有效的决策支持的目的。

本发明为达到上述发明目的，采用如下技术方案：

（省略复制权书）

与已有技术相比，本发明有益效果体现如下。

1、本发明综合考虑了数据流中概念漂移产生原因的多样性，利用基于滑动窗口机制的数据块间类与特征分布变化的度量方法，用于发现多标签数据流中隐含的用户兴趣漂移现象，既克服了已有数据流概念漂移检测方法多基于分类错误率判断漂移类型，难以发现特征分布变化带来的概念漂移，导致分类精度降低的问题；又克服了这些漂移检测方法仅适宜于单标签数据流的处理，难以适应具有多标签的数据流环境的问题；从而有效降低了概念漂移检测的误报率、漏报率与延时，提高了概念漂移检测的准确率，达到快速发现用户的兴趣变化的目的。

2、本发明从类标签向量和示例两个角度考虑了多标签数据流中类标签分布的差异，分别利用余弦相似度函数与海明损失函数评估两维度的分布差异，并设计了类标签分布差异的综合度量函数，为多标签数据流中类分布变化引发的概念漂移问题提供了量化依据和解决方案。

3、本发明基于互信息理论设计了面向多标签数据流的标签重要度以及特征向量与类标签向量相关度的计算方法，根据最大相关与最小冗余原则，设计了基于特征排序的特征分布差异度量方法用于检测多标签数据流中的概念漂移问题；既考虑了类标签之间的差异度，又考虑了特征维与若干类标签之间的依赖关系，为多标签数据流特征分布变化引发的概念漂移问题提供了量化依据，同时也为基于特征分布变化求解概念漂移问题提供了新的解决方案，降低了数据高维稀疏问题对概念漂移检测的影响，提高了概念漂移检测的准确率。

续表

4、本发明面向实际应用领域，例如，社交网络用户兴趣的跟踪与挖掘，可用于舆情发现，实现舆情监控服务；网上购物用户行为模式变化的跟踪与挖掘，从而为商家、消费者提供预测、预警工作，为商家的销售、服务质量调整策略提供建议以及为消费者的购物行为进行推荐。

附图说明主要对专利申请方法的重要技术点的阐述给出相关示意图，旨在凝练技术细节，然后在"具体实施方式"描述中给出相应的文字描述。例如，"一种基于类与特征分布的多标签数据流中概念漂移检测方法"专利申请中的附图说明包括一个方法框架示意图、两个重要技术细节的示意图，附图一般放到专利申请书的最后，如表9-6所示。

最后的"具体实施方式"部分，可以理解是权利要求书的细化与例化，在具体阐述每个步骤时，适当给出案例进行例化。例如，在阐述步骤1后，"一种基于类与特征分布的多标签数据流中概念漂移检测方法"专利申请中添加了1个测试用例，如表9-7所示。

在细化描述所提方法的每个步骤后，通过例子将附图中设计的技术细节呈现，例如，对附图2中提到的基于余弦相似度函数与海明损失函数计算数据块间的类分布差异度过程的示意，进行了步骤式详解，如表9-8所示。

表9-6 附图说明与示意图实例

附图说明

图1为本发明多标签数据流中概念漂移检测方法框架示意图；

图2为本发明基于余弦相似度函数与海明损失函数计算数据块间类分布差异度的过程示意图；

图3为本发明基于最大相关与最小冗余原则进行特征排序并计算数据块间特征分布差异度的过程示意图。

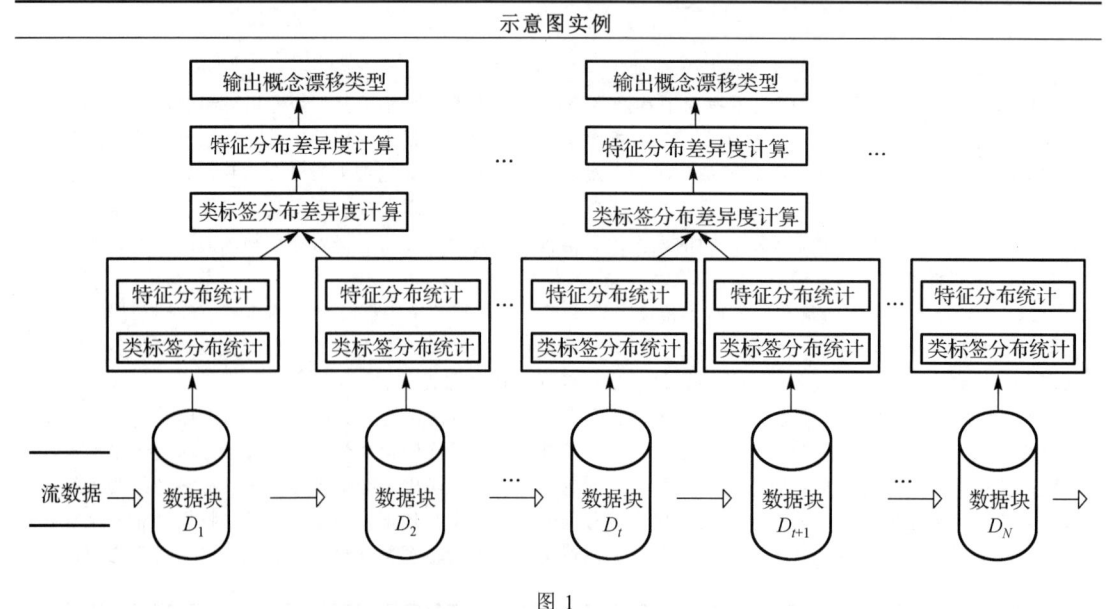

示意图实例

图1

150

表 9-7　具体实施方式实例 1

步骤 1　根据滑动窗口机制将数据流划分成数据块：
输入一组多标签数据流 $D=\{e_1,e_2,\cdots,e_i,\cdots,e_n\},\cdots$

本实例中，如表 1 所示，给定一组含有 10 个示例的多标签数据流，基于滑动窗口机制等分数据块 $D=\{D_1,D_2\}$，可划分 $N=2$ 个数据块，$m=5$，$D=3$，$L=3$，分别记为第 1 个数据块和第 2 个数据块；

表 1　某多标签数据流中 10 条抽样数据

数据块号	序号	特征 1	特征 2	特征 3	类别 1	类别 2	类别 3
第 1 个数据块	1	1	0	0	0	1	0
	2	1	1	0	1	1	0
	3	0	1	0	1	0	0
	4	1	1	0	1	1	0
	5	1	1	0	1	1	0
第 2 个数据块	6	1	1	1	1	1	0
	7	0	0	1	0	0	1
	8	1	0	0	0	1	0
	9	0	1	0	1	0	0
	10	0	1	1	1	0	1

表 9-8　具体实施方式实例 2

本实例中，根据余弦相似度函数与海明损失函数计算数据块间的类分布差异度过程，如图 2 所示，具体按如下步骤进行。

（1）统计第 1 个数据块 D_1 的类标签分布信息记为 $Y(D_1)=\{Y_1^1,Y_2^1,Y_3^1\}$ 和第 2 个数据块 D_2 的类标签分布信息记为 $Y(D_2)=\{Y_1^2,Y_2^2,Y_3^2\}$，其中，第 1 个数据块 D_1 的第 1 维～第 3 维类标签向量分别表示为 $Y_1^1=\{0,1\}$、$Y_2^1=\{0,1\}$ 和 $Y_3^1=\{0,1\}$，第 2 个数据块 D_1 的第 1 维～第 3 维类标签向量分别表示为 $Y_1^2=\{0,1\}$、$Y_2^2=\{0,1\}$ 和 $Y_3^2=\{0,1\}$；同时统计得到第 1 个数据块 D_1 的第 1 维～第 3 维类标签向量的两种类标签取值 {0,1} 的概率分布分别表示为 $P_1^1=\{\frac{1}{5},\frac{4}{5}\}$、$P_2^1=\{\frac{1}{5},\frac{4}{5}\}$ 与 $P_3^1=\{\frac{5}{5},0\}$；统计得到第 2 个数据块 D_2 的第 1 维～第 3 维类标签向量的两种类标签取值 {0,1} 的概率分布分别表示为 $P_1^2=\{\frac{2}{5},\frac{3}{5}\}$、$P_2^2=\{\frac{3}{5},\frac{2}{5}\}$ 与 $P_3^2=\{\frac{2}{5},\frac{3}{5}\}$。

（2）根据第 1 个数据块 D_1 和第 2 个数据块 D_2 的类标签分布信息，分别计算第 1 个数据块 D_1 和第 2 个数据块 D_2 的每一维类标签向量的余弦相似度：

$$\cos_{1,2}^1 = \frac{p_{10}^1 \cdot p_{10}^2 + p_{11}^1 \cdot p_{11}^2}{\sqrt{(p_{10}^1)^2+(p_{11}^1)^2} \cdot \sqrt{(p_{10}^2)^2+(p_{11}^2)^2}} = \frac{\frac{1}{5} \cdot \frac{2}{5} + \frac{4}{5} \cdot \frac{3}{5}}{\sqrt{(\frac{1}{5})^2+(\frac{4}{5})^2} \cdot \sqrt{(\frac{2}{5})^2+(\frac{3}{5})^2}} = 0.9417$$

续表

$$\cos_{1,2}^2=\frac{p_{20}^1\cdot p_{20}^2+p_{21}^1\cdot p_{21}^2}{\sqrt{(p_{20}^1)^2+(p_{21}^1)^2}\cdot\sqrt{(p_{20}^2)^2+(p_{21}^2)^2}}=\frac{\frac{1}{5}\cdot\frac{3}{5}+\frac{4}{5}\cdot\frac{2}{5}}{\sqrt{(\frac{1}{5})^2+(\frac{4}{5})^2}\cdot\sqrt{(\frac{3}{5})^2+(\frac{2}{5})^2}}=0.7399$$

$$\cos_{1,2}^3=\frac{p_{30}^1\cdot p_{30}^2+p_{31}^1\cdot p_{31}^2}{\sqrt{(p_{30}^1)^2+(p_{31}^1)^2}\cdot\sqrt{(p_{30}^2)^2+(p_{31}^2)^2}}=\frac{\frac{5}{5}\cdot\frac{2}{5}+0\cdot\frac{5}{5}}{\sqrt{(\frac{5}{5})^2+0^2}\cdot\sqrt{(\frac{2}{5})^2+(\frac{3}{5})^2}}=0.5547$$

$$\overline{\cos}_{1,2}=1/3\cdot(\cos_{1,2}^1+\cos_{1,2}^2+\cos_{1,2}^3)=0.7454$$

（3）计算第 2 个数据块 D_2 中的第 1 个示例分别与第 1 个数据块 D_2 中的所有 5 个示例的海明损失 $\text{ham}_{1,2}^1$：

$$\text{ham}_{1,2}^1=\text{Min}_{e_j^1\in D_1}\text{XOR}(Y(e_1^2),Y(e_j^1))=\text{Min}(\text{XOR}(Y(e_1^2),Y(e_1^1)),\text{XOR}(Y(e_1^2),Y(e_2^1)),$$

$$\text{XOR}(Y(e_1^2),Y(e_3^1)),\ \text{XOR}(Y(e_1^2),Y(e_4^1)),\ \text{XOR}(Y(e_1^2),Y(e_5^1)))=1/3$$

其中，

$$\text{XOR}(Y(e_1^2),Y(e_1^1))=\frac{1}{3}\sum_{l=1}^3\text{XOR}(y_{1l}^2,y_{1l}^1)=\frac{2}{3}$$

$$\text{XOR}(Y(e_1^2),Y(e_2^1))=\frac{1}{3}\sum_{l=1}^3\text{XOR}(y_{1l}^2,y_{2l}^1)=\frac{1}{3}$$

$$\text{XOR}(Y(e_1^2),Y(e_3^1))=\frac{1}{3}\sum_{l=1}^3\text{XOR}(y_{1l}^2,y_{3l}^1)=\frac{2}{3}$$

$$\text{XOR}(Y(e_1^2),Y(e_4^1))=\frac{1}{3}\sum_{l=1}^3\text{XOR}(y_{1l}^2,y_{4l}^1)=\frac{1}{3}$$

$$\text{XOR}(Y(e_1^2),Y(e_5^1))=\frac{1}{3}\sum_{l=1}^3\text{XOR}(y_{1l}^2,y_{5l}^1)=\frac{1}{3}$$

同理得到第 2 个数据块 D_2 中的第 2 个示例和第 3 个示例分别与第 1 个数据块 D_1 中的所有 5 个示例的海明损失 $\text{ham}_{1,2}^2=2/3$，$\text{ham}_{1,2}^3=0$，$\text{ham}_{1,2}^4=0$，$\text{ham}_{1,2}^5=1/3$，从而得到第 2 个数据块 D_2 中的所有示例与第 1 个数据块 D_1 中的所有示例的海明损失均值 $\overline{\text{ham}}_{1,2}=\sum_{j=1}^5\text{ham}_{1,2}^j/5=0.2667$。

（4）计算第 1 个数据块 D_1 中的所有示例与第 2 个数据块 D_2 的类分布差异度 $\text{dist}L_{1,2}=(1-\overline{\cos}_{1,2})\cdot\overline{\text{ham}}_{1,2}=(1-1/3)\cdot 0.2667=0.1778$。

（5）给定阈值 $\alpha=0.2$，比较 $\text{dist}L_{1,2}$ 与 α，由于 $\text{dist}F_{1,2}<\alpha$，则表示第 2 个数据块 D_2 未发生类分布变化的概念漂移，需进一步执行特征分布变化的检测。

9.5　本　章　小　结

系统设计和实现过程中，如果探索并采用了某些新的解决方案，如课题解决方案中采用了新方法、策略甚至参数等对问题求解的某方面取得了较好的成效，就应考虑进一步探索新方法的可行性、稳定性及性能等，并采用实验研究等方式对新方案开展研究，并撰写可以投稿的学术论文或申请专利、申报软件著作权登记等，以获得成果登记方式加以保护，这是开展创新所必需的途径。

9.6　思考与实践

1. 简述专利申请的概念与流程。
2. 结合自己设计的特色做法，谈谈专利申请的实践。
3. 简述学术论文的特点与类型。
4. 如何申请软件著作权，试撰写一份软件著作权方案。

第 10 章 查阅与引用文献资料

【本章导读】

文献资料是科学研究中有价值的参考资料，有效检索、分析和引用文献资料是从事科学研究和工程研发工作的科技工作者的基本能力。如果毕业设计（论文）课题符合要求，任务书中就会明确给出一部分参考文献。在多个阶段都需要查阅相应的文献资料，如开题阶段、系统设计阶段、毕业论文撰写阶段等。因此，文献资料查阅与分析能力是开展科学研究和科技创新必要的能力。

本章主要介绍查阅文献资料的作用与意义、文献资料的类型、常用的文献标准格式与引用参考文献、查阅文献资料的途径与工具、查阅文献资料的方法、文献资料的整理、计算机科学与技术领域外文电子信息资源举要，最后给出查阅文献资料的实例。

专业： 应理解查阅与引用文献资料对解决复杂工程问题能力培养的作用，培养学生具备查阅与引用文献资料的能力，以保障毕业设计（论文）过程中顺利完成资料收集和毕业论文撰写等阶段的任务，并不断提升人才培养质量。

指导教师： 应理解该环节对学生顺利完成毕业设计（论文）的重要性，系统指导学生开展文献资料的查阅、整理和规范引用工作，提高毕业设计（论文）的质量。

学生读者： 应理解查阅与引用文献资料的能力是开展毕业设计（论文）工作的基本要求和基本功，这是毕业设计（论文）资料收集等阶段的必要手段，关系信息资源的有效开发和利用。如何更好地继承和借鉴前人的成果，需要引起足够的重视。

10.1 查阅文献资料的作用与意义

1. 明确所开展课题的价值

通过查阅文献资料，可以了解到即将开展的课题具有什么水平，目前有没有人或有多少人在从事相关工作；知道课题是属于哪种类型的课题，是理论研究型还是试验研究型，是工程设计型还是工程技术研究型或软件开发型。

2. 给开题论证提供信息

通过查阅文献资料，可以了解到前人在这个领域中已做过了哪些工作，取得了哪些成就，还存在哪些问题，这些问题为什么难以突破，以及这个领域发展的动向是什么。

3．不断给所开展的课题提供信息

在开展课题工作的过程中，必须通过查阅文献资料，了解这一领域的已有事实和理论思想及在这一领域前人成功的思路和方法，并从中获得启示，这样有利于借鉴它并修改自己的策略，形成自己的新思路和方法。

4．开阔视野

通过查阅文献资料，了解很多教科书以外的知识，大大开阔自己的视野，为今后的研究开发工作，即从选题到研究开发思路及研究开发方法，提供宝贵的资源。

10.2　文献资料的类型

按来源可将文献资料划分为以下几种。

1．一次文献（Primary Document）

一次文献是著作者根据自己在实际科技工作中取得的成果所撰写或创作的文献，包括期刊文献、会议文献、专利说明书、科技报告、学位论文等，常称为原始文献，又称为参考工具书。

2．二次文献（Secondary Document）

二次文献是对一次文献进行加工、整理后的产物。主要用于管理和利用一次文献，如各种书目、索引、题录、文摘等，为读者查找文献资料提供路径，又称为检索工具书。

3．三次文献（Tertiary Document）

三次文献是指利用二次文献选用一次文献的内容而编纂出的成果。例如，各种词典、手册、年鉴、百科全书、综述、评论、专题报告等。从三次文献中可以大致了解某一类文献资料的总体情况。

10.3　常用的文献标准格式与引用参考文献

10.3.1　常用的文献标准格式

1．中文文献标准

（1）《信息与文献　参考文献著录规则》（GB/T 7714—2015）：专供著者与编者编纂文后参考文献使用。

（2）《科学技术报告、学位论文和学术论文的编写格式》（GB 7713—87）：适用于报告、论文的编写格式。

（3）《文摘编写规则》《GB 6447—86》：适用于编写作者文摘，也适用于编写文摘员文摘。

2．常用的英文文献格式

（1）Modern Language Association（现代语言协会，MLA）格式：主要用于人文科学领域。

（2）American Psychological Association（美国心理学会，APA）格式：主要用于心理、教育等社会科学领域。

（3）Chicago Manual of Style（芝加哥格式，CMS）：广泛用于图书、杂志、报纸及人文科学领域。

（4）American Chemical Society（美国化学学会，ACS）格式：主要用于化学领域。

（5）Council of Science Editors（科学编辑理事会，CSE，前身为生物学编辑理事会 CBE）格式：主要用于自然科学领域。

（6）American Medical Association（美国医学协会，AMA）格式：主要用于生物医学领域。

3．常用的英文文献格式资源

（1）美国长岛大学（Long Island University）整理的各种参考文献格式：MLA、APA、CMS 和 AMA。

（2）美国海军大学（United States Naval Academy）整理的各种参考文献格式：MLA、APA 和 CMS。

（3）LLC 公司整理的各种参考文献格式：MLA、APA、CMS 和 CSE。

10.3.2　参考文献格式的书写顺序和序号

1．期刊类文献格式的书写顺序

作者名（不论中外，都是姓前名后，超过 3 名作者只列前 3 名，中文后加"等"，英文后加" et al"）. 引文题目[J]. 期刊名（外文刊名可缩写），出版年，卷号（期号）：起始或起止页码.

2．专著类文献格式的书写顺序

作者名. 书名[M]. 版本（第一版不写）. 出版地：出版者，出版年：起始或起止页码.

3．论文集类（或会议论文集类）文献格式的书写顺序

引文作者名. 引文题目[G 或 C]. 见（英文用 In）：论文集名（会议论文集名）. 出版地（会址）：出版者，出版年：起始或起止页码.

4．学位论文类文献格式的书写顺序

作者名．题名：[D 或 D/OL]．保存地点：保存单位，年份．

以上各类文献的项目要完整，各项的顺序和标点都要和上述描述一致；网页文献、尚未公开发表的论文、预印本等，一律不列入正式文献。

5．参考文献序号

参考文献在正文中按出现顺序用［1］，［2］，…，以脚注形式标注；在书后"参考文献"中，用［1］，［2］，…，以正文形式按顺序标注。

10.4 查阅文献资料的途径与工具

10.4.1 通过图书馆查找

1．传统图书馆时代的查找方法

在传统图书馆中，图书馆只收藏印刷型文献，检索工具、馆藏目录是卡片式或书本式，如"EI""SCI""SA""IAA""STAR"等，需完全手工查询并通过邮件传递或亲自前往所在地获取原文。因此，检索效率低，原文获取困难。又因文献保障率低，有时甚至会放弃寻找，失去查找信心。

2．现代图书馆时代的查找方法

在数字图书馆时代，互联网形成一定规模，现代图书馆提供大量的电子资源，文献资源经过了整合，出现各种联合目录，检索工具、馆藏目录以数据库形式出现。可利用计算机进行检索并从网络直接下载或通过电子邮件获取原文，由此出现了馆际互借和原文网络传递平台查询方法。因此，检索效率大大提高，原文获取比较容易，文献保障率大大提高。

10.4.2 通过互联网查找

1．在各种电子信息资源中检索

电子信息资源是指以数字方式将图、文、声、像等信息存储在磁、光、电介质上，通过计算机等设备阅读使用的资源，包括网络资源、数据库资源和电子出版物。一些学术型电子信息资源通常是集团（多为各教学科研单位所属的图书馆）购买后在自己的局域网内提供服务，通过 IP 控制访问权限，在引进前有一段时间的免费试用期。其主要形式如下。

（1）全文电子期刊数据库：存储的是文献的原文信息，通过检索可以直接获取文献原文。

（2）文摘索引数据库：检索最终结果的书目、索引或文摘，仅提供文献线索，还需根据线索再查找文献原文。

（3）电子图书数据库：指完全在网络环境下编辑、出版、传播的图书及印刷型图书的电子版数据库，一般具有检索、借阅、目次浏览、打印、个性化标注等功能。

（4）免费网络资源数据库：互联网作为全球最大的信息资源库，其信息源多来自权威学术团体、政府机构、科研院所的网站和一些商业网站，使用搜索引擎通常能够获取到质量上乘、学术价值较高的免费网络信息资源。

2．通过网络搜索引擎查找

随着互联网的迅猛发展、Web 信息的增加，用户要在信息海洋里查找信息，就像大海捞针一样，搜索引擎技术恰好解决了这一难题，它可以为用户提供信息检索服务。目前，比较快捷实用的搜索引擎有 Google 和百度。其中，中文信息检索大多使用百度。

3．通过论坛和新闻组查找

如果用前两种方法找不到所需的文献资料，可尝试到相关论坛或新闻组去寻找。

论坛是网络环境下一种学习交流的环境，通过论坛与相关领域的研究开发人员进行交流，可以突破常规交流在时间和地域上的局限性，并能获取从其他途径难以得到的信息。例如，开发人员可在 CSDN 论坛检索开发资料。CSDN（Chinese Software Developer Network）创立于 1999 年，致力于为中国软件开发者提供知识传播、在线学习职业发展等全生命周期服务。截至 2018 年 12 月，CSDN 拥有超过 2600 万技术会员，论坛发帖数为 1000 万，技术资源数量为 700 万，Blog 文章数量为 1400 万，新媒体矩阵粉丝数量为 600 万，合作上千家科技公司及技术社区。

新闻组（NewsGroup）是一个完全交互式的超级电子论坛，是任何一个网络用户都能进行相互交流的工具。新闻组的历史比 WWW 还长，现在互联网上的各种论坛、BBS 等都是从新闻组的模式发展出来的。新闻组在国外的使用频率很高，人们通过新闻组来交流意见，发表看法；许多软件都是在新闻组中首先发布的，甚至"I love you"等病毒也是从这里传播出去的。

10.5　查阅文献资料的方法

10.5.1　掌握基本检索方法

（1）关键词检索：全篇文献中所有有实义的词均可作为检索词。

（2）主题词检索：使用严格规定的主题词或叙词进行检索。

（3）题名检索：只在文献的标题中进行主题词或关键词的检索。

（4）责任者检索：通过编著者索引进行检索。

（5）时间检索：根据文献的出版年代进行检索。

10.5.2 直接法

直接法是指直接利用检索工具（系统）检索文献信息的方法，这是文献检索中最常用的一种方法，可分为顺查法、倒查法和抽查法。

1．顺查法

顺查法是指按照时间顺序，由远及近地利用检索工具进行文献信息检索的方法。这种方法能收集到某一课题的系统文献，适用于较大课题的文献检索。例如，已知某课题的起始年代，现在需要了解其发展的全过程，就可以用顺查法从起始年代开始逐渐向近期查找。

2．倒查法

倒查法是由近及远、从新到旧，逆着时间的顺序利用检索工具进行文献信息检索的方法。重点放在近期文献上。使用这种方法可以最快地获得最新资料。

3．抽查法

抽查法是指针对项目的特点，选择有关该项目的文献信息最可能出现或最多出现的时间段，利用检索工具进行重点检索的方法。

10.5.3 追溯法

追溯法是指不利用一般的检索工具，而是利用已经掌握的文献资料末尾所列的参考文献，逐一地追溯查找"引文"的一种最简便的扩大文献资料来源的方法。它还可以从查到的"引文"中再追溯查找"引文"，像滚雪球一样，依据文献间的引用关系，获得越来越多的内容相关文献。

10.5.4 综合法

综合法又称循环法，它是把上述两种方法加以综合运用的方法。综合法既要利用检索工具进行常规检索，又要利用文献后所附参考文献进行追溯检索，分期分段地交替使用这两种方法，即先利用检索工具检索到一批文献，再以这些文献末尾的参考文献目录为线索进行查找，如此循环进行，直到满足要求为止。

综合法兼有直接法和追溯法的优点，可以查到较全面准确的文献，是实际中采用较多的方法。

10.5.5 运筹法

由于科学技术的进步，科技信息增长迅猛，在这"知识爆炸"的时代里查阅文献资料必须注意使用运筹法，以节省时间和精力，提高查阅的效率。查阅文献资料一般应做到"四先四后"，即先近后远，先内后外，先专业后广泛，先综述后单篇。

1．先近后远

查阅文献资料时要先查阅最近的文献资料，再追溯既往的文献资料。这样一方面可以迅速了解当代的水平和最先进的理论观点及方法；另一方面，近代文献资料常附有既往的文献目录，可以选择并扩大文献线索。

2．先内后外

先查阅国内的文献资料，再查阅国外的文献资料。国内的文献资料一是易懂易找，查阅速度快，应先搞清国内情况；二是国内文献资料本身也引证了大量的国外文献资料目录，为进一步查阅文献资料提供线索。

3．先专业后广泛

先查阅本专业或与本专业密切相关的资料，后查阅其他综合性刊物和其他边缘学科的刊物。这是因为对专业资料较熟悉，能迅速收集所需资料。有了这些资料，对有关边缘资料的内容也就明白了，而且专业资料可能会引证其他有关科学文献。

4．先综述后单篇

先查阅与题目有关的综述性文献，再查阅单篇文献。因为综述性文献往往对本题的历史现状及存在的争议和展望有较全面的综合性论述，可用于较快地了解概况，让我们对所研究的问题也可较快地得到较全面深刻的认识。而且，综述性文献后多列有文献目录，是扩大文献资料来源的捷径。

总之，在浩如烟海的文献资料里，只有善于运筹，才能有条不紊地把所需的文献资料整理出来，才能提高效率，从而迅速又准确地找到所需文献资料。

10.6 文献资料的整理

10.6.1 文献资料的初步整理加工

（1）文献资料的目录登记，要求尽量完整和准确，尽量采用卡片式登记方法，便于携带、保存、分类、归纳、查找和使用。

（2）根据资料与专题的相关度确定取舍及分类形式。

（3）根据确定的保存形式进行初步整理加工（分类保存）。

（4）对多次出现在不同目录中或多次被其他文献引用的新观点、新资料要重点查阅。

（5）对孤证资料尤其要慎重，不可轻易舍弃。

10.6.2 文献资料的进一步整理加工

分类建立卡片库后，下面应将有用的信息记录在卡片上。

1．写评语做记号

对所读文献资料写上自己的看法、解释或质疑，即写评语。读者在文献资料上对重点、难点、妙处及感兴趣的地方做上各种标记，如直线、波浪线、双直线、双波浪线、圆圈、问号、括号、惊叹号等自己约定意义的符号，日后根据符号可方便查询。如果文献资料是自己的，评语和记号可直接写在其上；如果文献资料不是自己的，评语和记号只可写在复印件或卡片上；如果是电子版文献，可充分利用相应软件的标记功能。例如，使用 Adobe Acrobat Reader 在 PDF 格式的文档中设置标签、批注，使用 Word 在 Doc 格式的文档中设置标签、插入文字甚至声音批注。

2．简要记录

对文献资料上重点、难点、妙处、感兴趣之处要及时做好简要记录，可为今后写作提供论证、引证。做简要记录时，不得改动原文，也不得断章取义。同时，还要标明书名或论文题目、作者姓名、出版单位、出版时间、版本、页码等。

3．编写摘要

把原文的基本内容、主题思想、观点、独到之处或其他数据，用自己的话或原文进行简明扼要的总结。

编写要求如下：摘要是以提供文献内容梗概为目的的，不必增加评论和补充解释；简明、确切地记述文献的重要内容的短文，应包括目的、方法、结果、结论，字数一般在 400 个以内。

（1）中文摘要。

Ⅰ．编写时要客观、如实地反映一次文献，切不可添加文摘编写者的主观见解、解释或评论。

Ⅱ．要着重反映文稿中的新观点。

Ⅲ．不要重复本学科领域已成常识的内容。

Ⅳ．不要简单地重复题名中已有的信息。

Ⅴ．内容要合乎语法，尽量与文稿的文体保持一致。

Ⅵ．结构要严谨，表达要简明，语义要确切，一般不分段落。

Ⅶ．要用第三人称的写法。

（2）英文摘要。

Ⅰ．应为中文摘要的转译，字数以 250 个实词为宜。

Ⅱ. 尽量使用短句子，避免重复单调。

Ⅲ. 应用过去时态描述所进行的工作，用现在时态叙述结论。

Ⅳ. 尽量避免使用长系列形容词或名词来修饰名词。

Ⅴ. 适当地应用主动语态代替被动语态。

Ⅵ. 应用重要的名词开头，避免使用短语或从句开头。

Ⅶ. 尽量避免使用以第一人称（We，I）形式为主语的句子。

4．综合评论

按分类对收集的某一类别所有资料进行归纳、分析后，对他人的观点或方法可能认同，也可能产生一些自己的想法，从而对自己正在研究的专题提出新的方案。这样写成的类似研究报告的文章称为综合评论（实际上是一篇科研论文，这种写综合评论的方法称为文献研究法）。通过写综合评论，可将这一类资料的精髓内化为自己知识体系的一部分。长期坚持，可能博古通今，并为自己和他人的研究提供有价值的线索。开始学写综合评论时，可能会感到很难，因此可以写得简单一些，不要面面俱到。写得越多，就会写得越好。

10.7 计算机科学与技术领域外文电子信息资源举要

针对计算机科学与技术领域用户在科学研究和攻读学位方面的需求，下面推荐一些常用电子信息资源，目的在于使读者了解信息社会电子信息资源检索与利用的基本常识，提高学术电子信息资源的利用效率和科研工作效率。

10.7.1 常用英文电子期刊数据库

1. ACM Digital Library 全文数据库

ACM（Association for Computing Machinery，国际计算机学会）是一个世界性的计算机从业人员专业组织，创立于 1947 年，是世界上第一个科学性及教育性计算机学会，目前在 130 多个国家和地区拥有超过 10 万名会员，是全世界计算机领域影响力最大的专业学术组织。ACM 于 1999 年开始提供电子数据库服务，即 ACM Digital Library 全文数据库。该数据库收录计算机科学技术及其相关学科的文献数据，每篇文献著录的内容包括：书目信息（包括题名、作者、出版者、卷、期、页码）、索引（以文章关键词和 ACM 计算机分类系统编排）、文摘、评论和全文。绝大多数文章的全文采用 PDF 格式保存，用户需要事先安装 PDF 阅读器才能阅读全文。

2. Elsevier Science 公司及 SDOS 数据库

荷兰 Elsevier Science 公司是世界著名的学术期刊出版商，出版 2000 多种同行评审的学术期刊，涉及数学、物理、生命科学、化学、计算机、临床医学、环境科学、材料科学、航空航天、工程与能源技术、地球科学、天文学、经济、商业管理、社会科学等学科。从 1997 年开始，该公司推出名为 Science Direct 的电子期刊计划，将该公司的全部印刷版期刊转换为电子版，内容每日更新。该公司出版的期刊是世界公认的高品位学术期刊，且大多数为核心期刊，被世界上许多著名的二次文献数据库所收录。近年来，该公司收购了许多出版公司，如美国 EI 公司、Harcourt 公司等。该数据库具有与一、二次文献链接的特点，如可与 EiCompandxWeb 数据库链接。

3．IEEE/IET Electronic Library（IEL）

电气和电子工程师协会（Institute of Electrical and Electronics Engineers，IEEE）是美国的电子技术与信息科学工程师协会，是世界上最大的非营利性专业技术学会，其会员人数超过 40 万，遍布 160 多个国家和地区。IEEE 致力于电气、电子、计算机工程和与科学有关领域的开发和研究，在航空航天、信息技术、电力及消费性电子产品等领域已制定了 900 多个行业标准，现已发展成为具有较大影响力的国际学术组织。国内已有北京、上海、西安、武汉、郑州等地的 55 所高校成立了 IEEE 学生分会。IEEE/IET Electronic Library 是 IEEE 旗下最完整、最有价值的在线数字资源。

4．Kluwer Online 全文电子期刊数据库

Kluwer Academic Publisher 是荷兰一家具有国际声誉的学术出版商，它出版的图书、期刊一向品质较高，备受专家和学者的信赖和赞誉。Kluwer Online 是其出版的 800 种期刊的网络版，专门基于互联网提供 Kluwer 电子期刊的检索、阅览和下载全文服务。其覆盖的学科有材料科学、地球科学、电气电子工程、法学、工程、工商管理、化学、环境科学、计算机和信息科学、教育、经济学、考古学、人文科学、社会科学、生物学、数学、天文学/天体物理学/空间科学、物理学、心理学、医学、艺术、语言学、运筹学/管理学、哲学等。其中大部分期刊是被 SCI、SSCI 和 EI 收录的核心期刊，是科研人员的重要信息源。付费用户直接登录该数据库网址即可使用 Kluwer Academic Publisher 的 800 多种电子期刊，免费检索、阅览和下载。

5．Springer 全文电子期刊数据库

德国施普林格（Springer-Verlag）是世界上著名的科技出版集团，通过 Springer LINK 系统提供学术期刊及电子图书的在线服务，包含 1200 余种学术期刊，涉及生命科学、医学、数学、化学、计算机科学、经济、法律、工程学、环境科学、地球科学、物理学与天文学等学科，是科研人员的重要信息源。

6．ASP 学术期刊全文数据库和 BSP 商业资源全文数据库

Academic Source Premier（ASP）学术期刊全文数据库收录了 8200 多种出版物的索引，有近 4700 种出版物的全文，其中包括 3600 多种同行评审全文期刊；有 100 多种顶级学术期刊的 PDF 全文，最早可回溯到 1965 年甚至更早。该数

据库提供了几乎所有学术研究领域的文献，包括社会科学、人文科学、教育、计算机科学、工程技术、物理学、化学、语言学、文学艺术、医学、伦理学等。但是其中有些期刊全文有滞后现象，特别是医学期刊，滞后时间为 12 个月左右。Business Source Premier（BSP）商业资源全文数据库收录 3300 多种期刊索引及摘要，其中有 2300 多种为全文期刊（包括 1100 多种同行评审全文期刊），同时收录 1400 种知名出版社的国家/地区报告（全文）。收录文献的主题范围包括金融、银行、国际贸易、商业管理、市场行销、投资报告、房地产、产业报道、经济评论、经济学、企业经营、财务金融、能源管理、信息管理、知识管理、工业工程管理、保险、法律、税收、电信通信等。收录年限为 1886 年至今。

7．WSN 全文电子期刊数据库

新加坡世界科技出版公司（World Scientific Publishing Company）是当今亚太地区规模最大的英文科技出版公司，也是世界主要科技出版公司之一。1995 年，与英国伦敦大学帝国理工学院共同创建了帝国学院出版社（Imperial College Press）。世界科技出版公司专职出版高科技书刊，内容涉及基础科学、计算机科学、工程技术、医学、生命科学、商业与管理等学科。世界科技出版公司每年出版新书 500 多种，学术期刊 120 余种。旗下拥有 WSN 全文电子期刊数据库，全世界有近 30 万家研究院图书馆、大学图书馆和公共图书馆是其订户。

10.7.2 电子图书示例

计算机科学讲义（Lecture Notes in Computer Science）电子版丛书由德国施普林格出版社出版，收集计算机科学领域的国际会议文集，同时包括人工智能副刊。从 20 世纪 70 年代早期开始，由 Springer-Verlag 组织全世界来自计算机科学领域的专业人士编撰这套权威计算机专业丛书，其从 1973 年出版以来，迅速进入计算机科学研究领域的前沿，并且以价格低廉、出版迅速和精深权威的撰写质量获得了用户的青睐。该丛书每年出版 200 种以上文集，是报道计算机科学研究与教育领域内最新进展的基础文献源，具有快速、高效、准确、信息量大的特点。其收录的论文被 INSPEC、ISTP 等重要的二次文献所报道。

10.7.3 文摘索引数据库

1．SCI/SCI-E

科学引文索引（Science Citation Index，SCI）于 1957 年由美国科学信息研究所（Institute for Scientific Information，ISI）在美国费城创办。SCI、EI（工程索引）、ISTP（科技会议录索引）是世界著名的三大科技文献检索系统，是国际公认的进行科学统计与科学评价的主要检索工具，其中 SCI 最重要。SCI 收录了约 5900 种重要期刊，覆盖 150 多个学科领域，是权威的科学技术文献检索工具。它不仅可用于查找最新的研究成果（文摘和所引用的参考文献），还提供文献被引用情况的检索，拥有强大检索功能，可以用于查找相关研究早期、当时和最近的学术文献，同时提供原文摘要；提供相关文献（Related Records）检索，可用于获取共同引用相同的一份或几份文献的论文；每周更新，确保及时反映研究动态；用于检索所有被收录和被引用的作者，而非仅仅是第一作者；提供论文的"Times Cited"（被引用次数），并可链接到相应的论文。独特的引文检索体系使它成为普遍使用的学术评价工具。

科学引文索引扩展版（Science Citation Index Expanded，SCI-E）是 SCI 的网络版，目前包含在 Web of Science 数据库中。SCI-E 具备连接各种其他学术信息资源（学术会议录、专利、基因/蛋白质序列、生物科学信息、电子文献全文、期刊影响因子、图书馆馆藏信息系统、文献信息管理系统等）的能力，可以跟踪学术文献的被引用信息。

合肥工业大学图书馆购买了 2003 年及以后的数据。目前，该平台包括 SCIE 核心合集、Derwent 专利库、INSPEC、ESI 等。

2．IST Proceedings

会议录文献有助于研究人员发现首次出现的创新想法和概念，追踪其发展，从而掌握某一学科的最新研究动态和趋势，与世界范围的学术研究同步。ISI Proceedings 是 ISI 著名的学术会议录文献索引 Index to Scientific & Technical Proceedings（科技会议录索引，ISTP）和 Index to Social Sciences & Humanities Proceedings（社会科学与人文会议录索引，ISSHP）的 Web 版，汇集世界上著名的会议、座谈、研究会和专题讨论会等多种学术会议的会议录文献。通过 ISI Proceedings，研究人员可直接检索 10000 多种国际上主要的自然科学、工程技术、社会科学和人文科学会议录信息。ISI Proceedings 覆盖学科范围广泛，内容综合全面。研究人员可以查找某一新研究方向或概念的初始文献，核实会议论文的引文；查找未在期刊上发表的论文，进行作者、研究所和研究机构及主题词的回溯检索，追踪某一特定主题的研究报告，决定对会议录文献的订购，了解某个会议的会议录是否出版，甚至通过 ISI 文献快递服务（ISI Document Solution）订购原文。

ISTP 内容涵盖生命科学、物理学、化学、农业、环境科学、临床医学、工程技术和应用科学等领域，包含 200 多万条文献记录，每周更新，索引内容的 65%来源于专门出版的会议录或丛书，其余 35%来源于以期刊形式定期出版的系列会议录。

3．INSPEC

INSPEC（Information Service in Physics，Electro-Technology，Computer and Control）是物理学、电子工程、电子学、计算机科学及信息技术领域的权威性文

摘索引数据库，即英国电机工程师学会（IEE）的物理、电子电气、计算机与控制及信息科学文摘。它由英国 IEE 编辑，主要收录 1969 年以来世界范围内出版的 4000 余种期刊、约 1500 种会议录及科技报告、图书、学位论文等文献的文摘信息，有超过 700 万条数据，每年还新增约 35 万条。与 INSPEC 相对应的印刷本检索刊物是 *Science Abstracts*。其覆盖的学科包括原子物理及分子物理、数学和数学物理、凝聚态物理、气体、流体、等离子体、光学和激光、声学、电力系统、热力学、磁学、生物物理和生物工程、原子物理、基本粒子、核物理、仪器制造与测量、半导体物理、天文学与大气物理、材料科学、水科学与海洋学、环境科学、超导体、电路、电路元件和电路设计、电信、超导体、电子光学和激光、电力系统、微电子学、医学电子学、计算机科学、控制系统及理论、人工智能、软件工程、办公室自动化、机器人、情报学。

4．EI Village

EI Compendex Web 是 EI（工程索引）的网络版，内容包括原来的光盘版（EI Compendex）和后来扩展的部分（EI PageOne）。EI Village 数据库是目前全球最全面的工程领域二次文献数据库。它收录了 700 多万篇论文的参考文献和摘要。这些论文出自 5000 多种工程类期刊、会议论文集和技术报告，其范围涵盖工程和应用科学领域的各学科，涉及机械工程、土木工程、环境工程、电气工程、结构工程、材料科学、固体物理、超导体、生物工程、能源、化学和工艺工程、照明和光学技术、空气和水污染、固体废弃物处理、道路交通、运输安全、控制工程、工程管理、农业工程和食品技术、计算机和数据处理、电子和通信、石油、宇航、汽车工程及这些领域的子学科和其他主要工程领域，可检索到从 1970 年至今的文献。该数据库每年增加选自 175 个学科和工程专业的大约 25 万条新记录。其数据每周更新，有助于用户掌握所在领域的最新进展。

5．MathSciNet

美国数学学会（American Mathematical Society，AMS）创建于 1888 年，多年来一直致力于促进全球数学研究的发展及其应用，也为数学教育服务。MathSciNet 数据库是美国数学学会出版的《数学评论》（*Mathematical Reviews*）和 *Current Mathematical Publications* 的网络版，包含《数学评论》自 1940 年出版以来的所有评论文章，包括期刊、图书、会议录、文集和预印本。其中对来自全世界 250 多家专业出版社的 2000 多种期刊进行评选，对 500 余种数学核心期刊做出全评。目前，中国有近 150 种期刊被选评。MathSciNet 含有原始文献的 280 多万条记录及 160 多万个链接。该数据库每年会增加 10 万多条新记录和 8 万多篇由专家所写的评论，是检索世界领域数学文献的重要工具。全球现有超过 2000 个学术单位通过集团订购方式使用 MathSciNet。MathSciNet 中的书目数据每日更新，其评论内容随后添加。

MathSciNet 中多数文章提供全文下载链接，合肥工业大学图书馆已购买全文使用权的期刊（如 Springer、Elsevier 等数据库中的期刊），可以直接下载全文；未购买全文使用权的期刊，MathSciNet 提供了全文 DOI 链接，可链接到该文章所在全文数据库的全文链接页。

6. JCR

JCR（Journal Citation Reports，期刊引证报告）是期刊评价的重要工具之一，分为自然科学版（JCR.Science edition）和社会科学版（JCR.Social Sciences Edition）两个版本，创建机构为 ISI，其中 JCR 自然科学版收录了全球出版的 8500 余种期刊。其数据来源于 ISI 建立的 SCI，期刊范围涉及 230 多个专业研究领域，通过文献计量学的方法对引文数据库的来源期刊进行引用频次和发表论文数量的统计，从被引频次、影响因子、即年指标、当年发文量、半衰期等方面提供评价期刊的定量依据。同时对 8500 余种期刊进行了出版信息的详细描述，内容涉及出版商、出版地、出版国、出版频率、期刊标准刊号（ISSN）、期刊使用语言和期刊分类，客观、全面地对期刊进行了描述，对读者了解世界某个专业领域的核心期刊很有裨益。

JCR 网络版用图表的方法描述了一种期刊 5 年影响因子的变化状况，使读者对期刊的变化进程有直观的认识，JCR 网络版与 ISI Web of Science 链接，可直接进入 SCI 检索；也可与 Ulrich's Periodical Directory 链接，了解全球期刊出版情况，但以上两种链接需要进行用户授权。JCR 每年更新一次。

7. ASME

ASME（American Society of Mechanical Engineers）成立于 1880 年，现已成为一家拥有超过 127000 名会员的国际性非营利性教育和技术组织。ASME 数据库包含 28 种专业期刊。期刊涵盖的领域有，基础工程，如能量转换、能量资源、环境和运输、一般工程学、材料和结构；制造，如材料储运工程、设备工程和维护、加工产业、制造工程学、纺织工程学；系统和设计，如计算机在工程中的应用、设计工程学、动力系统和控制、电气和电子封装、流体动力系统和技术、信息存储和处理系统。

8. Britannica Academic 大英百科学术版

大英百科全书网络版是第一部网络百科全书。大英百科 250 年来一直是全球教育行业的领航者，是世界上最权威的全科型参考资源。作为一个动态资源库，大英百科一直保持更新，平均每月更新文章达到 1100 篇以上。Britannica Academic 大英百科学术版是用户检索权威参考资料的首选工具，不仅包括 Encyclopaedia Britannica 大英百科全书本身的内容，还整合了 Merriam-Webster's Dictionary（韦氏大词典)、EBSCO 期刊及其他众多研究工具提供的可靠资源。除文字条目外，还有丰富的图像、音频、视频资料。

10.7.4 计算机科学与技术领域主要免费网络资源数据库

1. CAPSXpert 电子元器件参数光盘数据库

随着现代信息技术日新月异的发展，一些大型、实用的数据库应运而生。CAPSXpert 数据库就是由美国 IHS（Information Handling Services）公司最新推出的电子元器件参数光盘数据库。查询过电子元器件资料的人都有体会：手工查询电子元器件技术资料是一项十分烦琐的工作，尤其是在选择符合一定性能要求的元器件时，面对众多厂家成千上万个产品，各厂家的手册常给人一种无从下手的感觉。CAPSXpert 数据库的出现，改变了查询和选择电子元器件的传统方式。借助先进的计算机检索技术，CAPSXpert 数据库使读者能在很短的时间内查询到所需要的电子元器件的技术资料。CAPSXpert 数据库的特点是收录数据全面、详细。CAPSXpert 数据库目前涵盖了全世界 1500 多个生产厂家的数字电路、线性电路、接口电路、存储器、微处理器、半导体二极管、三极管、光电器件等 180 万余种电子元器件的技术参数，其中 100 万种以上的电子元器件包含详细的技术说明。电子元器件的技术资料十分详细，除文字资料外，还可显示电子元器件的引脚图、封装图、应用电路、特性曲线等。

2. ResearchIndex

ResearchIndex（又称 CiteSeer），是 NEC 研究院在自动引文索引（Autonomous Citation Indexing，ACI）机制的基础上建设的一个学术论文数字图书馆。这个引文索引系统提供了一种通过引文链接检索文献的方式，目标是从多方面促进学术文献的传播和反馈。CiteSeer 可用于检索 Web 上的 PostScript 和 PDF 两种格式的学术论文。在 CiteSeer 中可检索超过 500 万篇论文，这些论文涉及的内容主要在计算机领域。这个系统能够在互联网上提供完全免费的服务（包括下载 PostScript 或 PDF 格式的论文全文）。其主要功能有检索相关文献，浏览并下载论文全文；查看某一具体文献的"引用"与"被引"情况；查看某一篇论文的相关文献；图表显示某一主题文献（或某一作者、机构所发表的文献）的时间分布。

3. The Collection of Computer Science Bibliographies 计算机科学书目数据库

这是来自各种来源的计算机科学方面的科学文献参考文献集，涵盖了计算机科学的大多数内容。参考书目每周从其原始位置进行更新，因此始终可以找到最新版本。其馆藏目前包含超过 700 万份参考文献（主要是期刊论文、会议论文和技术报告），聚集在大约 1500 个参考书目中，并包含超过 2.3 GB 的 BibTeX 条目。

超过60万份参考文献包含对引用或引用出版物的交叉参考。超过100万份参考文献包含该论文在线版本的URL。摘要可用于80万个以上的条目。有超过2000个指向其他带有书目信息站点的链接。

4．arXiv预印本文献库

arXiv是由美国国家科学基金会和美国能源部资助，于1991年8月由美国洛斯阿拉莫斯国家实验室建立的电子预印本文献库。它是一个涉及物理学、数学、非线性科学、计算机科学等领域的e-print服务平台，其内容遵循康奈尔大学的学科标准。收录自1991年以来的631898篇预印本文献，以及 *American Physical Society*、*Institute of Physics* 等12种电子期刊全文，但不包括非学术性信息，如新闻或政策性文章等。用户可通过学科、标题、作者或关键词检索所需文献。

5．Ingenta

Ingenta网站是Ingenta公司的学术信息平台。在几年的发展中，该公司先后兼并了多家信息公司，合并了这些公司的数据库。2001年，Ingenta公司兼并了Catchward公司，将两家公司的信息平台整合为一体。整合前，用户可分别从Ingenta和Catchward网站查询对方提供的全部信息；整合后，可查询全球190多个学术出版机构的全文联机期刊5400多种，以及26000多种其他类型出版物。目前，Ingenta公司在英国和美国多个城市设有分公司，拥有分布于世界各地的2500多万个人用户，Ingenta已成为全球学术信息服务领域的一个重要的文献检索系统。

6．Science（美国"科学"网站）

Science 是美国科学促进会（American Association for the Advancement of Science，AAAS）出版的一份学术期刊，为全世界最权威的学术期刊之一。*Science* 是发表原始研究论文及综述和分析当前研究与科学政策的同行评议的顶级期刊之一。该期刊于1880年由爱迪生投资1万美元创办，于1894年成为美国最大的科学团体AAAS的官方刊物。全年共51期，为周刊，全球发行量超过150万份。

7．USPTO美国专利商标局专利数据库

美国专利及商标局（简称美国专利商标局，United States Patent and Trademark Office，PTO或USPTO）成立于1802年，是美国商务部下属的一个机构，主要负责为发明家和他们的相关发明提供专利保护、商品商标注册和知识产权证明。旗下拥有专利数据库。

8．数学文摘

德国《数学文摘》（*Zentralblatt MATH*，简称 *Zbl MATH*）是国际数学领域重要的期刊之一，主要提供数学及应用数学方面的文献信息。*Zbl MATH* 于 1931 年在德国创刊，主要收录东欧、美国、日本、德国的出版物，中国目前也有几十种期刊作为刊源被 *Zbl MATH* 收录。目前，旗下的数据库有来自 3000 多种期刊的 180 多万个条目的文摘索引信息（其中一些记录有同行的评论信息）。

10.8　查阅文献资料实例

10.8.1　中国知网 CNKI 文献检索

1．CNKI 介绍

中国知识基础设施（China National Knowledge Infrastructure，CNKI）工程建成的"CNKI 数字图书馆"涵盖了我国自然科学、工程技术、人文与社会科学等公共知识信息资源。

中国期刊全文数据库（CJFD）是目前世界上最大的连续动态更新的中国期刊全文数据库，积累全文文献 800 万篇，题录 1500 多万条，分九大专辑、126 个专题文献数据库。

知识来源：国内公开出版的 6100 种核心期刊与专业特色期刊的全文。

收录年限：1979 年至今，其中近 4000 种期刊可以回溯到创刊。

出版时效：平均不迟于纸质期刊出版之后 2 个月。

更新频率：每日更新。

2．CNKI 资源

（1）中国期刊全文数据库；

（2）中国优秀博硕士论文全文数据库；

（3）中国重要报纸全文数据库；

（4）中国重要会议论文全文数据库；

（5）中国经济社会发展统计数据库。

3．CNKI 文献检索方法

如图 10-1 所示，进入 CNKI 中国知网主页，可以看到有三大类型检索，分别为"文献检索""知识元检索""引文检索"；其中，**文献检索**有"初级检索""高级检索""出版物检索""专业检索"等检索方式，在这几个检索结果的基础上还提供了可进一步的二次检索。每种文献检索方式有不同的检索项,例如,"初级检索"有 10 个检索项:主题、关键词、篇名、全文、作者、单位、摘要、被引文献、中图分类号、文献来源、DOI。

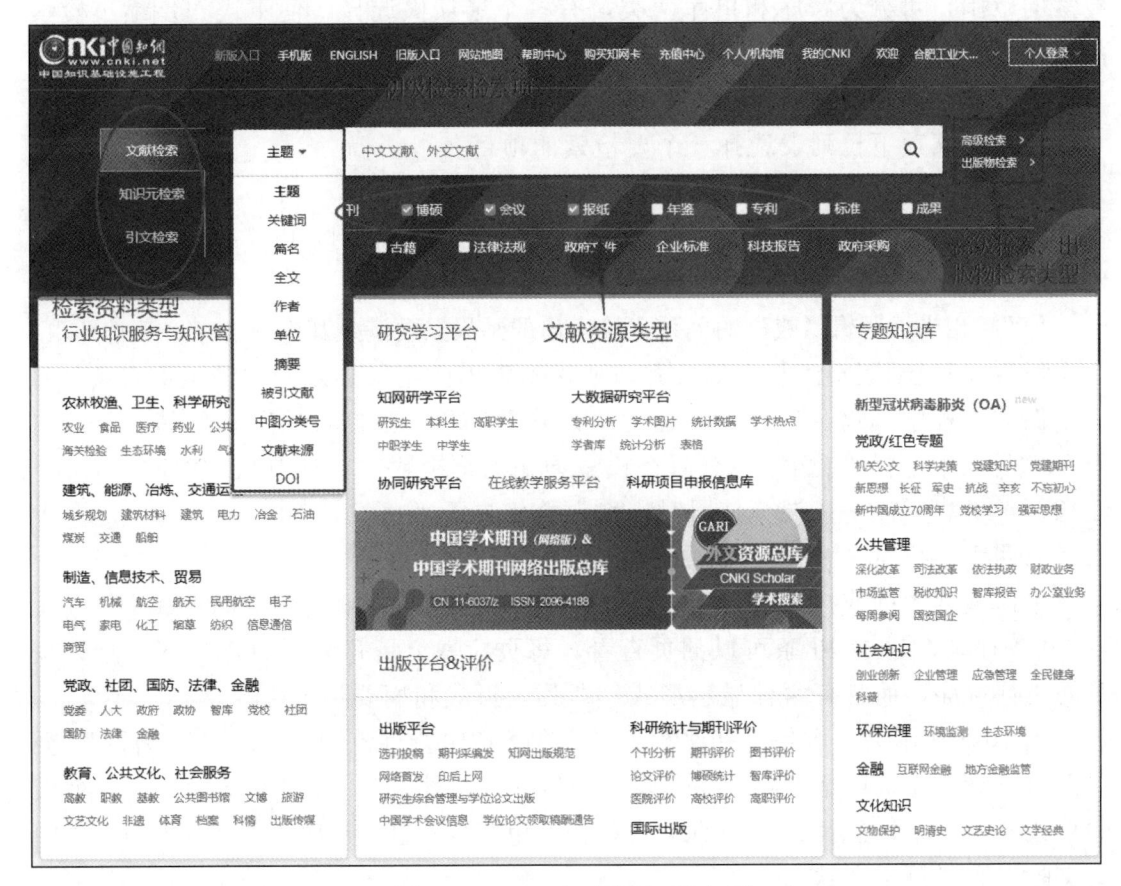

图 10-1　CNKI 中国知网主页

(1) 文献检索。

目标:最快、最方便地查到所有需要的信息;减少人工操作时间和系统等待时间;减少人工挑选的时间。

两种检索界面:单库检索、跨库检索。

多种检索方式:初级检索、高级检索、专业检索、从结果中检索、出版物检索等。

① 初级检索。

初级检索的功能是在指定范围内按单一的检索项检索,不能实现多检索项的逻辑组配检索。初级检索能进行快速方便的查询,适用于不熟悉多条件组合查询的用户,该查询的特点是**方便快捷、效率高**,但查询结果**有很大的冗余**。如果在检索结果中进行二次检索,则可以大大提高查准率。

具体步骤如下。

第一步：选择查询范围。

查询范围功能选项是检索项右侧输入框下面的文献资源类型选项，用于指定检索的范围，可分为跨库和单库两类，有多个选项供选择，便于进一步缩小检索范围。

第二步：选择检索项。

通过检索项下拉列表选择一个要检索的项目名。

第三步：在检索项右侧输入框中输入检索词。

当输入两个或两个以上的检索词时，在检索词之间可以用"+"或"*"进行连接，说明如下。

"+"：相当于逻辑"或"的关系，检索出的结果只要满足其中任意一个条件即可。

"*"：相当于逻辑"与"的关系，要求检索出的结果必须同时满足所有条件。

例如，检索"篇名"中同时包含"计算机"和"数控"的所有作品，则只需先在检索项中选择"篇名"，然后在检索词输入框中输入"计算机*数控"即可。注意，当"*"与"+"混合使用时，"*"会优先于"+"。

第四步：检索。

单击搜索图标或按 Enter 键，会跳转到指定范围的检索结果页面。默认每页显示 20 条记录，超过 20 条可以翻页查看。每页检索记录有 4 种排序方式，默认按时间进行排序，而且有两种显示形式，即列表形式和摘要形式。

图 10-2 所示为一个使用初级检索的示例，指定查询范围为"期刊""博硕""会议""报纸"，检索项是主题，在检索框中输入"机器翻译"，文献检索结果以列表的形式显示，每页显示 20 条记录。文献按"相关度"进行排序，文献种类分为"中文文献"和"英文文献"。

经过初级检索得到的文献数量较多，有一定冗余，可以进行二次检索。

② 高级检索。

高级检索的功能是在指定范围内按一个以上（含一个）检索项表达式检索，可以实现多表达式的逻辑组配检索。利用高级检索能进行快速有效的组合查询，优点是查询结果**冗余少、命中率高**。对于命中率要求较高的查询，建议使用高级检索。具体步骤如下。

第一步：单击 CNKI 中国知网主页中的"高级检索"选项，进入高级检索条件页面，如图 10-3 所示。

第二步：选择检索范围。

在左侧的"文献分类目录"栏中指定检索范围，此处列出了 10 个目录，在每个目录下又分别设有详细的子目录，可供用户进一步缩小范围。

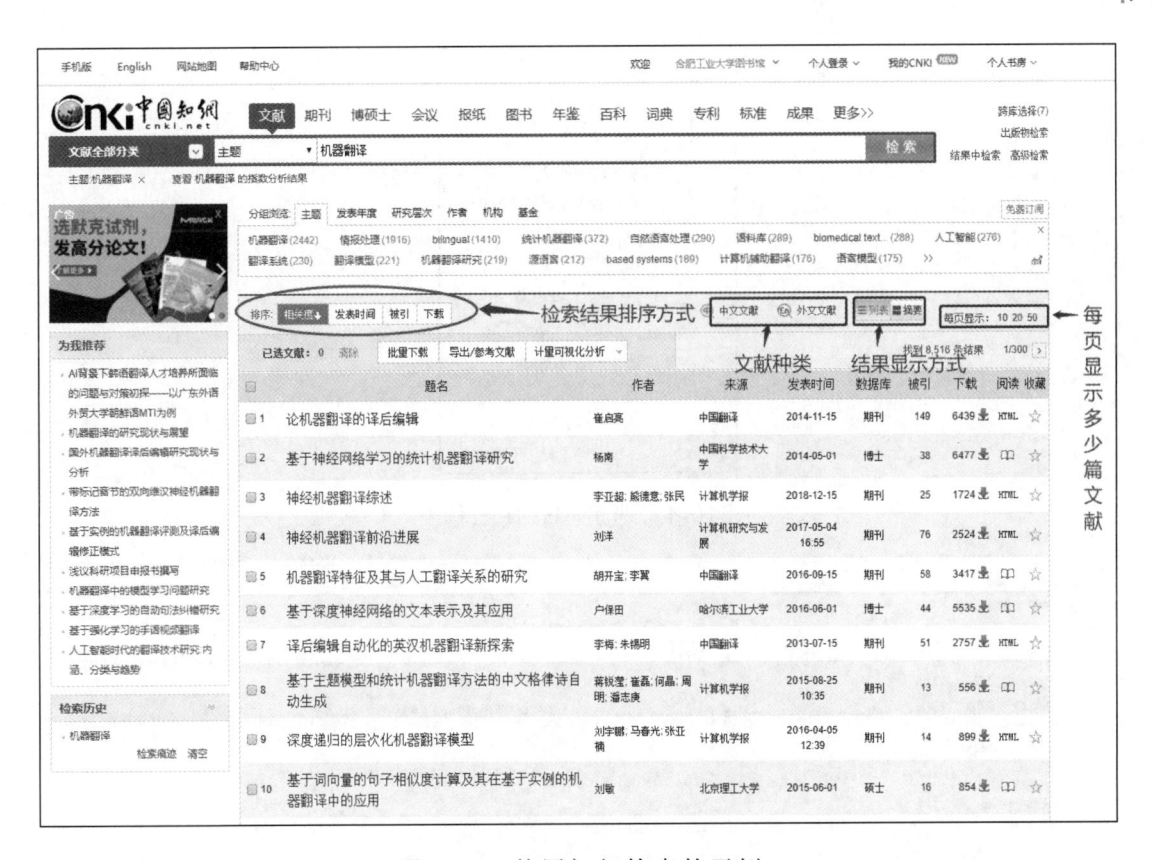

图 10-2 使用初级检索的示例

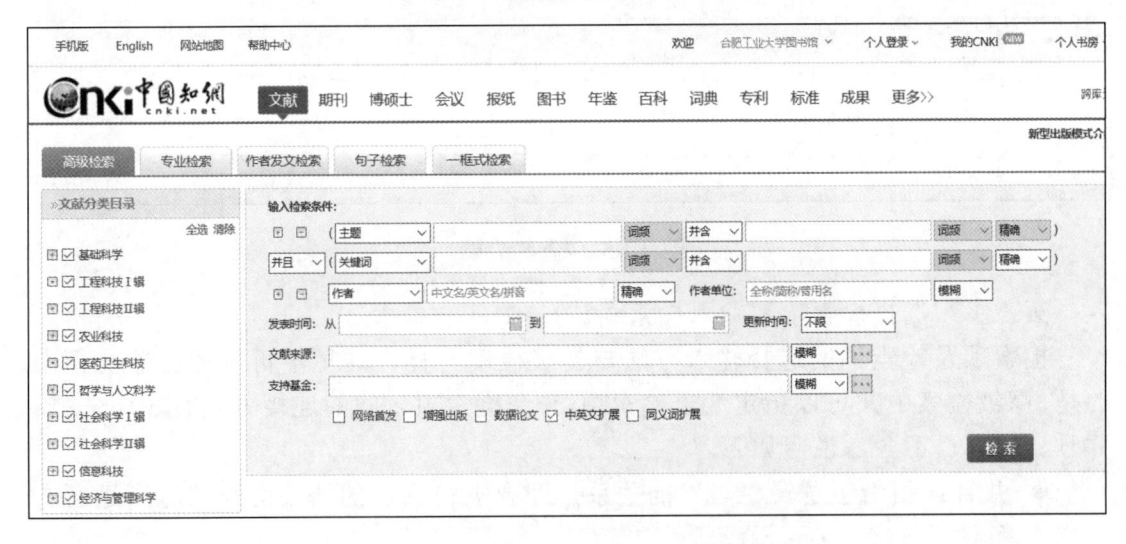

图 10-3 高级检索条件页面

小技巧：可以通过文献分类目录查找某一领域的论文。例如，查找"软件工程"领域的中文文献，可按"信息科技"→"计算机软件及计算机应用"→"程序设计、软件工程"→"软件工程"的顺序选定范围，如图 10-4 所示，检索结果如图 10-5 所示。

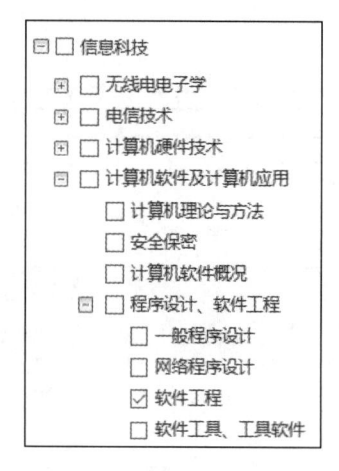

图 10-4　选定"软件工程"

图 10-5　检索结果

第三步：选择检索项和输入检索词。

检索项及检索词的选择输入方法与初级检索一样，这里不再赘述。需要指出的是，高级检索中共可以指定 8 个检索项，8 个检索项之间的连接方式有 3 种选择：并且、或者、不含，说明如下。

- 并且：相当于逻辑"与"的关系，即要求检索出的结果必须同时满足所有条件。
- 或者：相当于逻辑"或"的关系，即检索出的结果只要满足任意一个条件即可。
- 不含：相当于逻辑"非"的关系，即要求在满足前一个条件的检索结果中不包括满足后一条件的检索结果。

用户可根据需要进行选择。

建议：8个检索项尽量不要跳着填写，以保证得到正确的检索结果。

第四步：选择时间及范围。

可以根据需要设定检索文献的时间和范围。范围是指检索文献的来源和支持的基金，期刊来源有三个选项可供选择："专辑名称""收录来源""核心期刊"，每个选项有若干子选项，如图10-6所示；支持基金选项如图10-7所示。

图 10-6　期刊来源

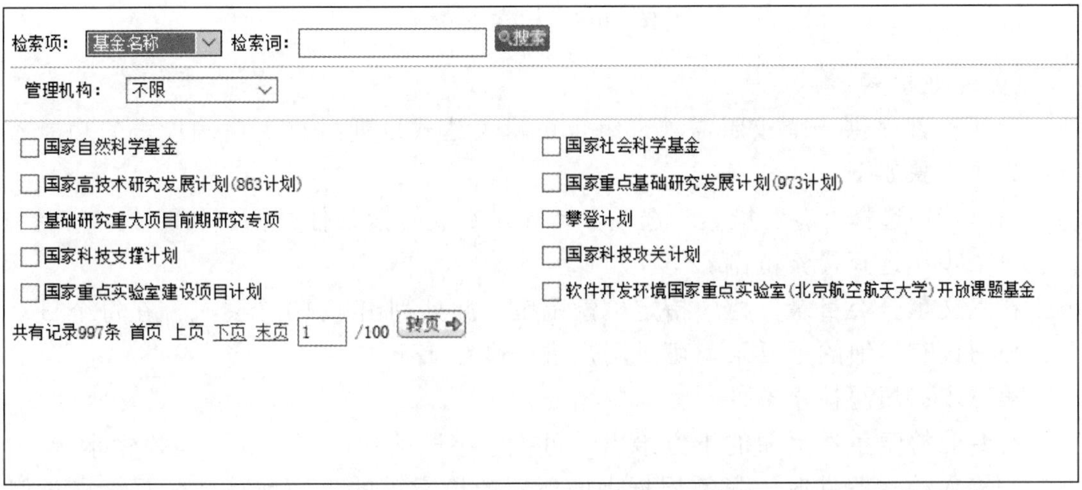

图 10-7　支持基金选项

第五步：选择记录数和排序方式。

这两项是针对检索结果显示界面设定的，可以自定义每页显示多少条记录及按什么方式对检索结果进行排序。

第六步：检索。

单击"检索"按钮，跳转到指定范围的检索结果页面。默认每页显示 20 条记录，超过 20 条可以翻页查看。

例如，要在"信息科技"目录中检索 2015—2020 年来自核心期刊的"篇名"包括"计算机"三个字、"关键词"包括"信息"的所有作品，并且要求检索结果按照日期排序进行每页 20 条的显示，检索条件如图 10-8 所示。

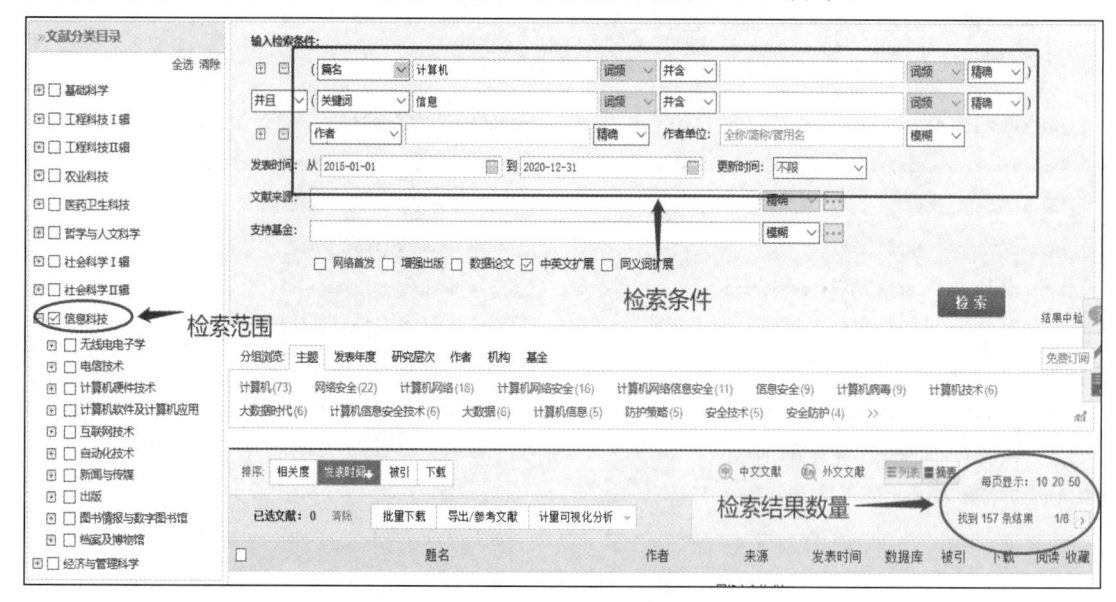

图 10-8　检索条件

③ 专业检索。

专业检索提供一个按照需求来组合逻辑表达式以便进行更精确检索的功能入口。具体步骤如下。

第一步：选择"专业检索"选项卡，进入专业检索条件页面，如图 10-9 所示。

第二步：选择检索范围。

在"文献分类目录"栏中指定检索范围，此处列出了 10 个目录，在每个目录下又分别设有详细的子目录，可供用户进一步缩小范围。

第三步：填写检索条件。

在专业检索条件页面的下方给出了可检索字段的代码表示和一些检索示例。

在输入检索条件时，只需根据上面所示的检索项的中文或英文简写给出类似 SQL 语句的 Where 条件部分即可。例如，要检索出"篇名"包括"计算机"或者"计算机数控"的所有文献，则检索条件可写为：TI='计算机' OR　TI='计算机数控'；

或者将检索项的英文代码改为中文代码也可以：篇名＝'计算机'OR 篇名='计算机数控'，如图 10-10 所示。

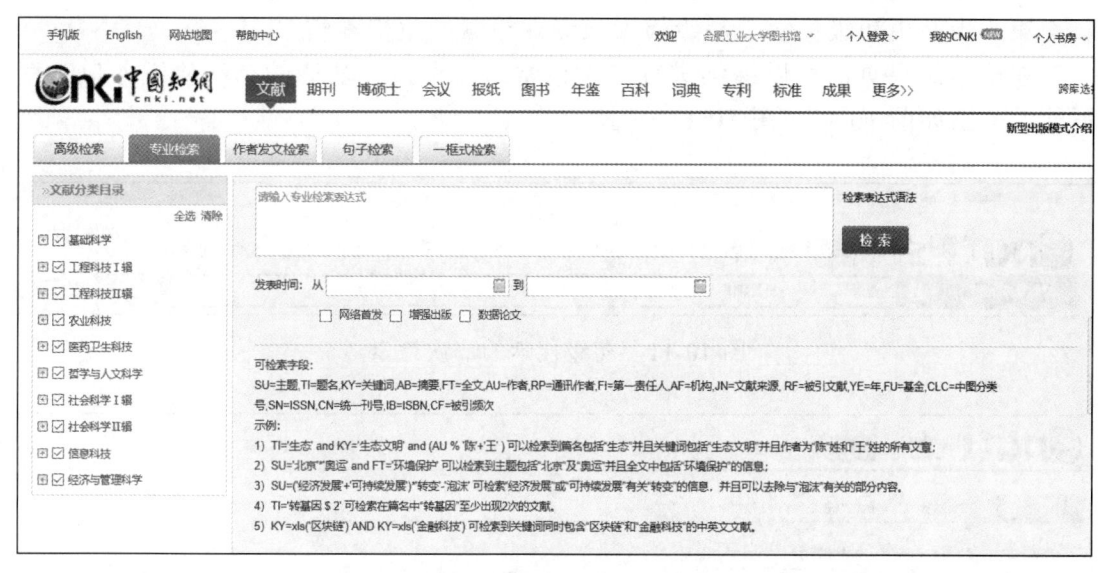

图 10-9 专业检索条件页面

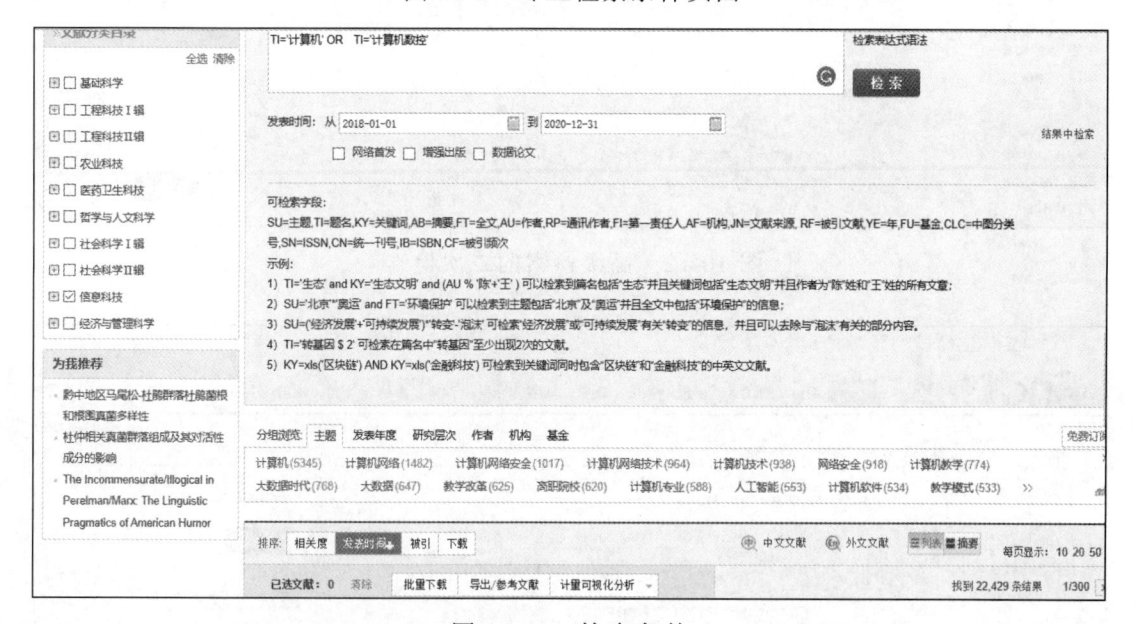

图 10-10 检索条件

提示：检索词一般使用半角单引号。

④ 从结果中检索（二次检索）。

使用初级检索、高级检索及专业检索后，在这些检索结果上还可以继续进行检索，这就是二次检索。

使用二次检索可以逐步缩小检索范围，最终找到所需的信息。此外，它还简化了检索表达式的书写。通过简单检索与二次检索完全可以满足复杂检索表达式达到的检索精度,这对非专业人士尤为有用。具体步骤如下。

第一步:由初级检索、高级检索或专业检索产生检索结果。

在检索结果页面可以继续进行二次检索,三个检索功能的二次检索入口略有不同,分别如图10-11~图10-13所示。

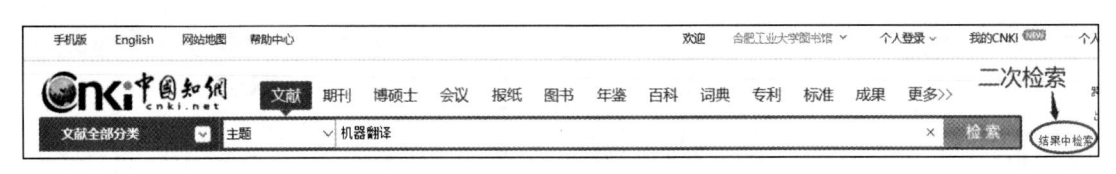

图10-11 初级检索的二次检索

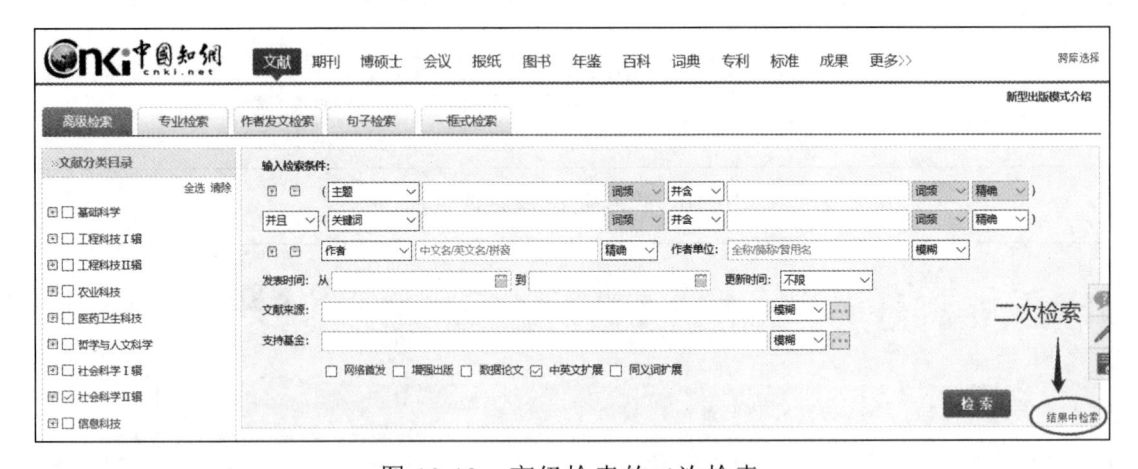

图10-12 高级检索的二次检索

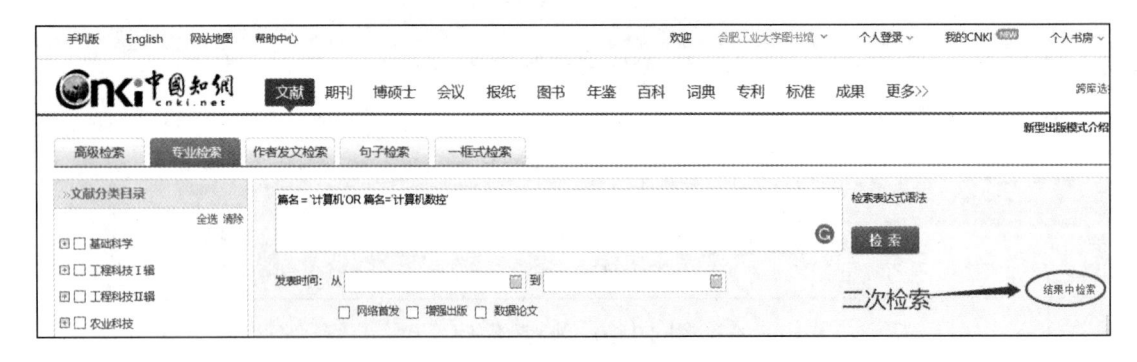

图10-13 专业检索的二次检索

第二步:选择操作方式。

操作方式也有3种选择:并且、或者、不含,说明如下。

- 并且:相当于逻辑"与"的关系,即在前次结果中继续查找同时满足新检索条件的数据,执行结果最终将缩小结果范围。

- 或者：相当于逻辑"或"的关系，即在前次结果中加入满足新检索条件的结果记录，执行结果最终将扩大结果范围。
- 不含：相当于逻辑"非"的关系，即在前次结果中排除符合新检索条件的结果记录，执行结果最终将缩小结果范围。

用户可根据需要进行选择。

第三步：输入检索词。

与在第一次检索中一样，先选定一个检索项，再输入对应的检索词。需要指出的是，在高级检索的二次检索中，可以对检索结果同时进行两个检索项的逻辑与、或、非的组合检索。专业检索的二次检索只需在检索项的输入框中输入自定义检索条件即可，拼写规则与专业检索完全一样。

第四步：检索。

单击"结果中检索"按钮，执行检索。

⑤ 出版物检索。

使用出版物检索功能，用户可以找到一种期刊内按年份和期号分类的所有论文。

例如，查找《计算机学报》2018 年第 10 期的所有论文。具体步骤如下。

第一步：进入出版物检索页面。

如图 10-14 所示，单击检索项输入框右侧的"出版物检索"按钮，出现图 10-15 所示的出版物检索页面。

图 10-14　"出版物检索"按钮

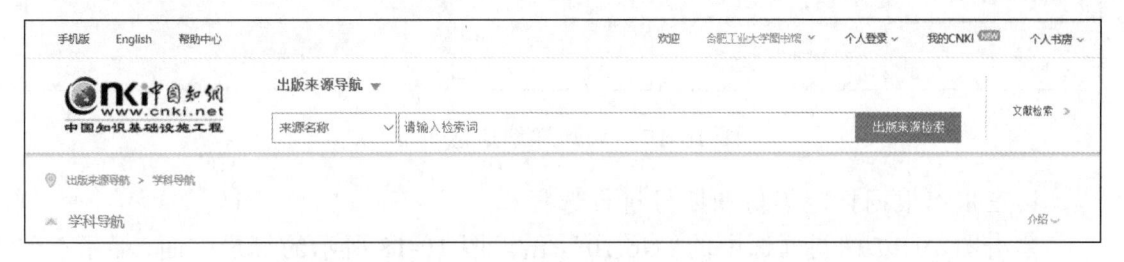

图 10-15　出版物检索页面

第二步：搜索期刊。

在图 10-15 中的检索词输入框中输入"计算机学报"，单击"出版来源检索"按钮，出现图 10-16 所示的检索结果，单击其中的"计算机学报"选项，出现图 10-17 所示的期刊详细信息页面。

图 10-16　检索结果

图 10-17　期刊详细信息页面

第三步：根据指定年份和期号进行选择。

单击图 10-17 椭圆框选中的"No.10"，出现图 10-18 所示的目录页面，显示《计算机学报》2018 年第 10 期的所有论文标题。

⑥ 其他检索方式。

作者发文检索、句子检索、一框式检索，分别如图 10-19～图 10-21 所示，各自的二次检索方式和前述相似，不再赘述。

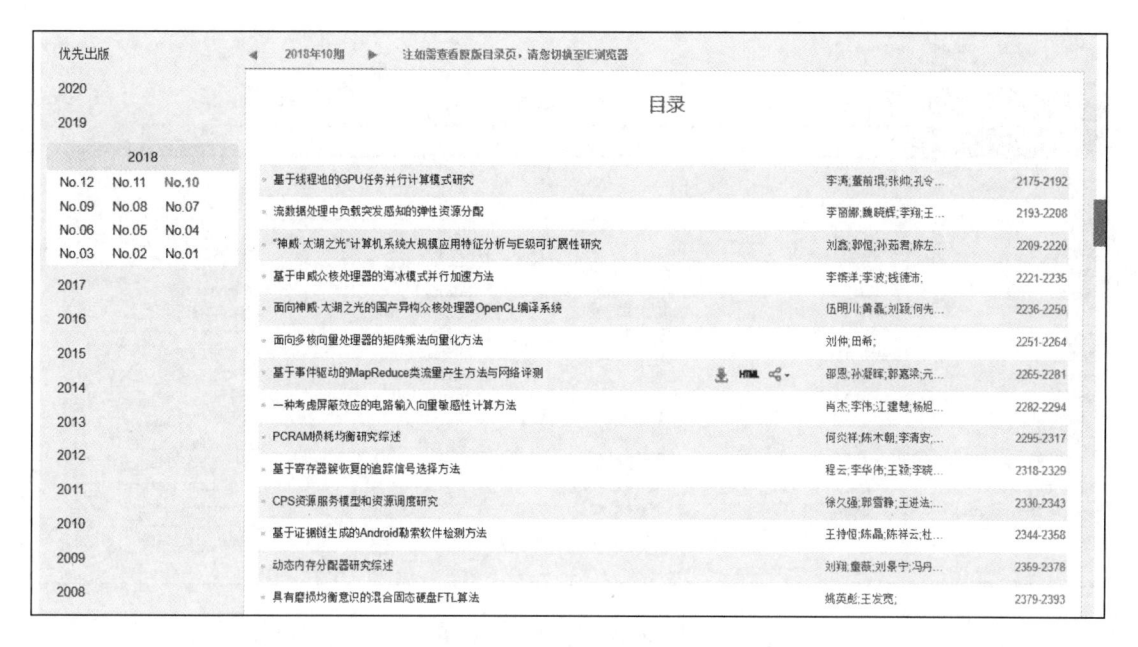

图 10-18　目录页面

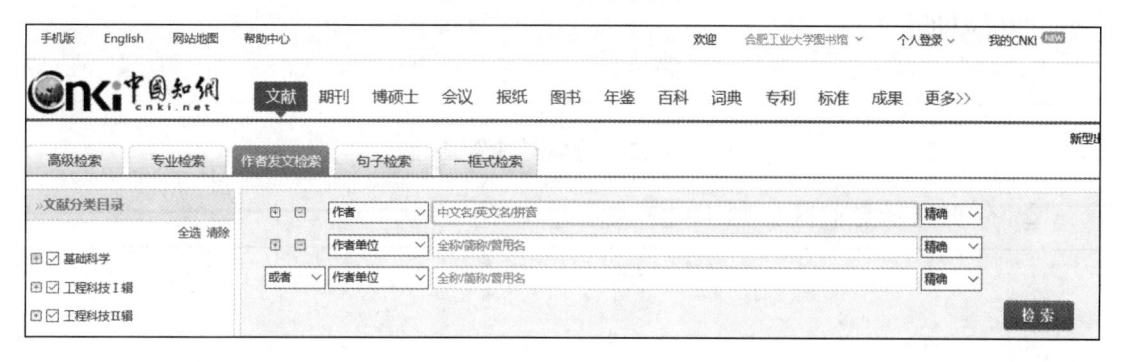

图 10-19　作者发文检索

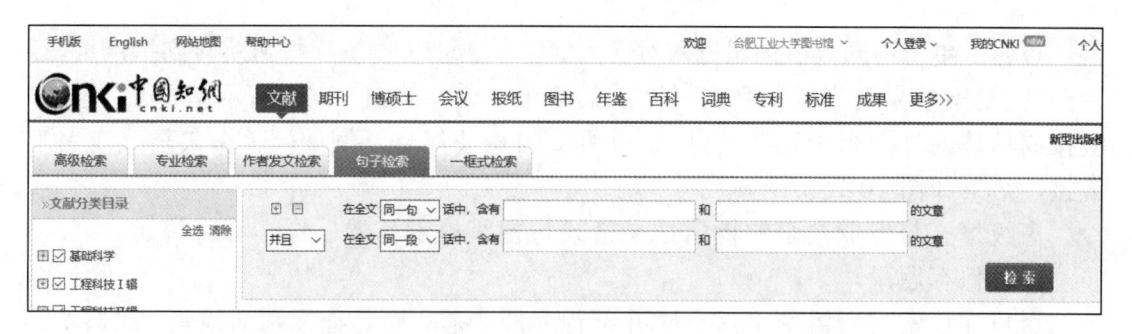

图 10-20　句子检索

（2）检索结果浏览。

在初级检索结果页面中，检索词输入框及右半部分分别是初级检索入口及二次检索入口，下面介绍检索结果显示区的格式。

① 检索结果报告区如图 10-22 所示。

图 10-21 一框式检索

图 10-22 检索结果报告区

② 分页显示导航区如图 10-23 所示。

图 10-23 分页显示导航区

说明：单击不同数字按钮进入对应页面，单击"下一页"按钮跳转到指定页面。

③ 检索结果列表区共列出了文献的 9 个属性，如图 10-24 所示。单击"题名"链接或具体的"期刊来源"，可以获得更多的相关信息。例如，单击某篇"题名"链接，结果如图 10-25 所示。

高级检索与专业检索的检索结果格式与初级检索基本一样，不再赘述。

（3）保存题录。

用户在检索到所需结果后有时并不想立即查看，而是继续别的检索，这时"保存题录"是一个很好的帮手，它的主要功能就是帮助用户有选择地暂时存储检索结果记录，以备稍后查看。具体步骤如下。

第一步：在检索结果列表区选择想保存的记录，操作方式有以下两种。

第 10 章　查阅与引用文献资料

□	题名	作者	来源	发表时间	数据库	被引	下载	阅读	收藏
□ 1	基于注意力机制的大同方言语音翻译模型研究	刘晓峰;宋文爱;余本国;郇晋侠;陈小东	中北大学学报(自然科学版)	2020-05-06	期刊		⬇	HTML	☆
□ 2	基于枢轴语言的汉越神经机器翻译伪平行语料生成 网络首发	贾承勋;赖华;余正涛;文永华;于志强	计算机工程与科学	2020-04-30 09:50	期刊		⬇	⌨	☆
□ 3	人工智能的关键技术及相关应用	李程怡	科技创新与应用	2020-04-28	期刊		⬇	HTML	☆
□ 4	基于改进GLR算法的智能识别英语翻译模型设计	党莎莎;龚小涛	计算机测量与控制	2020-04-25	期刊		⬇	HTML	☆
□ 5	主谓宾结构英汉机器翻译中的词汇错误分析	陈嫒	河南科技大学学报(社会科学版)	2020-04-25	期刊		⬇	HTML	☆
□ 6	语言智能背景下的MTI人才培养:挑战、对策与前景	胡开宝;田绪军	外语界	2020-04-24	期刊	56	⬇	HTML	☆
□ 7	基于序列到序列模型的无监督文本简化方法 网络首发	李天宇;李云;钱镇宇	计算机应用研究	2020-04-21 14:10	期刊	2	⬇	⌨	☆
□ 8	基于人机交互和特征提取的英汉翻译系统研究	吴晓丽	微型电脑应用	2020-04-20	期刊	3	⬇	HTML	☆
□ 9	语言服务教改助力一带一路建设	福建师范大学社会历史学院 李自辉 福建师范大学外国语学院 岳峰	中国社会科学报	2020-04-17	报纸	1	⬇	HTML	☆

图 10-24　检索结果列表区

图 10-25　显示详细信息

① 勾选左上角的复选框，这样检索结果列表中该页的所有记录都会被选中，注意，同时选中的文献数量不能超过 500 个，若想更改则取消选中对应的复选框即可。

② 直接在想要的记录"题名"前"打勾"即可。

例如，在初级检索结果页面中采用第一种方式，结果如图 10-26 所示。

第二步：单击检索结果页面右下角的"查看已选文献"按钮，弹出如图 10-27 所示的页面。

对想要阅读的文献，单击"题名"链接，可以跳转到指定页面。在页面下方

183

有两种方式下载，分别是"CAJ下载"和"PDF下载"，用户可以根据需要选择，如图10-28所示。

图10-26　全选记录

图10-27　查看已选文献

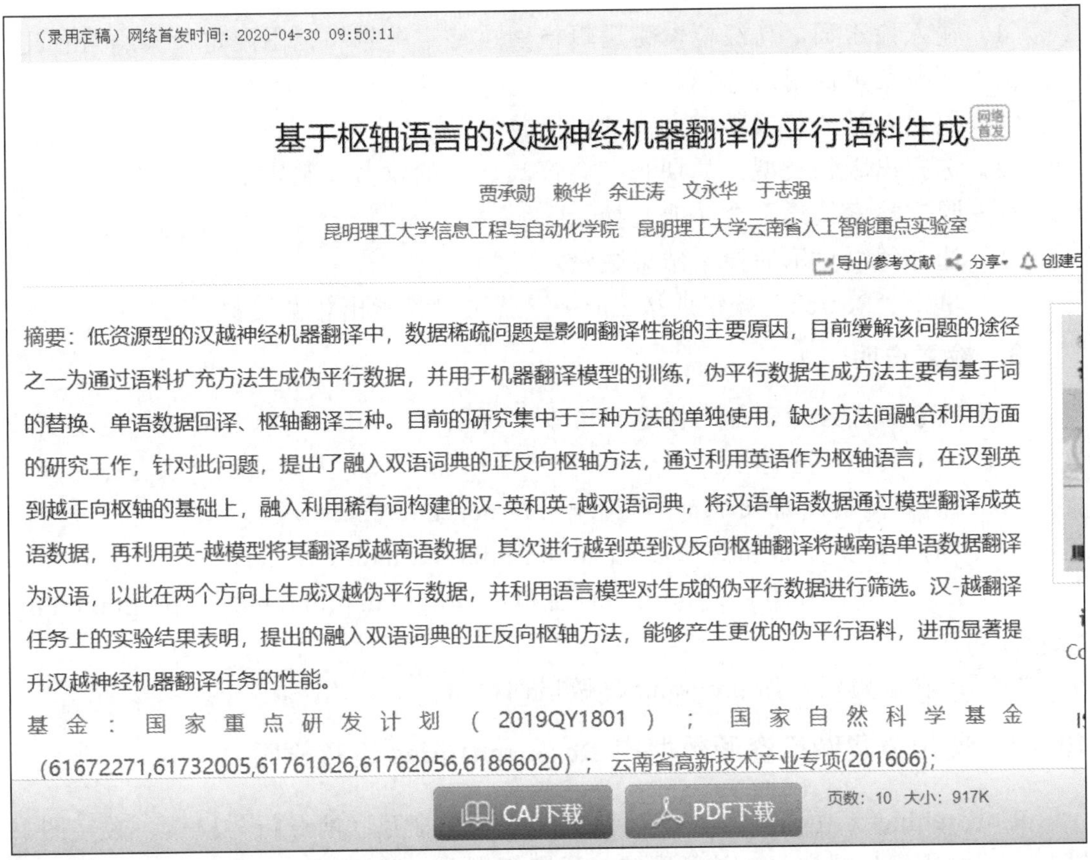

（录用定稿）网络首发时间：2020-04-30 09:50:11

基于枢轴语言的汉越神经机器翻译伪平行语料生成 网络首发

贾承勋 赖华 余正涛 文永华 于志强

昆明理工大学信息工程与自动化学院 昆明理工大学云南省人工智能重点实验室

导出/参考文献 分享 创建引

摘要：低资源型的汉越神经机器翻译中，数据稀疏问题是影响翻译性能的主要原因，目前缓解该问题的途径之一为通过语料扩充方法生成伪平行数据，并用于机器翻译模型的训练，伪平行数据生成方法主要有基于词的替换、单语数据回译、枢轴翻译三种。目前的研究集中于三种方法的单独使用，缺少方法间融合利用方面的研究工作，针对此问题，提出了融入双语词典的正反向枢轴方法，通过利用英语作为枢轴语言，在汉到英到越正向枢轴的基础上，融入利用稀有词构建的汉-英和英-越双语词典，将汉语单语数据通过模型翻译成英语数据，再利用英-越模型将其翻译成越南语数据，其次进行越到英到汉反向枢轴翻译将越南语单语数据翻译为汉语，以此在两个方向上生成汉越伪平行数据，并利用语言模型对生成的伪平行数据进行筛选。汉-越翻译任务上的实验结果表明，提出的融入双语词典的正反向枢轴方法，能够产生更优的伪平行语料，进而显著提升汉越神经机器翻译任务的性能。

基金：国家重点研发计划（2019QY1801）；国家自然科学基金（61672271,61732005,61761026,61762056,61866020）；云南省高新技术产业专项(201606);

CAJ下载 PDF下载 页数：10 大小：917K

图 10-28 下载文献

10.8.2 ACM 全文数据库的检索

ACM 全文数据库检索页面友好，检索方法简单易用，提供基本检索和高级检索两种方式。

1. 基本检索

基本检索具体步骤如下。

（1）输入检索词。

（2）确定检索范围，可以将检索词限定在题目（Title）、作者（Author）、文摘（Abstract）、分类（Category）、关键词（Keyword）、来源（Source）、出版者（Publisher）、国际标准刊号（ISSN）、书号（ISBN）、所有文本字段检索（Fulltext）。

（3）单击“Search”按钮或按 Enter 键就可以检索出相关资料。在基本检索页面的下方还提供了基本检索和高级检索的检索技巧。

2. 高级检索

高级检索具体步骤如下。

（1）输入检索词，高级检索将逻辑检索、特定符号和范围限定检索结合使用，并提供了下拉菜单供用户选择。

（2）限定自某年起或某年之前的出版物。

（3）选择出版物类型，如期刊、会议录、书的章节、整本书。

（4）限定检索结果是全文或文摘。

（5）选择每页显示的检索结果数量。

（6）单击"Search"按钮或按 Enter 键就可以检索出相关资料。

3．检索说明

基本检索和高级检索都支持逻辑检索，可以用 AND、OR、NOT 构造逻辑检索式，还可用其他一些特定符号（如？、*、+、#）来扩大或缩小检索范围。

"？"：模糊检索，如 int??net 可检出 internet, interanet……。

"*"：词根检索，如 inter*可检出 inter, internet, international。

"＋"：词义相同检索，如 program+可检出 program, programmed, programming, programmer……。

"#"：精确检索，如 program#只做该词检索。

10.8.3 使用免费网络资源数据库 ResearchIndex 进行检索

ResearchIndex 主要涉及计算机领域，主题包括互联网分析与检索、数字图书馆与引文索引、机器学习、神经网络、语音识别、人脸识别、元搜索引擎、音频/音乐等。ResearchIndex 提供完全免费的服务（包括下载 PostScript 或 PDF 格式的全文），且已实现全天 24 小时实时更新。

ResearchIndex 的常用功能如下。

① 检索相关文献，浏览并下载 PostScript 或 PDF 格式的全文。

② 查看某一具体文献的"引用"与"被引"情况。

③ 查看某一文献的相关文献，ResearchIndex 应用特殊算法计算文献相关度。

④ 以图表显示某一主题文献（或某一作者、机构所发表文献）的时间分布。可依此推测学科热点和发展趋势，避免重复劳动。

现以一个具体的检索过程为例，介绍 ResearchIndex 的使用方法。

第一步：进入 ResearchIndex 主页，输入检索式"ebxml"，单击"Search Documents"按钮开始查询；也可以单击"Search Citations"按钮查询引文信息，两种查询都使用全文检索技术。

第二步：检索返回 39 篇命中文献，默认的检索结果排序方式为命中文献的被引频次。单击排在返回结果第一位的论文"Semantic Web Services - McIlraith, Son, Zeng(2001)"的链接 ，进入下一页面，如图 10-29 所示。

第三步：在页面的右上角可以浏览并下载该论文的多种格式的全文；在

"Abstract"下面是论文的被引情况,通过这些引文链接可以了解有哪些后继文献引用了该论文,还可以直接看到引文的上下文。所有引文都可以进一步查看其引用与被引情况,绝大部分可得到全文。"Active bibliography"下面列出了按照相关系数排序的该论文的相关文献。

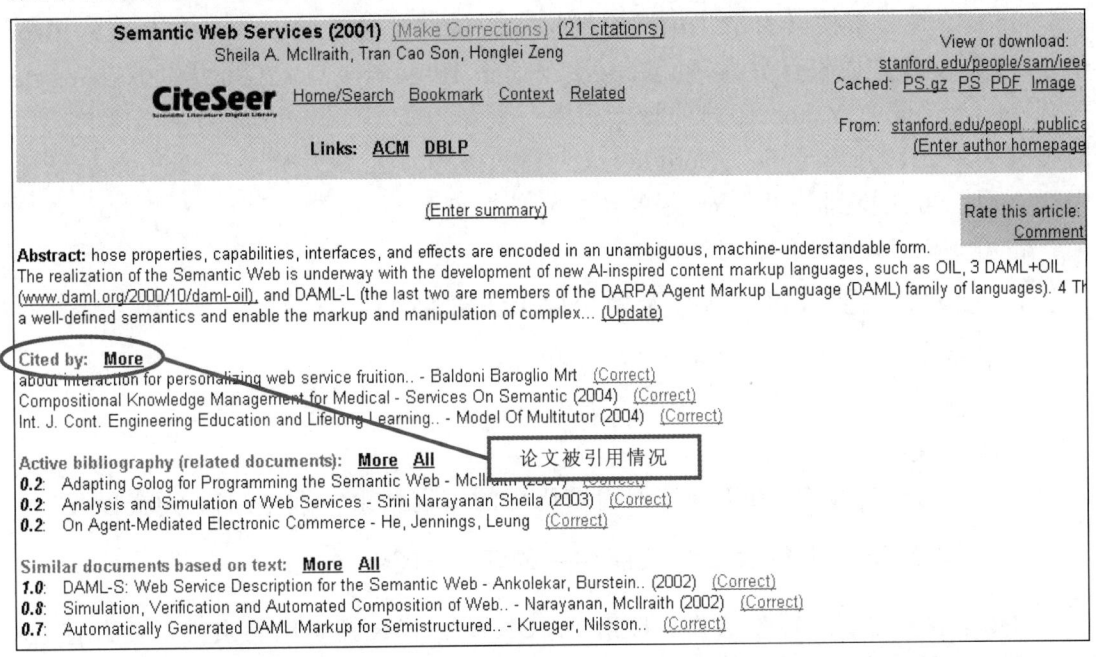

图 10-29

第四步:页面下方"Citations(may not include all citations)"列出了该论文主要的参考文献,每篇参考文献前方的数字代表该参考文献的被引次数,绝大部分可得到全文。参考文献下方的图表直观地显示该篇论文参考文献的时间分布,但是只有当著录的参考文献中给出论文发表年时,才会在图表中显示出来。

第五步:以第二步中提到的论文"Semantic Web Services - McIlraith, Son, Zeng (2001)"的作者 McIlraith 为检索词进行引文检索,单击"Search Citations"按钮,会得到所有与检索词匹配的引文信息。单击每条引文左侧的"Context"按钮会得到进一步的引文与全文信息。

在检索的过程中需要注意以下几点。

(1) 在进行引文统计时,通常单独考虑作者自引的情况。

(2) 当两个或多个相连的词作为检索词输入时,如果没有"and""or"等布尔算符出现,系统将其近似为一个词处理,即检索词出现的顺序必须严格匹配。例如,检索词为"speech recognition",则"…Music vs Speech [4]Isolated sounds [5, 6] and Instruments [7]been evaluated by training statistical pattern recognition classi…"为非命中文献。

(3) 若以作者为检索词,则尽量只使用作者的 Last name,或列出引文中所有可能出现的该作者的著录形式，中间用"or"连接，如 m jordan or michaeljordan or m ijordan or michaeli jordan 等。

10.8.4 使用搜索引擎 Google 进行检索

Google 是一个搜索引擎，由两个斯坦福大学博士生 Larry Page 与 Sergey Brin 于 1998 年 9 月完成设计并实现，Google 公司于 1999 年成立。2000 年 7 月，Google 替代 Inktomi 成为 Yahoo 公司的搜索引擎；同年 9 月，Google 成为中国网易公司的搜索引擎。1998 年至今，Google 已经获得 30 多项业界大奖。在 Google 的新闻中心页面，可以找到关于 Google 的历史和新闻资料。

使用 Google 搜索的常用方法如下。

1．搜索结果要求包含两个及两个以上关键字

空格和加号"+"表示逻辑"与"操作。

示例：搜索所有包含关键词"搜索引擎"和"历史"的中文网页。

搜索："搜索引擎 历史"。

结果：约有 632000 项符合搜索引擎历史的查询结果（搜索用时 0.09 秒）。

2．搜索结果至少包含多个关键字中的任意一个

"OR"表示逻辑"或"操作。搜索"A OR B"，代表搜索的网页中，要么有 A，要么有 B，要么同时有 A 和 B。

示例：搜索网页，要求必须含有"搜索引擎"或者"历史"。

搜索："搜索引擎 OR 历史"。

结果：约有 12700000 项符合搜索引擎 OR 历史的查询结果（搜索用时 0.05 秒）。

3．通配符

Google 对通配符支持有限。目前它可以用"*"替代单个字符，而且包含"*"的词必须用""引起来，如""*计算""。

4．对搜索的网站进行限制

"site"表示搜索结果局限于某个具体网站或者网站频道；或者某个域名，如"com.cn""com"。如果要排除某网站或者域名范围内的页面，则用"-网站/域名"。

示例：搜索中文教育科研网站（edu.cn）上关于搜索引擎技巧的页面。

搜索："搜索引擎技巧 site:edu.cn"。

结果：约有 4180 项符合搜索引擎技巧的查询结果（搜索用时 0.20 秒）。

5．在某一类文件中查找信息

"filetype:"是 Google 开发的非常强大实用的一个搜索语法。也就是说，Google

不仅能搜索一般的文字页面，还能对某些二进制文档进行检索。目前，Google 已经能检索微软的 Office 文档，如 XLS、PPT、DOC、RTF、WordPerfect 文档、Lotus1-2-3 文档、Adobe 的 PDF 文档、ShockWave 的 SWF 文档（Flash 动画）等。其中最实用的文档搜索是 PDF 搜索。PDF 是 Adobe 公司开发的电子文档格式，现在已经成为互联网的电子化出版标准。目前 Google 检索的 PDF 文档数量大约有 2500 万，大约占所有索引的二进制文档数量的 80%。PDF 文档通常是一些图文并茂的综合性文档，提供的信息比较集中全面。

示例：搜索关于"concept lattice"的 PDF 或 PS 格式的文档。

搜索："concept lattice filetype:pdf OR filetype:ps"

结果：约有 175000 项符合 concept lattice filetype:pdf OR filetype:ps 的查询结果（搜索用时 0.23 秒）。

提示：使用 Google "filetype:"搜索语法来搜索 PDF 或 PS 格式的文档，是搜索科技文献的一种简单有效的方法。

10.8.5 从作者主页下载文献资料

有些文献资料难以从各种开放或免费的电子信息资源中获取，可以尝试从作者的主页下载。以作者的姓名为关键字，使用 Google 搜索找到作者的主页并进入作者的主页，查找作者的"publications"通常就可以下载到所需的文献。如果在作者的主页上也找不到，可通过 E-mail 和作者取得联系，请作者提供有关资料。

10.9 本章小结

有效检索、分析和引用文献资料是从事科学研究和工程研发工作的科技工作者的基本能力。在毕业设计（论文）的开题、系统设计、毕业论文撰写、创新性成果培育等阶段，都需要查阅相关文献，以获得相应的佐证。由此可知，查阅与引用文献资料贯穿整个毕业设计（论文）过程，是学生在完成毕业设计（论文）的过程中必须具备的能力，也是学生完成毕业设计（论文）甚至今后开展研发等工作的基本功。

随着科技的迅速发展，对研究领域文献的及时检索和分析成为科研与创新等工作至关重要的手段和能力；随着信息的获取、存储、通信等技术的发展和广泛应用，文献资料类型增多，数量急剧增长，这也为相关科技工作的开展提供了丰富的资源。

10.10 思考与实践

1. 简要介绍文献资料查阅的作用与方法。
2. 以某个具体专业为例，谈谈文献资料查阅的途径与工具，并给出一个案例阐述文献资料查阅过程。

第 11 章　提升毕业设计（论文）课题质量相关建设的思考

【本章导读】

毕业设计（论文）的课题质量是毕业设计（论文）整体质量的关键。在当前科学技术迅速发展和广泛应用的形势下，如何有效且可持续地提升课题质量，以满足社会发展对人才培养的需求呢？

本章重点讨论提升毕业设计（论文）课题质量的几个重点选项与思考，涉及以教学研究的常态化引领相关建设，以深化教师教学与科学研究构筑毕业设计（论文）主导力量，基于校内优势构筑特色课题平台与资源，综合社会力量构筑课题资源库等，并给出了一个实例。

学校教务部门：结合学校办学定位、校内科研情况，以及校外合作基地情况，在研究并合理定位相关专业毕业设计（论文）课题资源建设目标、课题规范与实施细则的基础上，组织校内指导教师队伍、校外合作基地开展课题资源建设，并通过教学实践不断完善。

专业：结合专业培养目标定位、校内指导教师科研情况，以及校外合作基地情况，在研究并合理定位本专业毕业设计（论文）课题资源建设目标、课题规范与实施细则的基础上，组织校内指导教师队伍、校外合作基地开展课题资源建设，并通过教学实践不断完善。

指导教师：理解毕业设计（论文）指导教师必须开展教学研究与科学研究的相关要求，以及从事教学研究与科学研究需要注意的方法和要求，积极进行专业领域科学研究、工程研发等，以便能从中选择合适的毕业设计（论文）课题、资源等，并通过教学实践不断丰富和完善。

校外合作单位：充分认识到参与高校毕业设计（论文）教学指导的重要性，理解高校毕业设计（论文）教学环节的培养目标定位及课题规范，结合本单位优势合理遴选课题及相应的研发平台和必要的测试数据与环境，合理建设指导教师队伍，并通过教学实践不断完善课题资源建设及产学合作等工作机制。

11.1　概　　述

前面各章从不同角度讨论了毕业设计（论文）的课程目标、教学规范、质量监控与持续改进机制，以及相应的条件建设等。如果院系、专业在前述各方面都能准确理解并结合相关基础落实、执行到位，可以确保毕业设计（论文）教学的正常进行和教学目标的实现。

然而，当今社会科学技术的迅速发展和广泛应用，促使高校需要对人才培养方案、教学内容做出及时而合理的研究、建设，构建相应的教学条件，以适应社会对人才培养的要求。相比之下，毕业设计（论文）教学环节对科技领域发展和应用的针对性和及时性更好，因此，以全面提升毕业设计（论文）培养质量为目标，探索提升毕业设计（论文）课题质量的相关方案与建设成为各高校、专业重要的工作。

由此可见，毕业设计（论文）课题质量成为决定毕业设计（论文）质量乃至人才培养质量的关键。

本章重点讨论提升毕业设计（论文）课题质量的若干问题与思考。本节先对相关工作做简要介绍。

11.1.1 开展毕业设计（论文）课题资源建设

1．开展毕业设计（论文）课题资源建设的主要目标

（1）毕业设计（论文）课题资源的基本要素。

毕业设计（论文）课题资源涉及与课题相关的各个方面，包括：课题任务的相关描述、课题所需的开发或运行平台、研发及测试数据和资源、指导教师队伍等。

（2）开展毕业设计（论文）课题资源建设的目标。

关于毕业设计（论文）课题资源建设的目标，可以重点关注以下几方面。

满足教学需要：构建毕业设计（论文）课题资源库，以满足毕业设计（论文）教学需要。

探索适应发展的机制：研究和构建相关工作机制与平台，以适应科技、教育领域的发展对毕业设计（论文）教学环节及课题资源需求的变化。

深化教学研究：通过课题资源建设，深化专业的教学研究和相关建设。

2．毕业设计（论文）课题质量的评价

评价一个毕业设计（论文）课题的质量可以从以下几方面讨论。

（1）符合毕业设计（论文）课题的基本要求。

毕业设计（论文）课题的基本要求是指第 4 章所描述的课题要求，包括与专业培养目标的一致性；体现复杂工程问题特征的设计型课题；课题的真实性；课题工作量适中。

除此以外，课题的完整实现过程能体现工程研发和科学研究的初步而系统的训练。具体可参见第 4 章相关内容。

（2）符合专业对毕业设计（论文）课程目标的定位。

专业基于工程教育认证的评价模型，给出了毕业设计（论文）课程目标及毕业要求的描述。因此，专业的每一个课题都应满足相应的要求，能支撑所给出的毕业标准，从而为专业毕业设计（论文）课程目标的达成分析及毕业要求达成分析提供支持。

（3）对学生未来发展有积极影响。

好的毕业设计（论文）课题，除满足预定培养目标的教学需要、实现工程项目和科学研究的初步而系统的训练外，还应对学生未来发展有积极的影响，体现在以下几方面。

课题领域启蒙：通过课题的学习和系统的训练，引导学生进入适合自己且具有发展潜力的领域，而要做到这一点，通常学生应在对课题领域系统了解的基础上选择未来发展方向，因而需要了解领域背景，主要研究方向和应用领域及其代表性成就，当前热点、难点，面临的挑战和机遇，未来可能的发展趋势等。较早地理解领域情况，就可以更早地开展研究和研发路径探索、研发平台学习、资源积累、关键技术研究与跟踪等准备工作，为未来的发展创造更多的机会。

治学态度与能力培养：通过课题的全流程锻炼，使学生在治学态度和治学能力上得到系统锻炼，从而为后续的职业发展奠定坚实的基础。

创新意识和能力的培养：课题所提供的创新空间及指导教师的引导，可以为学生在创新意识和能力方面的训练提供积极的指导。

3. 毕业设计（论文）课题资源建设成效的评价

关于毕业设计（论文）课题资源建设的成效，可以从以下几方面评价。

（1）确保专业课题资源满足毕业设计（论文）教学需要。

通过推进毕业设计（论文）课题资源建设，使课题资源能有效满足教学需要，包括以下几点。

所有课题达标情况：每一个课题的质量都能满足相应的要求。要做到这一点，需要指导教师、专业课题遴选与质量保障机制等多方面的配合。

课题总数满足需要情况：课题总数应不少于专业人数。另外，如果在专业内设置了方向，还需要根据各专业方向培养目标的定位来判断课题总数是否能满足要求。

指导教师分布合理性：包括各专业方向、科研方向、职称结构、年龄结构等的分布、搭配的合理性，教师能胜任教学指导任务，以及优势互补，整体提高。

（2）适应科技教育发展的课题资源建设机制。

是否构建了相关的工作机制和平台，以适应科技、教育领域的发展对毕业设计（论文）教学环节及课题资源需求的变化。

（3）对专业建设的贡献。

是否形成了工作机制，通过课题资源建设深化专业的教学研究和相关建设。

11.1.2 提升毕业设计（论文）课题质量的主要途径概述

课题质量涉及许多因素，因此，可以有许多提升毕业设计（论文）课题质量的措施，各学校、专业可以结合自己的办学积淀、发展定位、学科基础、科研条件、自身优势、特色方向、区域经济环境，再加上专业领域科技发展动态、教育教学发展等，通过研究和合理安排，有效组织课题资源建设。

提升毕业设计（论文）课题质量的具有可行性的途径包括：

①以教学研究的常态化引领毕业设计（论文）课题资源建设；
②以深化教师教学与科学研究构筑毕业设计（论文）主导力量；
③基于校内优势构筑毕业设计（论文）特色课题平台与资源；
④综合社会力量构筑毕业设计（论文）课题资源库。

11.1.3 完善毕业设计（论文）课题资源建设

1. 按规范推进课题资源建设

（1）专业开展毕业设计（论文）课题资源建设。

专业是课题资源建设的主要单位，负责对本专业毕业设计（论文）课题资源进行建设、管理和维护。专业在征集毕业设计（论文）课题时，需要注意的问题包括：

清晰的建设目标：确保满足当年教学需要，以及其他预期目标；注意相关问题及其研究和解决方案，以完善工作机制。

明确的工作安排：以工作文件等方式发布，包括具体的工作安排及时间节点、征集对象、课题基本要求等。

质量保障机制：建立课题评审与把关机制，确保每项课题都能符合要求，确保整体课题资源达到预期的建设目标，并通过研究和解决所发现的问题，不断完善质量监控机制。

（2）院系开展毕业设计（论文）课题资源建设。

如果院系内的多个专业属于同一学科，也可以按院系来组织开展课题资源建设，负责对本单位相关专业毕业设计（论文）课题资源进行建设、管理和维护。院系在征集面向专业的毕业设计（论文）课题时，需要注意的问题包括：

清晰的建设目标：确保满足每个专业当年的教学需要，特别要明确每个课题的适用专业及预期目标；注意相关问题及其研究和解决方案，以完善工作机制。

明确的工作安排：以工作文件等方式发布，包括具体的工作安排及时间节点、征集对象、课题基本要求等。

质量保障机制：建立课题评审与把关机制，确保每项课题都能符合要求，确保整体课题资源达到预期的建设目标，并通过研究和解决所发现的问题，不断完善质量监控机制。

（3）完善的课题资源管理机制。

课题建设单位需要建立完善的课题管理机制，以确保课题合理、规范且得到有效的应用。对于涉及保密要求的课题，还要依据相关法律法规制定相应的工作规范。为提高管理的有效性和应用价值，可以采用信息化平台。

2．课题资源的规范应用

如前所述，各专业依据培养方案明确毕业设计（论文）的课程目标，并提出具体要求，同时还有专业方向与内涵的发展意向。因此，在应用毕业设计（论文）课题资源时，也要考虑到课题的相关信息。

（1）选用课题应符合专业毕业设计（论文）课题的基本要求。

不同专业的培养目标有所差异，因此，选用课题应符合所在专业毕业设计（论文）课题的基本要求。

（2）选用课题应符合专业培养方案的要求。

选用课题应符合本专业培养方案中对毕业设计（论文）教学环节的课程目标及所支撑毕业要求的具体标准，如果不符合，就不宜选用。

（3）选择有益于学生发展的课题。

根据专业领域发展趋势，选择有益于学生发展的课题，同时也可借此为专业探索优势方向和内涵提供支持。

3．课题资源的持续改进

（1）通过应用持续改进。

课题建设单位依据课题分布、缺口及实际应用成效等情况，在研究相关问题的基础上，提出改进建议等，以进一步完善工作机制。

（2）结合专业领域发展和社会需求的持续改进。

课题建设单位应密切关注科技领域发展动态及社会人才需求等对本专业人才培养要求的变化，通过深入研究，探索相关方面课题资源建设。

11.2　以教学研究的常态化引领毕业设计（论文）课题资源建设

专业领域科技的快速发展加速了其对人才需求的变化，要求高校能及时地适应这种变化，以培养适应新时期科技发展的人才。虽然高校专业培养方案制定的时效性不高，使高校在培养目标定位及课程体系等方面难以及时变化，但是在毕业设计（论文）的课题内容方面有更多的可发挥空间。另外，教育教学领域也一直在不断完善，以适应社会对人才需求的变化，培养更多高质量人才。因此，各学校需要积极开展教学研究工作，研究相关规律，构建相关机制、资源和平台，确保人才培养目标的实现和质量的不断提高。

目前已有很多以特定专业领域教育教学研究为主题的高水平社团或研究机构，由国内外知名专家组织或参加，经常开展专题研究，组织专题研讨会，发布研究成果，从而对教育教学、研究与建设等有积极的指导作用。因此，应该有选择、有重点地关注相关工作动态，并积极参加研讨。下面先介绍几个有代表性的社团形式及组成或工作模式，再讨论教学研究工作及其在毕业设计（论文）课题资源建设中的作用。

11.2.1 教育部专业教学指导委员会

1．专业教学指导委员会简介

为加强对高等学校人才培养工作的宏观指导与管理，推动高等学校的教学改革和教学建设，进一步提高人才培养质量，教育部聘请有关专家组成高等学校各专业教学指导委员会。该委员会是在教育部领导下对高等学校教学工作进行**研究、咨询、指导、评估、服务**的专家组织，包括高等学校各学科、专业教学指导委员会和有关专项工作教学指导委员会。根据实际工作需要，部分教学指导委员会下设分委员会。

2．专业教学指导委员会的主要任务

（1）组织和开展本学科教学领域的理论与实践研究。
（2）指导高等学校的学科专业建设、教材建设、教学实验室建设和教学改革等工作。
（3）制定专业规范或教学质量标准。
（4）承担专业评估任务。
（5）承担本学科专业设置的评审任务。
（6）组织有关教学工作的师资培训、学术研讨和信息交流。

3．教指委经常性的教学研究工作

每个教指委都会依据教育部所制定的教指委章程，根据自己的主题定位、专业领域、教育教学发展动态及社会需要，开展相关的研究、咨询、指导、评估和服务等工作，为相关专业教育教学研究和建设分享高水平研究成果并进行指导。各高校应积极组织或参加教指委的专题研讨会，相互交流。

11.2.2 高水平社团与教学研究专题研讨

1．全国性专业学术社团的专题研究与指导作用

国内有许多全国性的专业性学术社团，如IT领域的中国计算机学会、中国电子学会、中国人工智能学会等，每个学会都有数十个专业委员会开展与各自主题

相关的科研领域及教育教学领域的研究和专题研讨。

2．全国性或区域性学术研究社团的专题研究与指导作用

许多以教育教学研究为主题的全国性或区域性学术研究社团，一般每年都会有选择地开展相关专题研究，以及组织专题研讨会，邀请国内外专家做报告等，以分享、交流教学研究成果。

3．高水平出版社联合组织的专题研究与指导作用

实力较强的出版社大多会定期组织专题研讨会，结合教师资源优势、作者群优势，以及与高水平社团的紧密联系，邀请高水平专家做报告等，以分享、交流教学研究成果。

11.2.3 深入开展教学研究支撑课题资源建设

为了有效促进教学质量的提升，院系、专业必须积极开展教育教学研究，保障教学质量的不断提升。开展教学研究有多种方式，每种方式各有其侧重点和主题选择。下面简要讨论几种方式。

1．结合教学研究项目及质量工程项目的教学研究

结合专业基础与建设需要，合理部署院系、专业教学研究项目、质量工程项目的选题安排。

通过相关教学研究项目、质量工程项目的申报与评审，促进对研究项目的选题聚焦、目标、项目的具体措施和预期成果定位，从而能有目标地开展项目研究。

借助课题结题的验收把关机制，促进课题组相关人员按计划有序地开展研究和教学资源建设，确保预期成果的完成。

2．结合教学相关方面的经常性的研究和建设

即使没有教学研究项目、质量工程项目支撑，院系和专业也要结合教学相关工作，有意识、经常性地开展教学研究，包括围绕专业培养方案的相关研究；课程、教材与教学资源建设；线上教学、线下教学等教学模式探索与课程建设。

开展常态化教学研究的最终目的是培育高水平研究成果，有效支撑相关建设，为不断提高人才培养质量做贡献！同时，这也是对已有教学研究项目、质量工程项目的具体实施的支撑，为后续申报更有深度的课题提供支持。

3．通过年度教学研讨会深化质量文化

举行年度教学研讨会，是学校、院系和专业不断提高人才培养质量的重要措施。年度教学研讨会一般有以下特点。

集中安排，重点攻关：一般利用寒暑假期间，集中 1~2 天时间安排研讨。

预设主题，研而有效：选择当前最急迫的若干问题，并事先布置重点研究和交流事项，以形成有效成果，避免因主题发散而使会议流于形式。

特邀报告，确保高度：邀请教育领域专家、企业专家分享报告，深化认识，确保研究成果的有效性。

营造文化，持续发展：举行研讨会，先要从态度上重视；具体安排上要认真对待，合理策划和落实；研讨会本身要具有仪式感，才能得到重视；对研究成果，要在进一步深化的基础上，固化为指导性文件等形式，从而为后续的人才培养质量提供坚实的保障；整个工作的持续推进，终将营造出健康的人才培养文化，进而在后续不断发挥更重要的作用。

11.2.4 以教学研究平台主导研究与建设

院系可以组织教学研究平台，为教学研究工作的具体执行提供主导和核心力量。例如，设立毕业设计（论文）教学指导委员会等，以主导毕业设计（论文）的教学研究，并通过对毕业设计（论文）教学环节各方面的检查与评测等发现问题和发展机遇，通过组织毕业设计（论文）课题资源建设的专题教学研讨会深化研究和建设，从而为教学质量的持续改进提供机制上的保证。

所设立的教学指导委员会，需要做好相关工作安排。

制定章程或工作规范：明确工作职责、工作要求与基本安排、任期、成员参加条件和退出机制等。

按章程开展工作：依据章程制订具体工作计划，合理分工，有序推进。

11.3 以深化教师教学与科学研究构筑毕业设计（论文）主导力量

11.3.1 校内指导教师队伍的主导力量作用

1. 校内指导教师队伍是毕业设计（论文）教学的主导力量

虽然学校、专业可以通过产学合作、产学研合作等方式，从校外企事业单位获得课题与指导教师的支持和补充，但过多依靠校外资源难以保持质量的稳定，因为可能有许多不确定因素。因此，校内指导教师队伍才是毕业设计（论文）的主导力量，是确保学校、专业"以我为主"办学的基本保证。因此，指导教师的毕业设计（论文）的课题质量与指导水平成为毕业设计（论文）教学质量的基本保证。

2. 指导教师的科研水平与环境决定了毕业设计（论文）课题内涵深度

指导教师坚实的科研课题研究基础和水平，是毕业设计（论文）课题资源建设的重要基础。为了做好科研工作，指导教师需要理解科研的重要性和规律，选择合适的研究方向，进入合适的科研团队，积极投入科研工作，培育科研成果，提升科研水平，从而为毕业设计（论文）教学质量的提高做出积极的贡献。

3．指导教师的态度及教学研究水平直接影响教学质量

指导教师要理解并重视毕业设计（论文）教学环节对学生的培养目标，并能很好地遴选课题；能在毕业设计（论文）教学过程中深入细致地指导学生，并了解学生的成长规律，从而能支持持续改进，提高指导水平。而要做到这一点，就需要指导教师在教学研究方面开展积极的工作，并取得必要的教学研究成果。

11.3.2　高校教师发展的基本建议

现在大多数高校以吸收博士毕业生作为师资为主，然而，经验表明，由于种种原因，为数不少的教师职业的发展并不顺利。因此，作者结合自己的实践经验提出一些基本建议供参考，考虑到高校办学定位、学科基础、工作环境、教师发展定位等千差万别，难以一言概之。

1．高校教师发展的重点

大学的职能可以概括为人才培养、科技创新、服务社会、文化传承和创新。

如何理解和定位大学教师的职责呢？是教书、育人、教学、科研，还是其他？

许多高校教师可能因在职业发展目标、路径等方面的认识或条件的不足而对职业发展产生了一定的影响。

那么如何定位教师的发展目标？如何设计教师职业发展之路？如何评价教师职业的成效？下面结合相关调研和研究做简要讨论，仅供参考。

（1）作为高校职责承担者的高校教师的基本要求。

高校教师作为学校职能的承担者，至少应明确在教学和科研等方面的基本要求如下。

教学：不从事教学，不能算完整意义的教师。

科研：不从事科研，难以成为合格的高校教师。

服务社会：从服务社会中获得价值，进行教学科研需求调研，赢得尊重。

文化传承和创新：对人类社会历史实践过程中所创造的物质财富和精神财富的文化，涉及特定的地域、领域、行业等的法律法规、人文习俗等，需要在教学过程中加以重视，使学生了解社会发展，增强文化自信，助力未来发展。

（2）高校教师发展的 **4** 个基本维度。

高校教师在职业成长过程中，既要注意各方面的发展，还要注意各方面的兼顾和均衡。高校教师至少应时刻关注以下 **4 个基本维度**的发展。

教育教学领域的发展：从事教学工作和教育教学研究，获得成果，提升能力，整合资源。

科学研究领域的发展：从事专业领域某方向的科学研究，并不断提升研究能力，取得更好的成果。

学历、阅历、经历和心历的增长：获得胜任大学教师所需要的基本学历（博士、硕士等），必要的专业领域或社会的阅历丰富，以及在此基础上思想认识进一步升华，从而丰富和深化专业内涵，准确把握领域发展趋势，在领域内争取发展的主动性，并敢于面对困难，勇于挑战，攻坚克难。

综合素养和内在品质的发展：高校教师需要不断提高自己的综合素养和内在品质，形成完善的人格品质和人格魅力，做好"普通人"和"职业人"。

2．高校教师的教学领域发展

从事教学工作和教育教学研究，获得成果，提升能力，整合资源。

（1）**基本工作要求**：以"**立德**"为基本要求，兼顾"**务实**""**务虚**"开展工作，不仅完成预定任务，还要构建有效"**资源**"。

（2）**立德**：以人为本，以德治学，关心每个学生的成长。

（3）**资源建设**：教学相关资源的建设，如 MOOC、实验资源、学生学习过程记录、检测记录等，以便进行教育大数据分析。

（4）**务实**：承担并完成具体教学任务，如理论课教学、实践教学、课程设计指导、毕业设计（论文）指导、实习实训与创新教育等。

（5）**教学的务虚方面**：涉及教学发展性指标，即教育教学研究工作，如对教学相关问题的发现、研究和成果应用、一定的专业管理岗位能力等。

（6）**提高教学能力的关键**：深入每项具体工作，如自己写教案、自己做课件、初期阶段不依赖课件等。

3．高校教师的科研领域发展

教师从事专业领域某方向的科学研究，应不断提升研究能力，取得更好的成果。如何提高科研能力？下面简要讨论。

（1）**科研发展五要素**。

科研发展至少需要五个要素：团队、课题、成果、资源、文化。

（2）**科研团队**。

一定规模的团队需要满足以下基本要求。

相同的价值取向和研究兴趣：都愿意在既定科研领域开展工作，并取得成果；具有领域中先进的选题（方向）、情怀、团队经营理念和管理办法。

结构合理：年龄结构、学历结构、专业结构、职称结构、性格搭配、性别组成合理。

必要的课题支撑环境与条件：包括研究空间、课题（经费）、开发所需要的系统环境、资源等；必要的外部资源和平台。

领军人物：这是团队关键，《孙子兵法》中提到："将者，智、信、仁、勇、严也。"

（3）科研课题。

实际的课题：即在研的课题，从而有具体研究任务、目标和成果产出，为后续发展提供支持。

课题研究领域：团队基于一定的学科方向，一般都应有相对稳定的学术研究方向、潜在应用领域、较明确的预期成果等，由此可形成合理的发展规划和研究方案。

实际研究课题：学术性研究课题，较常见的课题如国家级、省级自然科学基金项目，结合实际应用领域的应用开发课题等。

课题领域选择：结合学校定位、基础条件、自身优势等，选择研究方向，凝练课题，申请课题，形成特色。

（4）科研成果。

作为有效产出的科研成果，既是本项目的研究成果，也是后续课题的条件；**成果形式**有学术研究型成果、实际应用型成果等。

（5）科研资源。

课题资源、物质资源、数据资源等。

（6）科研文化。

科研文化可以理解为对科研的相关理解、行为和做法。大家的共同认可可形成步调一致的局面，增强合力，减少阻力，协调发展。

4．教师科研发展的几个阶段

教师在不同阶段的科研发展应有不同的侧重点。

（1）初始阶段。

现在教师大多是博士毕业生，有自己的研究方向和基础。

成功申请课题：尽快在科研方面通过继续原有研究方向深挖成果，尽早获得国家级自然科学基金的青年基金项目。

选择和融入团队开展研究：选择合适的科研团队，并融入团队，拓展研究领域。

（2）出师阶段。

具有清晰的科研选题方向和稳定的课题，例如：

在科研领域能承担更多的责任，选择、申报高水平课题；

在开展科研的同时，要时刻关注科研领域动态，不断跟进科研选题和方向，探索、组建科研团队，积累科研资源。

（3）成熟阶段。

在科研方面已经初见成效，例如：

在学科建设、团队建设等方面承担更多的责任；

关注科研动态，探索学科发展方向，组建科研队伍；

探索建设科研平台，提升学科建设水平。

11.4 基于校内优势构筑毕业设计（论文）特色课题平台与资源

1．校内优势

每一所高校，无论其基础和条件如何，都有一些有益于人才培养的优势，如优势科研团队、特色教学团队、特色产学研合作平台等。

2．基于校内优势构筑特色课题平台与资源

基于校内优势可以构筑特色课题平台与资源，为打造特色方向提供支持。

优势科研团队：以优势科研团队的课题方向更好地引导课题资源建设；科研团队的教师结合科研方向遴选课题并提供具体指导；团队研究生可以协助平台应用、技术实现、成果培育等过程指导；科研团队研究文化传承等。

特色教学团队：教学团队围绕特定主题的教学研究和建设，也可能有适合毕业设计（论文）的课题，其因为来源真实、背景清晰、需求明确，所以有益于毕业设计（论文）教学。

特色产学研合作平台：结合高校的学术性研究和企业的实际应用搭建的合作平台，兼顾两方特色。高校学术性基础是有利于学生长期发展的学术基础；企业的实际应用领域和方向可能是学生未来的从业领域和方向，有利于拓宽学生视野。产学研合作平台有利于引导学生理论联系实际的意识与能力的培养，以及优秀企业文化的传承和创新。

3．在教学实践中不断完善

由于校企之间侧重点的差异，使双方有效开展合作存在许多变数，如果双方不能深入地进行研究和交流诉求，并在此基础上建立切实可行的合作模式，则可能会使合作流于形式。相关方面涉及合作切入点、合作模式、工作规范、成果共享模式、保密要求、学生安全保障、过程管理、必要约束等。

11.5 综合社会力量构筑毕业设计（论文）课题资源库

1．有益于毕业设计（论文）课题资源建设的社会力量

有益于毕业设计（论文）课题资源建设的社会力量有许多，例如：

来自企事业单位的课题：来源真实，背景清晰，需求明确。

来自研发型单位的课题：大多数课题会涉及新技术、新平台，实际应用的研发环境，以及企业文化、实践中练就的技术力量等。

2．合作模式需要深入研究

由于高校和企业之间的业务侧重点、环境、文化等的差异较大，因此合作模式还需要双方进行深入研究。

11.6　基于产学合作的校内实践见习基地建设（以滁州学院为例）

如前所述，各高校基于校内优势可以构筑特色课题平台与资源，为打造特色方向提供支持。由于各高校的办学基础与目标定位、特色、优势方向与领域、区域条件等可能千差万别，因此难有唯一模式。各单位需要在深入研究和交流的基础上，通过不断探索和实践逐渐完善合作模式。本节以滁州学院为例进行介绍。

11.6.1　基于产教融合的毕业设计（论文）工作实例

许多高校的计算机类各专业的毕业设计（论文）教学工作，仅仅依赖校内资源与环境还远远不够。在新工科专业建设与人才培养的大背景下，为了培养学生适应时代需要的学习能力与创新能力，需要通过与企业的深度紧密合作建设产教融合实践教学基地。滁州学院以计算机应用方面的研究平台、团队及研究成果为基础，以校企产学研合作项目为纽带，通过与企业合作建立了多个产教融合创新实践基地，在提高毕业设计（论文）质量、促进应用创新能力培养方面发挥了重要作用。

1．合作企业基本情况

滁州学院先后与近 10 家企业合作建立了产教融合创新实践基地。合作企业有达到行业一流水平的大型企业，也有特色鲜明的细分领域领先企业。这些企业具有的共同特征是注重自主研发，有自己的核心研发团队和技术，注重管理的科学性与规范性，对实践教学基地及实习生管理有系统的规范性做法，且有合适的工作空间。

除知名大型企业外，企业员工数量一般都在 150 人以上，研发团队至少在 30 人以上，有多名开发与管理能力较强的研发产品经理或者项目经理，有一支对培养学生有热情有能力的专业技术队伍。其中，主要从事网络安全与管理领域的产品研发与技术服务工作企业，提供的服务与产品大多为基于标准的系列化产品；一家合作企业主要从事金融数据处理、养老服务调度等方面的技术与产品开发，许多产品要基于用户需求定制开发。

2. 校企合作主要内容

校企合作的主要内容覆盖人才培养的全过程，主要包括以下几方面。

（1）参与人才培养方案设计。

从实际用人需要的角度提出对培养目标、毕业要求、课程设计、各类实践教学活动设计及考核标准等方面的要求或者建议，协助或者配合学校对毕业生满意度进行评价，并根据评价结果提出包括毕业设计（论文）等在内的各类教学活动的改革建议。

（2）参与课程建设及相关教学活动。

从技术发展、实际技术需要等角度，提出各类课程及实践教学活动内容的要求与建议，为专业课程的技术先进性及实用性提供保障。同时，企业安排相应技术人员参与制定课程及各类实践教学活动的课程大纲，参与项目案例库、试题库等建设，将企业各类技术或者应用项目转换成教学案例、实践案例或者毕业设计（论文）课题。

（3）实践教学基地建设。

合作企业要根据学校的人才培养需求建设实践教学基地。建设内容包括安排一些技术人员与管理人员担任实践教学基地的指导教师，制定相应的管理与运行制度，安排教学、生活等场所，接收学生到企业开展毕业设计（论文）等各类实践教学活动，同时保证其安全。

（4）共建师资队伍。

一方面，安排企业技术人员与管理人员担任各类实践教学活动的指导教师；另一方面，也安排高校的教师或者研究人员担任企业的研发人员或者技术顾问，帮助企业开展技术攻关并解决技术难题，同时企业与学校共同建立师资队伍的有效管理机制。

（5）毕业设计（论文）命题与指导。

指导学生根据毕业设计（论文）大纲要求，结合企业开展的各类开发与生产项目自主命题，或者将企业的研发与生产项目转化为毕业设计（论文）课题。近5年来，滁州学院计算机类各专业通过校企合作每年指导学生自主命题10多项，基于企业研发或生产项目设计40多项毕业设计（论文）课题，指导学生40多名。课题涉及的技术领域包括软件开发、大数据处理、智能数据处理等，应用领域包括金融、农业、智能制造等。

（6）学习与生活环境及安全。

合作企业必须提供基本的学习环境、生活环境，同时保证学生实习或者毕业设计（论文）期间的安全。

3. 管理与要求

为了充分发挥产教融合实践创新基地在专业建设与学生创新能力培养工作中

的作用，需要有相应的建设、管理与运行机制，主要包括校企双方的权利义务规定、对企业指导教师的基本要求、学生管理基本要求、环境与条件要求等。

11.6.2　基于科教融合的毕业设计（论文）工作实例

毕业设计（论文）工作需要有综合性的创新实践基地支撑。创新实践基地可以依托产教融合校企合作实践教学基地来建设，也可以依托校内研究机构通过科教融合来建设。滁州学院依托本校计算机应用方面的研究平台建设了信息类综合实践教学基地（后面简称"创新基地"），在提升毕业设计（论文）质量、培养学生应用创新能力方面发挥了重要作用。

1．支撑平台基本信息

创新基地依托安徽省教育厅智能感知与健康养老工程技术研究中心、智慧消防与公共安全研究院等研究平台来建设。其中，前者是安徽省教育厅批准设置的省级科研平台，由滁州学院、滁州市人民政府及中国科学院合肥智能机械研究所联合建立，并与国内外近20家研究机构建立了合作关系；后者由滁州学院发起，滁州市消防支队及多家知名消防企业协同建设。

创新基地现有建筑空间2000多平方米，固定研究人员20多名，其中正高级职称6人，副高级职称近10人，博士10多名。近5年来，先后承接了国家级、省级科研项目近30项，承接各类产学研合作项目近50项，研究领域包括复杂环境中的可靠感知、多模态异构数据融合、活动与行为智能识别等，同时开展智慧健康养老、智慧消防与应急管理、智慧农业等领域的应用探索与实践。

2．主要支撑内容

创新基地全面参与并支撑了毕业设计（论文）工作，主要支撑内容包括以下几方面。

（1）遴选指导教师。

原则上要求各研究平台研究人员必须全部参加毕业设计（论文）指导工作，根据毕业设计（论文）指导教师条件要求，每年遴选10多位教师担任指导教师。

（2）制（修）订大纲。

创新基地教师根据各自专业领域及研究特长，分别参与了物联网工程、软件工程、计算机科学与技术等专业毕业设计（论文）大纲的制订及修订工作，先后有50多人次直接主持或者参与了以上专业3个版本的毕业设计（论文）大纲修订工作，并要求所有教师必须参加。

（3）毕业设计（论文）命题。

指导学生根据毕业设计（论文）大纲要求，结合创新基地开展的各类研究及产学研项目自主命题，或者由指导教师将自己的研究内容转化为毕业设计（论文）课题。近5年来，每年指导学生自主命题近10项，教师命题30多项，指导学生30多名。选题涉及的技术领域包括感知技术、无线传感器网络、异构数据融合、大数据处理及智能数据挖掘等，应用领域包括智慧养老、消防物联网及农业物联网等。

（4）创新基地建设

各研究平台的教师和研究人员均全面参与创新基地建设工作，包括根据创新实践能力培养与毕业设计（论文）要求设计创新基地建设方案或者改造方案，自主研发实践教学设施，参与具体建设过程。近5年来，每年都对创新基地的硬件设施进行更新升级，先后自主研发了近10套实践教学系统，覆盖智能家居、自动控制等领域。

3．管理与要求

为了充分发挥创新基地在学生创新能力培养与毕业设计（论文）教学中的作用，在多年工作中，逐步形成了一整套系统化的规范管理机制，主要包括科研团队基本要求、学生参加科研工作基本要求等。在科研团队要求中，将毕业设计（论文）命题与指导、创新实践基地环境建设等作为必须完成的基本任务，并提出了一定的工作量要求。在学生参加科研工作基本要求中，对教师的指导、学生参加研究活动及毕业设计（论文）的管理及安全等也给出了规定，并重点对学生参加现场实际工作的流程及安全等提出了具体要求。

11.7 本章小结

当今社会科学技术的迅速发展和广泛应用，对高校毕业生提出了更高的要求，促使高校不仅要对人才培养方案、教学内容等做深入的研究，还需要构建相应的教学条件，以适应社会对人才培养的要求。毕业设计（论文）教学环节在科技领域发展和应用的针对性和及时性方面有更好的适应性，因此，研究以提升毕业设计（论文）质量为目标的课题资源建设是提高人才培养质量的重要抓手。

提高毕业设计（论文）课题资源建设的水平涉及多个方面，这是一个系统性工程。各学校可以结合自己的办学基础和定位、区域条件等制订相应的计划，并不断完善。

校内指导教师队伍是办学质量的基础和保障，师资队伍建设永远在路上。每位专业教师都需要清楚作为高校教师的职责，坚持"立德树人"的责任和要求，时刻关注并合理安排在教育教学领域、科学研究领域的阶段性发展计划，争取成为"人民满意的高校教师"。对每位新入职的年轻教师，建议"教学有导师，科研进团队"，做好发展规划，踏踏实实地履行，规划自己的美好而快乐的职业生涯。

教学研究工作促进专业建设，教学研究工作包括参加高水平研讨活动，有计划地组织和推进教学研讨活动,通过申请教学研究项目和工程项目积极开展研究与相关建设等。

科研反哺教学,产学合作、产学研合作等是高校提高人才培养质量的重要途径,然而,由各方面的差异化,使合作一时还难以有统一模式,需要通过探索加以完善。

适应社会科技领域的快速发展,培养社会需要的人才是高校永远的追求。更多的工作需要各高校、社会各方面的积极面对、真诚合作、深入研究,并探索可持续化的工作机制,为人才培养的可持续发展做出积极的贡献。

关于附录的说明

为了方便读者参考，下面给出毕业设计（论文）教学相关工作的参考附录。特别说明：仅供参考，这些不是标准。各单位可根据自己的培养目标定位和条件基础做出更合理的安排。

附录内容包括：
附录 A　课题申请表；
附录 B　任务书、开题报告、过程记录表；
附录 C　毕业论文参考架构；
附录 D　年度工作安排时间节点参考；
附录 E　毕业设计（论文）成绩评定参考标准；
附录 F　毕业设计（论文）教学指导委员会参考章程；
附录 G　毕业设计（论文）成绩评定书框架；
附录 H　课题汇总参考表；
附录 I　国内核心期刊的遴选体系。

附录 A 课题申请表

××××××学院××××届毕业设计（论文）课题申请表

填表日期：20××年××月××日

<table>
<tr><td rowspan="5">指导组成员</td><td>姓名</td><td>职称</td><td>所在系、教研室</td><td colspan="2">专业领域</td><td colspan="2">工作分工</td></tr>
<tr><td>张三</td><td>教授</td><td></td><td colspan="2"></td><td colspan="2">主要指导</td></tr>
<tr><td>李四</td><td>研究生</td><td></td><td colspan="2"></td><td colspan="2">协助指导</td></tr>
<tr><td></td><td></td><td></td><td colspan="2"></td><td colspan="2"></td></tr>
<tr><td></td><td></td><td></td><td colspan="2"></td><td colspan="2"></td></tr>
<tr><td rowspan="8">课题描述</td><td colspan="2">课题名称</td><td colspan="3">课题来源（打"√"）</td><td colspan="3">课题类型（打"√"）</td></tr>
<tr><td colspan="2" rowspan="2">基于序列模式的序列聚类研究——POPC方法及其实现</td><td>科研</td><td>生产实际</td><td>自拟</td><td>其他</td><td>理论研究</td><td>实验研究</td><td>工程设计</td><td>工程技术研究</td><td>软件开发</td></tr>
<tr><td colspan="4"></td><td colspan="5"></td></tr>
<tr><td colspan="2">（必须填写）</td><td colspan="4">（必须选择）</td><td colspan="5">（必须选择）</td></tr>
<tr><td colspan="11">课题来源与编号：（国家自然科学基金，省自然科学基金，其他课题）
例如：××省自然科学基金课题 （编号×××××）</td></tr>
<tr><td colspan="3">面向专业</td><td colspan="4">学科方向</td><td colspan="4">近三年是否重复（打"√"）</td></tr>
<tr><td colspan="3">计算机科学与技术</td><td colspan="4">数据挖掘</td><td colspan="4">不重复　略有重复　重复
（选择）</td></tr>
<tr><td colspan="11">包括：（1）任务及背景；（2）成果形式；（3）工具及环境；（4）文献资料；（5）着重培养的能力。
（每项都要填写，不能为空）
任务及背景：
I.序列模式挖掘是数据挖掘的一个重要分支，目前已有许多序列模式的模型及相应的挖掘算法。而对于所发现的大量序列模式，如何利用其进行有效的预测和分析成为一个新的问题。</td></tr>
</table>

续表

Ⅱ. 针对这个问题，Tadeusz Morzy 等人于 2001 年提出了一种 POPC（Pattern-Oriented Partial Clustering）算法，利用已发现的序列模式作为层次框架，对交易数据库中的顾客序列进行聚类，将支持相似模式的顾客聚为一组，从而改善零散的序列模式的可理解性。

Ⅲ.本课题研究 POPC 方法，并编程实现，在此基础上尝试对这种聚类方法进行改进，改善 POPC 方法的时空效率。（**100～200 字**）

成果形式：

系统的程序代码、论文（录入）

工具及环境：

VC++、Java（录入）

文献资料：（5 篇以上）

[1] Agrawal R, Srikant R. Mining Sequential Patterns[G]. In: Proc. of the 11st Int. Conf. on Data Engineering. Taipei, March 1995: 3-14.

[2] Tadeusz M, Marek W, Maciej Z. Pattern-Oriented Hierachical Clustering[C]. In: Proc. of the 3rd East European Conference on Advances in Databases and Information Systems （ADBIS），Lecture Notes in Computer Science 1691[G]. Berlin: Springer-Verlag, 1999: 179-190.

[3] Tadeusz M, Marek W, Maciej Z. Scalable Hierar-chical Clustering Method for Sequences of Categorical Values, Proc. of the 5th Pacific-Asia Conference on Knowledge Discovery and Data Mining （PAKDD），Lecture Notes in Computer Science 2035[G]. Berlin: Springer-Verlag, 2001:282-293.

[4] Aggarwal C C, Wolf J L, Yu P S. A new method for similarity indexing of market basket data[C]. In: Proceedings of the ACM SIGMOD Int. Conf. on Management of Data. Philadephia: ACM Press,1999:407-418.

[5] CHEN N, CHEN A, ZHOU L X. An effective clustering algorithm in large transaction databases[J]. Journal of Software, 2001,12（4）.

[6] 赵奕, 施鹏飞. 最大频繁集的数据聚类方法[J]. 计算机工程与应用, 2000, 11：35-37.

续表

	着重培养的能力： Ⅰ．文献查阅能力； Ⅱ．资料翻译能力； Ⅲ．理论研究能力； Ⅳ．编程能力； Ⅴ．论文撰写能力。
课题审核意见及结论	审核意见： （1）课题意义和必要性：（A 有意义　B 有一定意义　C 没有意义） （2）与往年课题的重复性：（A 不重复　B 有一定重复　C 重复）（可由人工输入，待系统成熟后也可由系统评价） （3）符合培养目标情况：（A 符合　B 基本符合　C 不符合） （4）工作量情况：　　　（A 适当　B 基本适当　C 过大　D 过小） （5）难易度情况：　　　（A 适当　B 基本适当　C 过难　D 过易） （6）条件满足情况：　　（A 可行　B 有一定困难　C 不可行） （7）其他方面： 结论： A 适用指定专业　B 基本适用　C 修订后重审　D 不适用 　　　　　　　　　　　　　　　　　　此处的评价不可缺，签名不能代签 审核负责人签字：　　　　　　　　　年　　月　　日

注：（1）每张表的课题仅限于一个学生。每个老师最多能指导 6 个学生的毕业设计（论文）。

（2）鼓励不同类型的老师组成毕业设计（论文）指导小组，以发挥各自的优势，争取更好的教学效果。

（3）参考文献部分应让学生至少查阅 10 篇以上的相关文献资料，并且有最新的文献。

（4）为便于管理，该申报表的电子版篇幅控制在 3 页以内（A4 大小）。

（5）打印后提交给所在系，由学院组织审核。同时提交电子文档，以便汇总。

学院（系）_____届毕业设计课题申请表
（创新与创业型）

填表日期：　　年　月　日

项目组成员	姓名	所在专业、班级	工作分工

指导教师安排（或建议）	姓名	职称	所在系、教研室	专业领域	工作分工

课题描述

课题名称	课题来源（打"√"）				课题类型（打"√"）				
注：课题名称作为课题的标识，各课题名称不应相同；如果一个课题分解为多个子课题，应加上副标题，以示区分	科研	生产实际	自拟	其他	理论研究	实验研究	工程设计	工程技术研究	软件开发

课题来源与编号：（如国家自然科学基金，省自然科学基金，技术开发类课题，其他课题）
例如，×××省自然科学基金课题（编号，××××××××）

适用专业	学科方向	近三年是否重复（打"√"）
计算机科学与技术，软件工程，网络工程，信息安全	数据挖掘，网络工程，信息安全等	不重复　略有重复　重复

包括：（1）任务及背景；（2）成果形式；（3）工具及环境；（4）文献资料；（5）创新性或潜在创业的证实；（6）可行性方案；（7）项目的组成；（8）项目组成员及任务安排。
（每项都要填写，不能为空）

	续表
	任务及背景：（200～2000字，能准确地描述课题背景、创新与创业论证、课题潜在价值分析、可行性分析、初步的实现方案、所用开发环境、设计目标、所用的基本方法等） **成果形式：**（如程序系统、毕业论文及学术论文） **工具及环境：**（如VC++或Java） **文献资料：**（一般给出5篇以上的文献资料） **创新性**或潜在创业的证实： 可行性方案： 项目的组成： 项目组成员及任务安排：
课题审核意见及结论	审核意见：（注：此栏是基层教学单位的审定意见部分） （1）课题意义和必要性：（A 有意义　B 有一定意义　C 没有意义） （2）创新性：（A 有创新性　B 有一定的新意　C 没有新意） 　　　 潜在创业价值：（A 有创业价值　B 有一定的价值　C 没有价值） （3）符合培养目标情况：（A 符合　B 基本符合　C 不符合） （4）工作量情况：（A 适当　B 基本适当　C 过大　D 过小） （5）难易度情况：（A 适当　B 基本适当　C 过难　D 过易） （6）条件满足情况：（A 可行　B 有一定困难　C 不可行） （7）其他方面： 结论： A 适用指定专业　　　　B 基本适用　　　　C 修订后重审　　　　D 不适用 　　　　　　　　　　　审核负责人签字：＿＿＿＿＿＿　　　年　月　日

> 此处的评价不可缺，签名不能代签

附录 B 任务书、开题报告和过程记录表

毕业设计（论文）任务书

设计（论文）题目 _____

学 院 名 称 _____

专 业（班级） _____

姓 名（学号） _____

指 导 教 师 _____

系（教研室）负责人 _____

续表

一、毕业设计（论文）的主要内容及要求（任务及背景、工具及环境、成果形式、着重培养的能力）

二、应收集的资料及主要参考文献

三、毕业设计（论文）进度计划

起 讫 日 期	工 作 内 容	备 注

开 题 报 告 （该表格由学生独立完成）

建议填写以下内容：

1. 简述课题的作用、意义，国内外的研究现状和发展趋势，尚待研究的问题；
2. 重点介绍完成任务的可能思路和方案；
3. 需要的主要仪器和设备平台等，并附上相关平台的介绍资料；
4. 后续毕业设计（论文）工作的具体任务安排以及计划进度；
5. 主要参考文献；
6. 每篇参考文献的内容简介（100～200字）

指导教师评语：（建议填写内容：对学生提出的方案给出评语，明确是否同意开题，提出学生完成上述任务的建议、注意事项等）

指导教师签名：
20 年 月 日

毕业设计（论文）过程记录表（教师填写）

序号	检查时间	检查内容	指导教师阶段检查评语 （指出该阶段存在的问题及解决方法）	指导教师签名
1	3月中旬	1. 资料收集情况； 2. 开题报告完成情况； 3. 外文资料翻译完成情况		年　月　日
2	4月上旬	1. 检查学生投入情况； 2. 设计（论文）进展情况		年　月　日
3	5月中旬	1. 总体任务完成是否过半； 2. 院系中期检查意见； 3. 存在的问题及采取措施		年　月　日
4	6月上旬	1. 审查论文质量（注意英文摘要部分）； 2. 答辩前的准备情况		年　月　日

备注：指导教师应按要求和时间段及时填写，该表由学生保管，留在毕业设计（论文）答辩现场随时接受校、院两级督导组检查。

附录 C　毕业论文参考架构

密　级：_____

学　号：_____

（封面、封底用 120 克白色铜版纸打印，无须彩色打印。所有括号内的提示性内容及括号在打印时必须删除，下同）

×××××× University

本科毕业设计（论文）
UNDERGRADUATE THESIS

类　　型：　【设计或者论文】
题　　目：_____
专业名称：　【专业全称】
入校年份：　【20××级】
学生姓名：_____
指导教师：　【姓名】　　【职称】
学院名称：　【学院全称】
完成时间：　【××××年××月】

××××大学

（黑体，二号，居中，行间距均为 1.25 倍行距，段前、段后均为 0.5 行间距）

本科毕业设计（论文）

中文题目

（宋体，二号，加粗，居中）

学生姓名：＿＿＿＿＿＿＿＿＿＿＿＿＿＿

学生学号：＿＿＿＿＿＿＿＿＿＿＿＿＿＿

指导教师：＿＿＿【姓名】　　【职称】＿＿

专业名称：＿＿＿＿【专业全称】＿＿＿＿＿

学院名称：＿＿＿＿【学院全称】＿＿＿＿＿

（标题宋体，三号，加粗；填写内容文字不加粗）

年　月

（Times New Roman，小三号，居中）

A Dissertation Submitted for the Degree of Bachelor

（Times New Roman；除标题外均为三号；行间距均为 1.25 倍行距，段前段后间距均为 0，均居中）

English Title（小二号，加粗）

By
Author name（按姓前名后书写，首字母大写）

×××××××University
××× City, ××× Province, P.R.China
Month, Year（按完成时间答辩的时间书写）

（本页除签名和日期填写外，其他内容不能改动）

毕业设计（论文）独创性声明

本人郑重声明：所呈交的毕业设计（论文）是本人在指导教师指导下进行独立研究工作所取得的成果。据我所知，除文中特别加以标注和致谢的内容外，设计（论文）中不包含其他人已经发表或撰写过的研究成果，也不包含为获得＿＿××××大学＿＿或其他教育机构的学位或证书而使用过的材料。对本文成果做出贡献的个人和集体，本人已在设计（论文）中做了明确的说明，并表示谢意。

毕业设计（论文）中表达的观点纯属作者本人观点，与××××大学无关。

毕业设计（论文）作者签名：　　　签名日期：　　年　　月　　日

毕业设计（论文）版权使用授权书

本学位论文作者完全了解＿＿××××大学＿＿有关保留、使用毕业设计（论文）的规定，即：除保密期内的涉密设计（论文）外，学校有权保存并向国家有关部门或机构送交设计（论文）的复印件和电子光盘，允许设计（论文）被查阅或借阅。本人授权＿＿××××大学＿＿可以将本毕业设计（论文）的全部或部分内容编入有关数据库，允许采用影印、缩印或扫描等复制手段保存、汇编毕业设计（论文）。

（保密的毕业设计（论文）在解密后适用本授权书）

学位论文作者签名：　　　　　　　指导教师签名：

签名日期：　　年　　月　　日　　签名日期：　　年　　月　　日

摘 要

（宋体，小二号，加粗；居中，段前 0.5 行、段后 1.5 行间距）

  ××××××××××××××××××××××××××××
××××××××××从逻辑上说，此段主要以简洁的方式描述×××
××××选题背景与意义、具体选题和相关要求。×××
××××　　　　　　　　　　　　　　　　　　　　×××
××××××××××××××××××××××××××××
×××××。

  ×××××××××××××××××××××××××××
××××　　　　　　　　　　　　　　　　　　　　×××
××××从逻辑上说，此段简要描述自己对毕业设×××
××××计任务的设计和实现的全流程，可以拆分为几×××
××××个自然段，如需求分析（如果有这方面工作）、×××
××××总体方案（可以包括对相关技术的分析和平台×××
××××选择）、详细设计、模块设计、系统测试情况等。×××
×××××××××××××××××××××××××××
××××××××××××××××××××××××。

（宋体，小四号；固定行距 22 磅，段前、段后均为 0 行间距。段落首行缩进 2 字符）

关键词：×××；×××；×××；×××；×××
（宋体，小四号，加粗）　　（宋体，小四号；段前为 1 行间距，段后为 0 行间距）

ABSTRACT

（Times New Roman，小二号，加粗；居中，单倍行距，段前 0.5 行、段后 1.5 行间距）

××.

×××.

（Times New Roman，小四号（或 12 磅）；左对齐，22 磅行距，首行缩进 1 字符，段前、段后均为 0 行间距）

KEYWORDS: ×××; ×××; ×××; ×××; ×××

（**Times New Roman，小四号，加粗**）　　（Times New Roman，小四号，左对齐，段前为 1 行间距，段后为 0 行间距）

目　录

（宋体，小二号，加粗；居中，单倍行距，段前 0.5 行、段后 1.5 行间距）

<u>1.（引言）　**1**</u>

  <u>**1.1** ××××××</u> ....<u>**X**</u>

  <u>**1.2** ××××××</u> ....<u>**X**</u>

    <u>**1.2.1** ××××××</u> ....<u>**X**</u>

    <u>**1.2.2** ××××××</u> ....<u>**X**</u>

  <u>**1.3** ××××××</u> ....<u>**X**</u>

    <u>**1.3.1** ××××××</u> ....<u>**X**</u>

    <u>**1.3.2** ××××××</u> ....<u>**X**</u>

    <u>××××××</u> ....<u>**X**</u>

  <u>**1.4** ××××××</u> ....<u>**X**</u>

<u>2. ××××××　**XX**</u>

  <u>**2.1** ××××××</u> ....<u>**XX**</u>

  <u>**2.2** ××××××</u> ....<u>**XX**</u>

    <u>**2.2.1** ××××××</u> ....<u>**XX**</u>

    <u>**2.2.2** ××××××</u> ....<u>**XX**</u>

  <u>**2.3** ××××××</u> ....<u>**XX**</u>

    <u>**2.3.1** ××××××</u> ....<u>**XX**</u>

    <u>**2.3.2** ××××××</u> ....<u>**XX**</u>

    <u>**2.3.3** ××××××</u> ....<u>**XX**</u>

  <u>**2.4** ××××××</u> ....<u>**XX**</u>

…

<u>参考文献</u> ....<u>**XX**</u>

<u>致谢</u> ....<u>**XX**</u>

<u>附录（必要时）</u> ....<u>**XX**</u>

（宋体，小四号，行距 22 磅，可在 Words 软件中自动生成，也可用其他方法生成）

插图清单

（宋体，小二号，加粗；居中，单倍行距，段前 0.5 倍、段后 1.5 倍行距；若论文无图则此页可删除）

图 1.1 ××××××（图题） ....**XX** （相应页码）
图 1.2 ×××××× XX
图 1.3 ×××××× XX
…
图 2.1 ×××××× XX
图 2.2 ×××××× XX
图 2.3 ×××××× XX
…

（宋体，小四号；左对齐，固定行距 22 磅，段前、段后均为 0 行间距）

表格清单（一般要另起页）

（宋体，小二号，加粗；居中，单倍行距，段前 0.5 倍、段后 1.5 倍行距；若论文无表格则此页可删除）

表 2.1 ××××××（标题） ....**XX**（对应页码）
表 2.2 ×××××× XX
表 2.3 ×××××× XX
表 2.4 ×××××× XX
…
表 3.1 ×××××× XX
表 3.2 ×××××× XX
表 3.3 ×××××× XX
表 3.4 ×××××× XX
…

（宋体，小四号；左对齐，固定行距 22 磅，段前、段后均为 0 行间距）

1．绪论

（黑体，三号，加粗；居中，段前、段后各 1 行间距）

1.1 ××××××（黑体，小四号；左对齐，段前、段后各 0.5 行间距）

1.1.1 ×××××××（宋体，小四号，加粗；左对齐，段前、段后各 0.5 行间距）

　　××。
（宋体，小四号；左对齐，首行缩进 2 字符，22 磅固定行距）

...

--------（章与章之间插入分页符）----------

图示例：

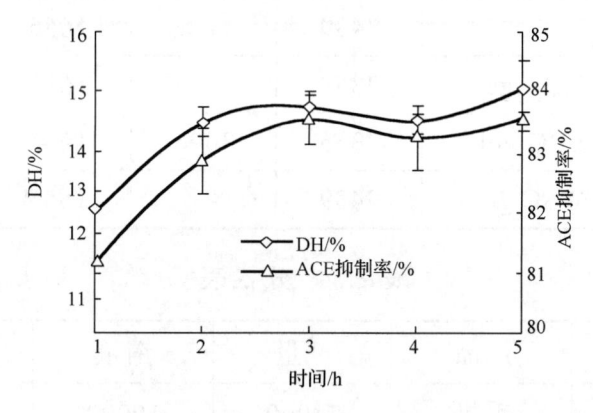

图 2.1　酶解时间对 DH 与 ACE 抑制率的影响

（标题位于图下方，居中，宋体，五号；单倍行距，段前、段后各 0.5 行间距）

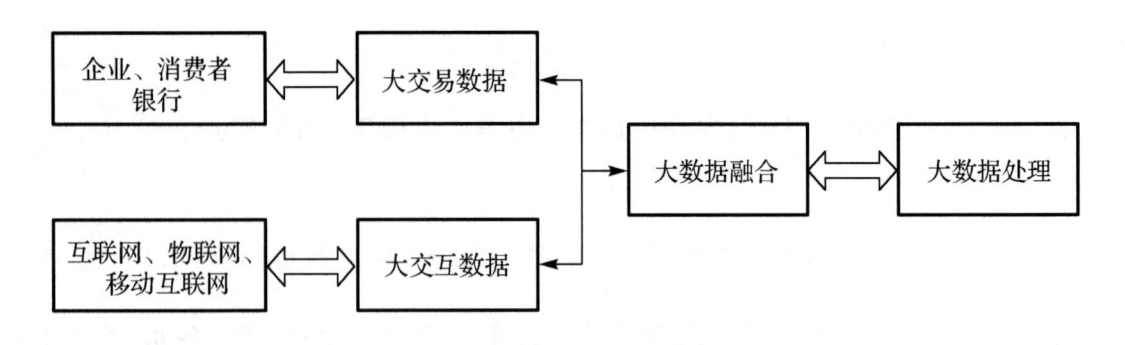

```
┌──────────────┐      ┌──────────┐
│企业、消费者  │◄────►│大交易数据│──┐
│银行          │      │          │  │
└──────────────┘      └──────────┘  │    ┌──────────┐      ┌──────────┐
                                    ├───►│大数据融合│◄────►│大数据处理│
┌──────────────┐      ┌──────────┐  │    └──────────┘      └──────────┘
│互联网、物联网│◄────►│大交互数据│──┘
│、移动互联网  │      │          │
└──────────────┘      └──────────┘
```

图 3.1 ××××××××××

（图内文字按照制图标准书写，中文为小五号（或 9 磅）宋体；英文和数字用小五号 Times New Roman 字体。有数字标注的坐标图，必须注明坐标单位）

表示例：

表 2.1　三种肌球蛋白/多糖混合凝胶的红外光谱数据
（宋体，五号，标题位于表上方，居中，单倍行距，段前、段后各 0.5 行间距）

Treatment	FT-IR spectra numbers （cm^{-1}）			
	PK1	PK2	PK3	PK4
Myosin gel	3439	—	1655	1106
Myosin+ 1% KCG gel	3358	3006	1655	1131
Myosin+ 1% LBG gel	3366	3006	1655	1106
Myosin+ 1% WSC gel	3439	—	1655	1106

表 2.3　分栏表

年度	产品	产量	销量	产值
2004	手机	11000	10000	500
	计算机	1100	1000	280
2005	手机	16000	13000	550
	计算机	2100	1500	320

（表格内的文字格式采用单倍行距，段前、段后各 0.25 行间距）

参考文献

（黑体，三号，加粗，居中）

（1）马建勋，梅占馨. 筒仓在地震作用下的计算理论[J]. 土木工程学报，1997，30(1)：25-30.

（2）Mohamed T A, Ian D M, Tarek T A. A numerical investigation into thebehavior of ground-supported concrete silos filled with saturated solids [J]. International Journal of Solids and Structures, 2006, 43(13): 3723–3738.

（3）Nagai T, Kurata M, Nakamura T, et al. Properties of myofibrillar protein from Japanese stingfish (Sebastes inermis) dorsal muscle[J]. Food Research International, 1999, 32(6): 401–405.

（4）姚伯英，侯忠良. 构筑物抗震[M]. 北京：测绘出版社，1990.

（5）Skolink M I. Radar handbook[M]. New York: McGraw-Hill, 1990.

（6）汤明，余兆菊，兰琳，等. 液态聚碳硅烷改性对固态聚碳硅烷纺丝和交联性能的影响[A].

（7）郭玉明. 第十四届全国复合材料学术会议论文集[C]. 北京：中国宇航出版社，2006：106-109.

（8）Emest C H, John D N. Experimental determination of effective weight of stored material for use in seismic design of silos [C]. ACI Journal Proceedings, 1985, 82(6): 828-833.

（9）金宏. 导航系统的精度及容错性能的研究[D]. 北京：北京航空航天大学自动控制系，1998.

（10）姜锡洲. 一种温热外敷药制备方案[P]. 中国：881056073，1989-07-06.

（11）GB 50191—93，构筑物抗震设计规范[S].

（12）GB/T 16159—1996，汉语拼音正词法基本规则[S].

（13）谢希德. 创造学习的新思路[N]. 人民日报，1998-12-25（10）.

（14）Kyungmoon N. Automatic landing system design using fuzzy logic[R]. Hefei: AIAA, 1998.

（15）Pacs. The public-access computer systems forum[EB/OL]. University of Houston Libraries, 1989/1995-05-17.

（中文用宋体，英文用 Time New Roman 字体，五号或 10.5 磅；左对齐，20 磅行距，悬挂缩进 2.5 字符，段前、段后均为 0 行间距）

致谢

（宋体，小二号，加粗；居中，单倍行距，段前 0.5 倍、段后 1.5 行间距）

（本页书写说明：致谢对象主要是指导教师、在学术方面对完成论文有直接贡献与较重要帮助的团体和人士。不得书写与论文工作无关的人和事。致谢词应谦虚诚恳，内容简洁明了，实事求是。不得超过 1 页）

本论文是在指导教师×××。

×××。

作者：×××

××××年 ×× 月 ××日

（书写格式同正文）

附录（另起页）

（宋体，小二号，加粗；居中，单倍行距，段前 0.5 倍、段后 1.5 行间距；若论文无附录则此页可删除）

（以下内容可放在附录之内：（1） 正文内过于冗长的公式推导；（2） 方便他人阅读所需的辅助性数学工具或表格；（3） 重复性数据和图表；（4） 论文使用的主要符号的意义和单位；（5） 程序说明和程序全文。可按"附录 1　×××""附录 2　×××"顺序，分章书写。若无须附录，则删除此页。）

（书写格式同正文）

附录 D 年度工作安排时间节点参考

×××××学院 20××届毕业设计（论文）工作安排框架

×××××学院 20××届本科生毕业设计（论文）工作从本学期第 13 周开始启动，具体的日程安排如下。

11 月 25 日～12 月 01 日：课题网上填报。
12 月 02 日～12 月 11 日：院系课题审查。
12 月 12 日～12 月 13 日：毕业设计（论文）教学指导委员会课题审核。
12 月 16 日：课题发布。
12 月 17 日～12 月 18 日：学生选题。
12 月 19 日～12 月 20 日：指导教师选学生（第一轮）。
12 月 21 日～12 月 22 日：指导教师选学生（第二轮）。

12 月 23 日～12 月 25 日：指导教师填写《毕业设计（论文）任务书》一式两份，经院系签字后，一份下发给学生，一份以所为单位上交系里留存。

12 月 26 日～第二年 5 月底：指导教师布置毕业设计（论文）工作，毕业设计（论文）工作正式开始，学生根据《毕业设计（论文）任务书》的要求，查阅相关资料，开始外文资料翻译，进行设计与研究工作，撰写毕业论文。

第二年 6 月中旬：毕业答辩。

附录 E 毕业设计（论文）成绩评定参考标准

毕业设计（论文）成绩评定标准

毕业设计（论文）的成绩可分为**优秀**、**良好**、**中等**、**及格**和**不及格**五个等级。各等级的标准如下。

1. 优秀

（1）按期完成毕业设计（论文）任务书所规定的任务，综合运用所学知识独立分析问题和解决问题能力强，并在某些方面有一定程度的创新或独特见解。

（2）立论正确，论文有一定的理论深度，并且概念清楚，分析透彻，论证充分，计算正确，文字通顺，结构严谨，书写工整，编号齐全。完全符合规范化要求。

（3）图表整洁，布局合理，尺寸标准正确，符合技术用语要求。

（4）答辩时能简明、准确地表达论文的主要内容，熟练、正确地回答问题。

（5）撰写毕业设计（论文）时要有外文摘要，且语法正确、语句流畅，能正确表达原论文的主要内容。

2. 良好

（1）按期完成毕业设计（论文）任务书所规定的任务，综合运用所学知识独立分析问题和解决问题能力较强。

（2）立论正确，对方案论述较充分，理论分析和计算能力较强。文字通顺，概念清楚。符合规范化要求。

（3）图表整洁，布局合理，书写工整。

（4）答辩时能较简明、准确地表达论文的主要内容，熟练、正确地回答问题。

（5）撰写毕业设计（论文）时要有外文摘要，语法基本正确、语句基本流畅，能正确表达原论文的主要内容。

3. 中等

（1）按期完成毕业设计（论文）任务书所规定的任务，综合运用所学知识独立分析问题和解决问题能力一般。

（2）设计方案较合理，论述清楚，理论分析和计算基本正确，文字表达清楚，论文无原则性错误。

（3）图表整洁，布局较合理，书写一般。

（4）答辩时介绍方案能表达设计内容，主要问题回答基本正确。

（5）撰写毕业设计（论文）时要有外文摘要，语法基本正确，基本能正确表达原论文的主要内容。

4．及格

（1）独立工作能力较差，基本能完成毕业设计（论文）任务书所规定的任务，有一定分析问题和解决问题能力。

（2）设计方案基本正确，论述基本清楚，理论分析和计算无大错误，文字表达较清楚。

（3）图表质量较差，书写较工整。

（4）答辩时能基本回答大部分问题。

（5）外文摘要的语法基本正确，尚能正确表达原论文的主要内容。

5．不及格

（1）未按期完成毕业设计（论文）任务书所规定的任务，毕业设计（论文）未达到最低要求。

（2）态度不认真，独立工作能力差。

（3）设计方案有原则性错误，缺乏必要的基本理论知识和专业知识。

（4）图表质量较差，文字表达较差，文理不通，答辩时有原则性错误，经启发后仍不能正确回答。

（5）无外文摘要或外文摘要语句不通顺，语法逻辑混乱，且不能正确表达原论文的主要内容。

附录 F 毕业设计（论文）教学指导委员会参考章程

×××××学院毕业设计（论文）教学指导委员会章程

（说明：组建毕业设计（论文）教学指导委员会是为保障和监督学院本科生毕业设计（论文）工作，也为不断提升整个学院毕业设计（论文）工作的水平提供重要保障）

×××××学院20××届毕业设计（论文）教学指导委员会名单

主任：×××
委员：×××、×××、×××、×××
　　　×××、×××、×××、×××
　　　×××、×××、×××、×××

第一章　毕业设计（论文）教学指导委员会职责

一、全面参与并监督本科毕业设计（论文）工作

1．负责组织毕业设计（论文）的审题工作，全面检查指导教师所提交的课题是否满足毕业设计（论文）课题以及人才培养目标等各项要求。

2．负责对毕业设计（论文）中期检查的相关材料进行抽查，或者对毕业设计（论文）的中期答辩进行全面检查，保障毕业设计（论文）工作的顺利进行。

3．不定期对各个系所的毕业设计（论文）工作进行检查，为整个毕业设计（论文）过程提供质量保障。

4．全程参加毕业设计（论文）的答辩环节，严格把控答辩各个节点的要求，确保质量。

5. 毕业设计（论文）工作结束后，负责组织、安排全院的自查工作。重点检查毕业设计（论文）的选题、工作量、质量是否符合学校相关文件的要求，毕业设计（论文）及其成绩是否符合"规范化要求"和"评分标准"等情况。

6. 委员由于来自不同的系所，建议在督导等工作环节采取学科交叉的方式进行。

二、对毕业设计（论文）的改进建议

1. 毕业设计（论文）工作的研讨：为了确保毕业设计（论文）工作的质量以及符合新时期人才培养质量的要求，每个委员都应根据专业领域的发展以及每年的毕业设计情况开展研讨，并将研究成果合理地融入后续毕业设计（论文）的工作要求中。

2. 毕业设计（论文）相关的研讨：根据本科教学、工程教育认证、本科教学评估及各个学科发展的需要，组织开展毕业设计（论文）相关的教学与建设工作，每年至少应举行一次研讨会。注：研讨会可以与每年的教学研讨会一起进行。

第二章　毕业设计（论文）教学指导委员会的管理（任免）

一、委员会委员的遴选方式

1. 遴选方式：采用"自愿申报、单位推荐、学院聘任"的方式。

2. 学院会在委员会换届时发布通知，个人可以将申报意向提交给委员会秘书处。

3. 委员会评聘：学院教学指导委员会根据报名情况和毕业设计（论文）工作的要求，在讨论的基础上确定毕业设计（论文）教学指导委员会委员的组成。委员的聘期为三年。

二、委员会委员的退出机制

1. 主动提出退出的委员，必须提交相关申请表。
2. 不能正常参加毕业设计（论文）教学指导委员会组织的相关活动的。
3. 不能胜任毕业设计（论文）教学指导委员会工作要求的。
4. 在聘期内不能严格遵守毕业设计（论文）教学指导委员会委员职责和操守的。

×××××学院教学指导委员会

××××年××月××日

附录 G 毕业设计（论文）成绩评定书框架

××××大学

毕业设计（论文） 审阅/答辩 成绩评定书

学生姓名		专业班级		学　　号	
毕业设计（论文）课题名称：					
指导教师评语：（建议从学生的工作态度、工作量、任务完成情况，毕业设计（论文）的创新点、学术性、实用性，书面表达能力，书写装订规范性，外语水平等方面给出评价） 建议成绩： 指导教师签名： <div align="right">20　 年　 月　 日</div>					

续表

评阅教师评语：（对毕业设计（论文）的质量及存在的问题给出评价）
建议成绩：　　　　　　　　　　　　　　　评阅教师签字： 　　　　　　　　　　　　　　　　　　　　20　年　月　日
答辩委员会评语： 成　　绩：　　　　　　　　　　　　　　　负责人（组长）签字： 　　　　　　　　　　　　　　　　　　　　20　年　月　日

附录 H 课题汇总参考表

××××毕业设计（论文）课题汇总表

序号	学生姓名	学号	指导教师	课题名称	课题来源
1	张三	20171033423	李四	基于××××的身份识别系统设计与实现	自然科学基金项目

注：为了便于信息化和统计，建议对相关信息采用下拉选择或列表选项方式。

附录 I　国内核心期刊的遴选体系

1. 中国科学院文献情报中心"中国科学引文数据库（Chinese Science Citation Database，CSCD）来源期刊"

创建于1989年，收录我国数学、物理、化学、天文学、地学、生物学、农林科学、医药卫生、工程技术和环境科学等领域的中英文科技核心期刊和优秀期刊千余种。目前已积累从1989年到现在的论文记录3714291条、引文记录38942322条。中国科学引文数据库被誉为中国的"SCI"。

2. 北京大学图书馆"中文核心期刊"

首先，采用被摘量（全文、摘要）、被摘率（全文、摘要）、被引量、他引量（期刊、博士论文、会议）、影响因子、他引影响因子、5年影响因子、5年他引影响因子、特征因子、论文影响分值、论文被引指数、互引指数、获奖或被重要检索工具收录、基金论文比（国家级、省部级）、Web下载量、Web下载率等评价指标进行定量评价；其次，进行专家定性评审。经过定量筛选和专家定性评审，从我国正式出版的中文期刊中评选出核心期刊；并编制在由北京大学图书馆及北京十几所高校图书馆众多期刊工作者及相关单位专家参加的中文核心期刊评价研究项目成果《中文核心期刊要目总览》中。

3. 南京大学"中文社会科学引文索引（CSSCI）来源期刊"

南大核心是由南京大学中国社会科学研究评价中心组织评定的，两年一评。通过对全国所有符合两月以下出版及非一刊号多版的人文社会科学各学科学术性期刊进行他引影响因子分析，由结果最靠前的刊物组成南大核心来源期刊。从影响力来讲，其等级属同类划分中国内最权威的一种，入选难度高于北大核心。2021—2022年度中文社会科学引文索引来源期刊目录包括583种期刊、中国台湾期刊30种、报纸理论版2种。

4. 中国科学技术信息研究所"中国科技论文统计源期刊"（又称"中国科技核心期刊"）

学科范畴主要为自然科学领域，是目前国内公认的科技统计源期刊目录。受科技部委托，权威性名列国内首位。

5. 中国社会科学院文献信息中心"中国人文社会科学核心期刊"

该期刊是由中国社会科学院文献信息中心和社科文献计量评价中心共同建立的核心期刊。期刊列表包括《安徽大学学报·哲社版》《北京大学学报·哲社版》《财经研究》等。

6. 万方数据股份有限公司的"中国核心期刊遴选数据库"

由万方数据公司于2003年建成。万方数据公司以中国数字化期刊为基础,集合多年建设的中国科技文献数据库、中国科技论文与引文数据库以及其他相关数据库中的期刊条目部分内容,形成了"中国核心期刊遴选库"。

7. SCI 与 EI

在国际科学界,常采用是否由 SCI 或 EI 收录来评判论文的水平。其中,SCI即《科学引文索引》(Science Citation Index),是由 ISI 创建的,收录文献的作者、题目、源期刊、摘要、关键词。我们不仅可以从文献引证的角度评估文章的学术价值,还可以迅速方便地组建研究课题的参考文献网络。SCI 从来源期刊数量可划分为 SCI 和 SCI-E。SCI 指来源期刊为 3500 多种的 SCI 印刷版和 SCI 光盘版(SCI Compact Disc Edition,SCI CDE)。SCI-E(SCI Expanded)是 SCI 的扩展库,收录了 5600 多种来源期刊。SCI 涵盖学科超过 100 个,主要涉及农业、生物及环境科学、工程技术及应用科学、医学与生命科学、物理及化学与行为科学。

EI(The Engineering Index)即《工程索引》,是供查阅工程技术领域文献的综合性情报检索刊物。每年摘录世界工程技术期刊约 3000 种,还有会议文献、图书、技术报告和学位论文等,报道文摘约 15 万条,内容包括全部工程学科和工程活动领域的研究成果。

参 考 文 献

[1] 教育部高等学校计算机科学与技术教学指导委员会. 高等学校计算机科学与技术专业实践教学体系与规范[M]. 北京：清华大学出版社，2008.

[2] 张国梁，朱泓. 大学生创新能力的培养途径与机制[J]. 中国大学教学，2003，6：11-12.

[3] 王晓丽，吴功德，吕小笛. 大学生科技创新与毕业设计结合的价值[J]. 科教导刊，2017，33：34-35.

[4] 张燕，孙菲菲，侯玉彬. 专利基础知识及申请[J]. 中国科技投资，2020，42（8）：37.

[5] 蒋君，凌锋，霍翠婷. 我国专利法律状态的清理及分类体系的构建[J]. 情报杂志，2013，12：170-174.

[6] 赵斌，周洪良，贾翠. 专利布局方法与实施新常态[C]. 2015年中华全国专利代理人协会年会暨第六届知识产权论坛，2015：1-11.

[7] 郭状，余翔. 基于我国人工智能专利数据的专利价值影响因素分析[J]. 情报杂志，2020，39（9）：88-94.

[8] 张伴. 基于修正型收益法模型的软件著作权价值评估[D]. 保定：河北大学，2018.